2024年版 イチから身につく

キャリアコンサルタント

国家資格 2級技能士

合格のトリセツ

学科試験 実技(論述)試験

速習テキスト&問題集

はしがき

キャリアコンサルタントは、2016年４月に国家資格となりました。資格の認知度や信頼度は飛躍的に高まり、国のキャリアコンサルタント名簿への登録者数は５万人を超えています。キャリアコンサルタントは、キャリア形成や職業能力開発などに関する相談･助言を行う専門家、すなわち、キャリア支援のプロフェッショナルです。激変する社会において、一人ひとりが生涯にわたり活き活きと「働き」「学び」「生きる」ことを支える人材として期待が高まっており、厚生労働省は2024年末までに10万人のキャリアコンサルタントを養成するとの数値目標を掲げています。

キャリアコンサルタントのスキル向上は、しばしば自動車運転免許と比較して説明されます。キャリアコンサルタント国家試験合格は、運転免許の取得段階といえます。この時点ではまだ苦手とする運転スキルも多いことでしょう。しかし、最低限、交通ルールを守り、目的地まで安全に運転することはできるはずです。そして経験を重ねることで、どのような状況でも安全かつスムーズに運転できるようになっていきます。キャリアコンサルタントもそれと同様に、試験合格後に実務経験を積んでいくことで、より良い支援者となっていくのです。

本書は、試験攻略のために最も重要な過去問のデータを徹底的に分析し、合格に必要な論点を「速習テキスト」と「練習問題」を軸に掲載したものです。受験段階で道に迷い､努力を無駄にしないための“ナビゲーションシステム”が､この『合格のトリセツ』です。試験合格はゴールではありません。しかし、まず合格しなければ、キャリア支援者としてのその後の成長もありません。

キャリアコンサルタントに対する社会からの期待は、今後、ますます高まることが予想されます。本書を活用された方がキャリアコンサルタント国家試験に無事合格され、キャリア支援者として研鑽し、プロフェッショナルとしての一翼を担われることを心より祈念しております。

◆本書を手に取られた受験者の方へのメッセージ

私（著者）は2004年に産業カウンセラーの資格を取り、カウンセリングの世界の門をたたきました。実はその資格に関心をもった出来事が知人のメンタル不調でした。

職場に出社ができなくなってしまった本人の家へ行き、そこでお話を伺いました。最初は誰にも会いたくないと言っていましたが、私には会ってくれました。

本人と話をしながら、自分も何かができる世界なのではないかと感じ、その後、講座に通って資格を取得し、会社勤務のかたわらカウンセリングの機会を得ることもできました。

本書の制作を行うようになったきっかけは、自分自身のキャリアを考えるワークショップを通じてでした。

法政大学の元教授で日本キャリア・カウンセリング学会の名誉会長を務める宮城まり子先生の「こころの旅」というセミナーに参加したときのこと。定年退職を数年後に控え「会社の名刺を持たなくなった自分」を想像し、自身の将来を「タイムマシン」に乗って見に行くワークがありました。

以来、具体的な将来をイメージし、手帳に書いては毎日のように見ていました。不思議なことに小さなきっかけから希望が具体化していくことがあり、会社員のかたわら副業（セカンドキャリア）をいくつか、はじめることができました。そのうちのひとつが、キャリアコンサルタントの試験対策になったのです。

本書を制作する思いも、いままで150を超える資格にチャレンジして獲得をしてきた中で得たノウハウを、キャリアコンサルタント試験の対策に活かし、チャレンジされる受験者の方々をサポートしたいという気持ちからです。

さて、資格を取得したあとのことをご一緒に考えさせてください。心理支援のお仕事は継続した学びが重要といわれます。私の諸先輩を見ても、勉強会に出たり、個別の指導（スーパービジョンといいます）を受けたりされています。キャリアコンサルタントは更新講習もあり、それなりにオカネもかかる世界です。しかし、私はその投資は相談者のためになり、また自分にも戻ってくる投資だと思っています。本書をきっかけに、受験者のみなさまが資格を取り、プロフェッショナルの入り口に立つことができるようサポートをさせていただくことができれば嬉しく思います。

最後に、宮城まり子先生に教えていただいた言葉を引用させていただきます。

「生涯学習　生涯育自」
※「育自」（自分を育てる意）

2024年１月吉日

ＬＥＣ専任講師 小澤 浩一
株式会社 東京リーガルマインド
ＬＥＣ総合研究所
キャリアコンサルタント試験部

～本書の使い方～学科試験

本書は、キャリアコンサルタント国家試験合格に必要な知識を、効率的に学習できるように、4つの編ごとに「Step 1　傾向分析」「Step 2　攻略ポイント」「Step 3　速習テキスト」「Step 4　練習問題」の4ステップを設けました。

Step 1 傾向分析

過去問の出題傾向を分析し、
表やグラフを使ってまとめています

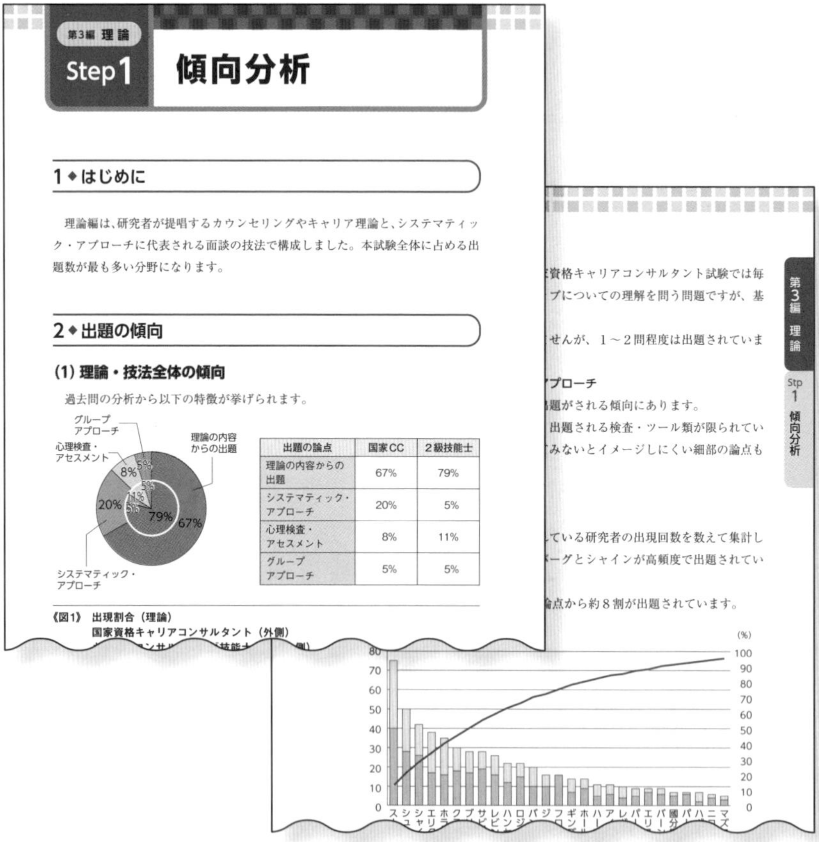

第3編 理論

Step 1 傾向分析

1◆はじめに

理論編は、研究者が提唱するカウンセリングやキャリア理論と、システマティック・アプローチに代表される面談の技法で構成しました。本試験全体に占める出題数が最も多い分野になります。

2◆出題の傾向

(1) 理論・技法全体の傾向

過去問の分析から以下の特徴が挙げられます。

出題の論点	国家CC	2級技能士
理論の内容からの出題	67%	79%
システマティック・アプローチ	20%	5%
心理検査・アセスメント	8%	11%
グループアプローチ	5%	5%

《図1》 出現割合（理論）
国家資格キャリアコンサルタント（外側）

…資格キャリアコンサルタント試験では毎…ブについての理解を問う問題ですが、基…せんが、1～2問程度は出題されていま…

…プローチ

…題がされる傾向にあります。
…出題される検査・ツール類が限られてい…みないとイメージしにくい細部の論点も…

…ている研究者の出現回数を数えて集計し…ーグとシャインが高頻度で出題されてい…

…論点から約8割が出題されています。

Step2 攻略ポイント

全体像を把握し、押さえておくべき事項や学習ノウハウを挙げています

第1編 法律

Step2 攻略ポイント

1◆法律問題のアプローチ

法律問題は、「法律が作られた背景・目的を知ること」が鉄則といえます。
特に「労働者は弱い立場にある」という前提で問題を読むことが大切です。

例えば、戦前は労働者が非常に弱い立場にありました。会社（経営側）は搾取する側で強く、労働者側は弱いから守ってあげようという趣旨で法律が作られてきた歴史があります。

解雇に関する出題は、「労働者を守る」という視点で問題を読みます。会社側に有利な条件は一般的にはノーです。障害者や女性を守るという観点も同様です。

過去に「未成年者ならば親に給与を渡してもよい（誤り）」という趣旨の出題がされたことがあります。現代では考えにくいかもしれませんが、搾取を防止するためです。今でも働いた給与は直接本人に渡すこととなっています。

このように、なぜその法律が作られているのかというポイントを押さえると、初見の問題であっても、解答を絞り込んでいく手掛かりとすることができます。

2◆「着目ワード」を意識して読む

本試験は、正誤をはっきりさせることができるように作られています。

これは法律の問題だけに限りません。問題文に以下のような**「着目ワード」があったら、要注意です**。マークをして読むようにしてください。

6◆原文（条文）を読むかどうか？

法律の全文がインターネット上でも公開されており、容易にアクセスできます。

「Step２ 攻略ポイント」で分類ごとの全体像を捉えてから、「Step３ 速習テキスト」でインプット、「Step４ 練習問題」でアウトプットへとつなげていきましょう。

小澤講師が説明！
本書の使い方動画！
登録不要・視聴無料で、いつでもアクセスできます。

アクセスはこちら！

※動画の視聴開始日・終了日については、専用サイトにてご案内いたします。
※ご視聴の際の通信料はお客様負担となります。

※二次元コードを読み込めない方は下記URLにアクセスしてください。
http://www.lec.jp/caricon/book/torisetsu/

Step3 速習テキスト

頻出事項を中心に、覚えるべき論点をまとめたテキストです

第3編 理論

Step3 速習テキスト

この編で学ぶ内容を、簡単にまとめています。

- 多くの理論の内容から出題されるため、出題論点を押さえておかないと、受験者は広大な範囲をカバーせざるを得なくなり、準備が間に合いません。**どの理論からどのような論点で出題されるかを意識して学習することがポイントです。**
- また、難問や、受験者が初見の論点に関しては、**研究者と提唱理論の名前の組み合わせだけでも押さえておくことで、消去法アプローチより、正解に達することも可能です。**
- 心理検査とアセスメントツールは、本書で論点を押さえてください。
- 面談技法やシステマティック・アプローチは、実技対策を通じての準備で十分であると思います。

1◆頻出論点は「転機」と「発達課題」

複数の理論が登場する設問は、「トランジション（転機）」と「発達課題」に関するものが多く出題されています。

転機であれば、過去問に限っていえば、ブリッジズとシュロスバーグの理論が組み合わされて出題されています。

また、人の成長のプロセスに関する理論を「発達理論」といいますが、スーパー、シャイン、エリクソンをはじめとして、多くの研究者の「発達理論」が出題されています。

発達課題とは、年齢・世代ごとに乗り越えて成長していくための課題といえ、研究者ごとに論点は異なります。

過去問を解いたり、テキスト類を参照する際は、その関連づけを意識して読むとよいでしょう。繰り返しになりますが、**「転機」と「発達課題」の論点が頻出**

122

社会の実現、他者の救済、教育など価値ある げる 自分の関心ある分野で仕事をする機会を求め
える問題や解決の手ごわい相手に打ち勝とう 人との競争にやりがいを感じ、目新しさ、変 目的になる
、家族の願望、自分の仕事のバランスや調 る ワークをまとめたいと考え、それができるよ える

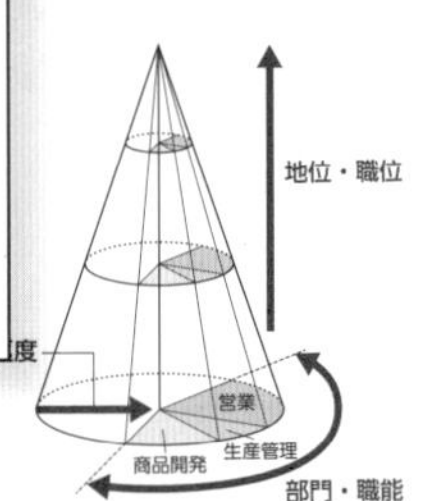

《図1》組織の3次元モデル

(3) 内的キャリア　外的キャリア

内的キャリア：どんな仕事人生を送りたいか（自身にとっての働く意味や意義）

外的キャリア：具体的にどのような職に就きたいか

(4) シャインの3つのサイクル

- 生物学的・社会的サイクル
- 仕事・キャリアサイクル

128

図表やグラフで、わかりにくい論点も整理して学習することができます。

Step4 練習問題

出題が予想される精選問題で
実戦感覚と得点力アップ

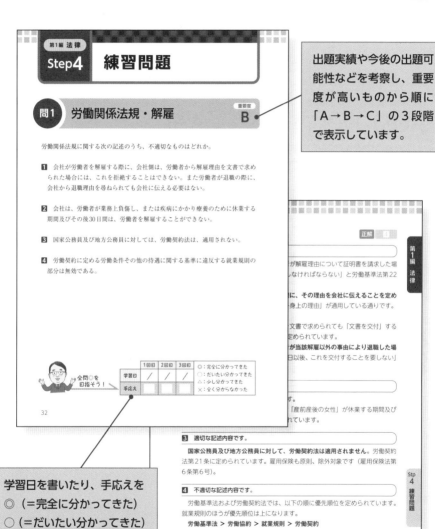

第1編 法律
Step4 練習問題

問1 労働関係法規・解雇

重要度 B

出題実績や今後の出題可能性などを考察し、重要度が高いものから順に「A→B→C」の3段階で表示しています。

労働関係法規に関する次の記述のうち、不適切なものはどれか。

1 会社が労働者を解雇する際に、会社側は、労働者から解雇理由を文書で求められた場合には、これを拒絶することはできない。また労働者が退職の際に、会社から退職理由を尋ねられても会社に伝える必要はない。

2 会社は、労働者が業務上負傷し、または疾病にかかり療養のために休業する期間及びその後30日間は、労働者を解雇することができない。

3 国家公務員及び地方公務員に対しては、労働契約法は、適用されない。

4 労働契約に定める労働条件その他の待遇に関する基準に違反する就業規則の部分は無効である。

全問◎を目指そう！

	1回目	2回目	3回目
学習日	/	/	/
手応え			

◎：完全に分かってきた
○：だいたい分かってきた
△：少し分かってきた
×：全く分からなかった

32

正解

第1編 法律

…が解雇理由について証明書を請求した場…しなければならない」と労働基準法第22…

…に、その理由を会社に伝えることを定め…身上の理由」が通用している通りです。

…文書で求められても「文書を交付」する…定められています。

…が当該解雇以外の事由により退職した場…日以後、これを交付することを要しない」

…す。
…「産前産後の女性」が休業する期間及び…れています。

3 適切な記述内容です。

国家公務員及び地方公務員に対して、労働契約法は適用されません。労働契約法第21条に定められています。雇用保険も原則、除外対象です（雇用保険法第6条第6号）。

4 不適切な記述内容です。

労働基準法および労働契約法では、以下の順に優先順位を定められています。就業規則のほうが優先順位は上になります。

労働基準法 ＞ 労働協約 ＞ 就業規則 ＞ 労働契約

Stp 4 練習問題

33

学習日を書いたり、手応えを
◎（＝完全に分かってきた）
○（＝だいたい分かってきた）
△（＝少し分かってきた）
×（＝全く分からなかった）
で書き分けたり、学習の記録に役立てましょう。

～本書の使い方～実技（論述）試験

論述試験は、学科試験の択一式（マークシート）とは異なり、記述式で出題されます。また、国家資格キャリアコンサルタント試験は、２つの試験実施団体で出題のパターンが異なることから、それぞれに対応した練習問題を掲載しました。２級技能士試験にも対応した解説をしています。

Step1 攻略のポイント

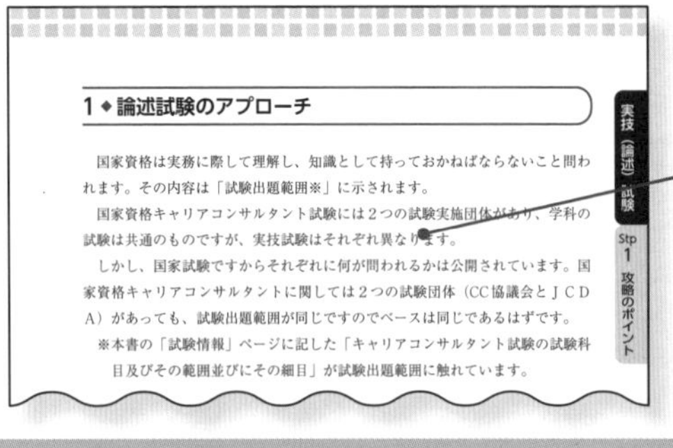

1◆論述試験のアプローチ

国家資格は実務に際して理解し、知識として持っておかねばならないこと問われます。その内容は「試験出題範囲※」に示されます。

国家資格キャリアコンサルタント試験には２つの試験実施団体があり、学科の試験は共通のものですが、実技試験はそれぞれ異なります。

しかし、国家試験ですからそれぞれに何が問われるかは公開されています。国家資格キャリアコンサルタントに関しては２つの試験団体（CC協議会とＪＣＤＡ）があっても、試験出題範囲が同じですのでベースは同じであるはずです。

※本書の「試験情報」ページに記した「キャリアコンサルタント試験の試験科目及びその範囲並びにその細目」が試験出題範囲に触れています。

論述試験を攻略する際に押さえておきたいポイントを解説しています。

Step2-1 練習問題・キャリアコンサルティング協議会（CC協議会）

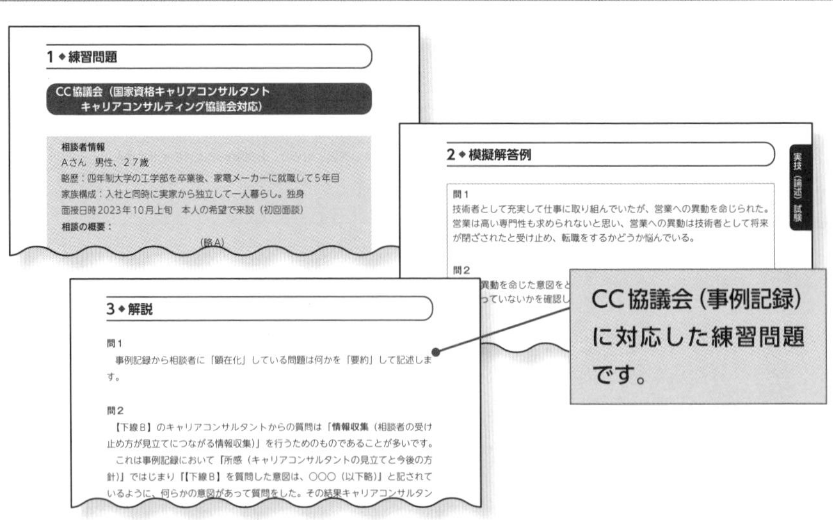

1◆練習問題

CC協議会（国家資格キャリアコンサルタント キャリアコンサルティング協議会対応）

相談者情報
Aさん　男性、２７歳
略歴：四年制大学の工学部を卒業後、家電メーカーに就職して５年目
家族構成：入社と同時に実家から独立して一人暮らし。独身
面接日時2023年10月上旬　本人の希望で来談（初回面談）
相談の概要：
（略A）

2◆模擬解答例

問１
技術者として充実して仕事に取り組んでいたが、営業への異動を命じられた。営業は高い専門性も求められないと思い、営業への異動は技術者として将来が閉ざされたと受け止め、転職をするかどうか悩んでいる。

問２

3◆解説

問１
事例記録から相談者に「顕在化」している問題は何かを「要約」して記述します。

問２
【下線Ｂ】のキャリアコンサルタントからの質問は「**情報収集**（相談者の受け止め方が見立てにつながる情報収集）」を行うためのものであることが多いです。

これは事例記録において「所感（キャリアコンサルタントの見立てと今後の方針）」ではじまり『【下線Ｂ】を質問した意図は、○○○（以下略）』と記されているように、何らかの意図があって質問をした。その結果キャリアコンサルタン

CC協議会（事例記録）に対応した練習問題です。

Step2-2 練習問題・日本キャリア開発協会（JCDA）

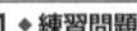

1◆練習問題

**JCDA（国家資格キャリアコンサルタント
日本キャリア開発協会対応）**

事例Ⅰ・Ⅱ共通部分と事例Ⅰ、Ⅱを読んで、以下の問に答えよ（事例ⅠとⅡは、同じ相談者（CL）、同じ主訴の下で行われたケースである）。

相談者（CLと略）：A、２７歳男性、四年制大学工学部卒業
家電メーカー勤務　１人暮らし。

キャリアコンサルタント（CCtと略）：
相談機関のキャリアコンサルティング専任社員

JCDA（逐語記録）に対応した練習問題です。

2◆模擬解答例

実技（論述）試験

［問い１］
事例ⅠはCCtが、CLの話を聞いて、「転職先はどのようなところが希望なのですか」と一方的に話を進めようとし、CLが自己探索をしてゆくことを妨げている。CLの「今の会社も好きなんです」という感情にも共感しようという態度が見受けられない。これに対して事例Ⅱは友人の言葉をきっかけに新製品のアイディアがひらめいたという具体的な経験を引き出している。その結果、友人が「営業では技術者に求められる高い専門性も磨けなくなる」といん自身の考えは違っていたかもしれないという思いに至り、内省につている。

3◆解説

JCDAの論述試験では設問においてCC協議会のものとは違いがありますが、試験で評価される点は国家試験ですから、両者とも同じと考えられます。

以下、設問の出題方法に相違がある［問い1］と［問い2］を中心に見ていきます。

［問い１］
（１）事例Ⅰと事例Ⅱの「違い」を解答するように問われます。
はじめに、事例Ⅰは「相応しくない場合」で事例Ⅱは「相応しい」対応であることが多いです。
これは「①キャリアコンサルタントの対応」によって「②クライエントの"問

Step3 論述試験対策

2◆試験団体ごとの出題内容の比較

実技（論述）試験

	CC協議会	JCDA	2級技能士
事例	事例記録	逐語記録	逐語記録
問1	事例記録を手掛かりに「相談者がこの面談で相談したいこと」を記述する。	事例ⅠとⅡが示され、それぞれの違い（キャリアコンサルタントの対応の違いによる展開）を「指定語句」を用いて記述する。	問1相談者がこの面談で相談したい「問題」は何かを記述する。
問2	事例記録内のキャリアコンサルタントの応答についてキャリアコンサルタントがどのような意図で応答したと考えるかを記述する。	事例ⅠとⅡにあるキャリアコンサルタントの応答（逐語）が、相応しいか、相応しくないかを理由とともに記述する。	
問3	問3（2級は問2）はいずれも「あなた（キャリアコンサルタントの視点）」からみた「相談者の問題」は何かが問われている。（引用：設問文）		

論述試験対策のまとめで総仕上げをしてください。

LEC専任講師が
実技（論述・面接）試験
のポイントについて動画
で解説します！

アクセスは
こちら！

国家資格「キャリアコンサルタント」資格の"きほん"

「キャリアコンサルタント」は､略して「キャリコン」と呼ばれることもあります。まず、「キャリアコンサルタント」の世界を簡単にご説明させていただきます。

◆国家資格「キャリアコンサルタント」の誕生

もともと「キャリアコンサルタント」は、いくつかの団体がそれぞれ独自に養成講座を開催したり、試験を実施して、独自に認定をしていました。このため、それぞれの団体が資格の名前も独自につけていたことから、「キャリアアドバイザー」や「(団体認定) キャリアカウンセラー」のように、いろいろな名称が存在する民間資格でした。その後、法律が改正され、各団体の資格が一本化されて国家資格の「キャリアコンサルタント」が誕生したのです。

◆国家資格「キャリアコンサルタント」とは

簡単にいえば**「職業の相談にのってさしあげる」**という仕事をする人です。

そのとき「キャリアコンサルタント」という名前を独占して名乗ることができます。キャリアコンサルタントの資格を持っていなくても職業相談（キャリアコンサルティング）を行うことはできます。実際の現場でも資格は取得せずに、以前からのベテランとして相談業務に就いている方は多くおられます。ただし、「キャリアコンサルタント」を名乗るためには資格を取得しなくてはなりません。

- **資格は更新制**

  初回に登録したあともスキルアップをすることが求められます。

  ５年ごとに更新講習（知識講習８時間、技能講習30時間）を受講するなど必要条件を満たさなければ「キャリアコンサルタント」の名称を名乗ることはできなくなります。

  (いったん資格登録が失われても、要件を満たすことができれば再び登録をし直すことは可能です)

- **プロフェッショナルとしての守秘義務**

  相談内容を軽々しく口外したりすると罰せられることがあります。守秘義務が法律上明記されました。

・**名称独占**

「キャリアコンサルタント」という名称を独占して使うことができます。
無資格者がキャリアコンサルタントを名乗ると法律で罰せられることがあります。

※条件により更新要件が異なることがあります。資格「登録センター」のHPを参照してください。

https://careerconsultant.mhlw.go.jp/n/index.html

さて、「キャリアコンサルタント」は法律が改正されて生まれた資格であるとご説明しました。ちょっと堅苦しくなるかもしれませんが、きちんと理解していただくために、ここで法律の定義を見ておきましょう。

•「キャリアコンサルタントは、キャリアコンサルタントの名称を用いて、キャリアコンサルティングを行うことを業とする。(第30条の3　業務)」
•「『キャリアコンサルティング』とは、労働者の職業の選択、職業生活設計又は職業能力の開発及び向上に関する相談に応じ、助言及び指導を行うことをいう。(第2条第5項　定義)」
引用：職業能力開発促進法（平成27年9月18日法律第72号）改正

◆国家資格「キャリアコンサルタント」の価値

本書を手にとられたみなさんは「カウンセリング」に関心をお持ちかと思います。
「カウンセラー」の国家資格は現在、次の2つだけです。そのうちのひとつが「キャリアコンサルタント」なのです。

① キャリアコンサルタント
国家資格キャリアコンサルタント、1, 2級キャリアコンサルティング技能士
② 公認心理師

カウンセリングの資格は「臨床心理士」や「産業カウンセラー」が有名です。
いずれもメンタルヘルスや精神的な病気などの領域を扱うプロフェッショナルの資格ですが民間資格です。例えば臨床心理士は専門の大学院に通い、高い知識を修めて取得するような難易度が高い資格です。
意外に感じる方もおられるかもしれませんが、長らく国家資格が存在しなかった世界でした。国家資格を求める関係者の声は依然としてあり、生まれたのが公認心理師です。
キャリアコンサルタントも同様に、職業に関わる相談のプロフェッショナルとして、国家資格の価値があるのです。

※産業カウンセラーはかつて国家資格だった時期があります。民営化移行により民間資格となりました。

国家資格
キャリアコンサルタントの活かし方

◆キャリアコンサルタントの活動領域

企業

人事部
- 人材育成
- キャリア研修実施、研修設計
- 定着支援、離職防止、ワークライフバランス推進、メンタルヘルスマネジメント

総務・経理・管理・営業・企画・マーケティング
- マネジメントへの活用
- 傾聴力を活かした顧客ニーズ発掘
- 顧客・社外・社内のコミュニケーション円滑化

例えば

フリーランスでの活動

企業の委託を受けて出向き、キャリアコンサルティングの支援を行います。

キャリアコンサルティングの面談のみではなく、社員研修とあわせての受託などで、複数社と契約する人もいます。

需給調整機関

ハローワーク

（一般・マザーズ・わかもの・新卒応援）
- 職業紹介・マッチング・職業訓練相談
- 訓練前キャリアコンサルティング・職業訓練等受講前にジョブ・カードに基づき実施

人材会社
- キャリアのアドバイザーやコーディネーター
- 人事コンサルタント
- 登録者への就業フォロー、マッチング
- 企業への提案・アドバイス等
- 再就職支援
- 就職氷河期世代の正社員就労支援

※求人と求職（需要と供給）をマッチングさせるところを「需給調整機関」と呼んでいます。

例えば

ハローワーク職員

ハローワークの職員として採用され、相談に訪れた方の話を伺い、職業を紹介する際の応対が代表的な活躍の場です。

人材会社の社員

派遣社員との応対や、再就職の支援会社での活躍など、ヒトにまつわる仕事が活躍の場です。

学校・教育機関

大学・短大のキャリアセンター
- エントリーシート作成支援
- キャリア教育プログラム策定・実施

専門学校のキャリアセンター
- 企業情報の提供、企業開拓
- 学生と企業とのマッチング

小・中・高等学校でのキャリア教育
- 職業体験、職業経験を育む

例えば

大学のキャリアセンター職員

大学に所属し、学生の希望を聞き、時には職業適性検査などを行う、進路相談をサポートする仕事です。

学校と契約してセンター職員として活躍するフリーランスの人もいます。

地域

ジョブカフェ
- 若年者のためのワンストップサービスセンター　・都道府県

サポステ
- 地域若者サポートステーション・厚労省

例えば

サポステの職員

就労支援就労に向けたスキルアップセミナーを実施するなど、その地域で活躍をしている方もいます。

いろいろな活動領域がありますね。
それぞれの比率は下のグラフの通りです。

中には、資格を取得しても活動をしていないキャリアコンサルタントもいます。
資格を取得したら、すぐに仕事があるという世界ではないことは他の資格と同じですが、企業領域での活動はやはり多いですね。

キャリアコンサルタントの現在の主な活動の場

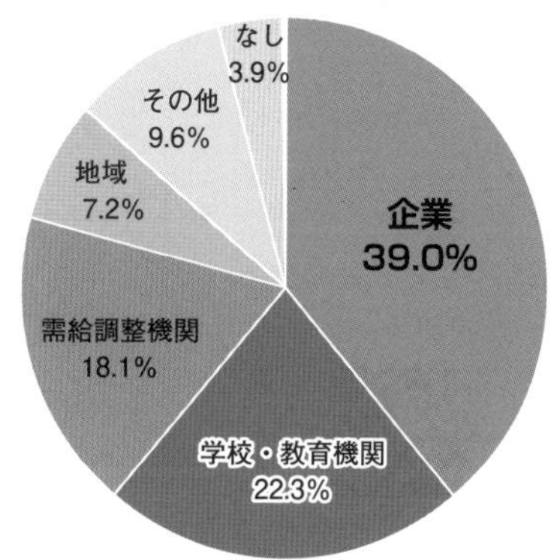

グラフ：「独立行政法人 労働政策研究・研修機構『労働政策研究報告書 No.227　第 2 回キャリアコンサルタント登録者の活動状況等に関する 調査』」のデータをもとに著者がグラフに加工
https://www.jil.go.jp/institute/reports/2023/0227.html

国家資格 キャリアコンサルタント資格の しくみと試験について

◆技能レベルに応じて３階層

- エントリー資格に「国家資格キャリアコンサルタント試験」があり、「標準レベル」として位置づけられています。
- その上に「熟練レベル」の「２級キャリアコンサルティング技能士」と、「指導レベル」の「１級キャリアコンサルティング技能士」が位置づけられています。１級は「キャリアコンサルタントを指導する」という位置づけの最上位資格です。

※ここでは「国家資格キャリアコンサルタント」について主にご説明をしていきます。

◆国家資格キャリアコンサルタントの試験団体は２つ

- 試験団体は２つあり、どちらで合格しても同じ「国家資格キャリアコンサルタント」です。

①キャリアコンサルティング協議会（CC協議会）
https://www.career-shiken.org/

②日本キャリア開発協会（JCDA）
https://www.jcda-careerex.org/

◆試験内容

- 試験には学科と実技があります。

- **学科は２団体とも同じ問題**ですが、実技（論述・面接ロールプレイ）はそれぞれの団体で異なります。
  ① **学科試験と実技試験（論述）の日**
  学科試験は試験２団体とも同一のものが、同じ日の午前に実施されます。そして、同日午後にそれぞれの団体ごとに異なる実技試験（論述）が行われます。
  ② **実技試験（面接ロールプレイ）の日**
  相談者役を相手にロールプレイを行う実技試験が行われます。
  ※学科と実技と同時に合格できなかった場合は、次回は科目免除が受けられます。なお、学科試験と同じ日に行われる「実技（論述）」は「実技」に位置づけられています。

◆受験資格（受験ルート）

およそ９割の受験者はキャリアコンサルタント養成講座の修了者です。

ほかに、養成講座を受講しないルートとして、実務経験による受験者がおられます。

上位資格である「技能検定１，２級」の学科か実技に合格して、一部合格で受験をするケースも、少ないですがあります。

◆キャリアコンサルタント養成講座

キャリアコンサルタント養成講座は、いわゆる試験に合格するためのテクニックを教える講座ではありません。

講習の課程修了により、キャリアコンサルタント国家試験の受験資格が得られる厚生労働大臣認定講習です。

この講座で法律、理論や面談の進め方（ロールプレイ）などを学びます。

◆資格の登録

合格したら登録が必要です。登録をしてはじめて名称独占資格「キャリアコンサルタント」を名乗ることができます。

国家資格キャリアコンサルタントWebサイト　登録センター
https://careerconsultant.mhlw.go.jp/n/index.html

国家資格
キャリアコンサルタント資格の
しくみとステップアップ

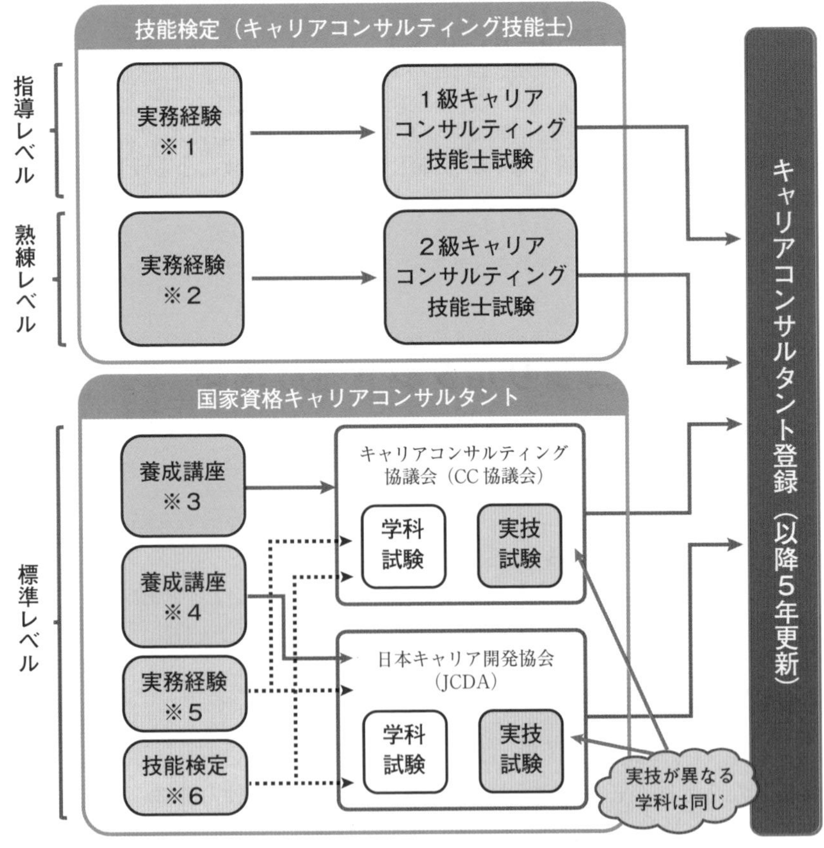

※1，2　技能検定受検に必要な実務経験は試験実施団体の HP で確認してください。
※3，4　養成講座に関しては次ページで解説を加えます。
※5，6　実務経験と技能検定の一部合格による受験ルートは試験実施団体の HP で確認してください。

国家資格

厚生労働省が認定・指定する養成講座

受験資格を得るための養成講座は厚生労働省のHPに掲載されています。

試験制度の解説で触れたように試験実施団体は２つありますので、養成講座を選ぶ際の留意点をご説明しておきます。

いずれの講座も厚生労働省の認定講座であり、養成講座各社の案内にはどちらの試験団体対応かは通常は明記がされていません。

しかし、養成講座の特徴により２つの試験団体のどちらで受験するかが、ほぼ決まることが多いのです。養成講座実施団体の「試験対策講座」の案内を見ると「キャリアコンサルティング協議会（CC協議会対応）※３」か「日本キャリア開発協会（JCDA対応）※４」などと記載されています。不明の場合は直接実施団体に問い合わせてみるとよいでしょう。

◆LEC養成講座

わかりやすい価格設定

入学金・手数料なし、テキスト・レジュメ代込み、受講料のみのシンプル設定

一般価格 302,500円（各種割引制度あり）

専門実践教育訓練給付制度利用で受講料の最大70％までが支給されます。

通学クラスとオンラインクラスを設定。予定を柔軟に組みやすい相互の振替受講も可

講座は主要駅前のLEC各本校で行われ、スタッフが常駐しており受講相談が可

資格の学校ならではの割引制度　※

受験・受講相談参加予約割引　10,000円割引

受講料の10％割引制度

- LEC他資格受講生割引：過去にLEC講座を受講された方
- ハローワーク職員割引：ハローワーク職員の方
- 専門職・士業割引：指定資格の合格者（勤務者・開業者であるかは問わない）
- パパ・ママ応援割引（未就学のお子様がいらっしゃる方）
- 学生・学卒未就労者応援割引：学生の方、卒業後で未就労（雇用保険未加入）の方、その他の割引

- 法人提携割引：勤務先がLECと法人定型契約を締結している社員と家族（特別割引）
- フレンド割（紹介者にJCBプレモデジタル5,000円と、紹介を受けた友人（LEC有料講座を受講したことのない方）に10,000円割引）
- 退職者・離職者応援割引（退職または離職後1年以内）（受講料20%割引）

※　割引条件はLEC養成講座パンフレットから抜粋して記載しています。割引対象の有無はホームページもしくはパンフレットでご確認ください。

https://www.lec-jp.com/caricon/yousei/

◆主な養成講座

養成講座は厚生労働省のHPで検索することができます。

すべてをここに掲載することが紙面の都合上できませんので、主な講座を抜粋して掲載しました。

名称	実施機関	URL	時間	受講費用等（税込み）
LEC 東京リーガルマインド キャリアコンサルタント養成講座	東京リーガルマインド	http://www.lec-jp.com/caricon/yousei	時間155時間（通学90時間/通信65時間）	302,500円 ※受講料・テキスト代含む（各種割引制度あり）
GCDF-Japan キャリアカウンセラートレーニングプログラム	キャリアカウンセリング協会	https://www.career-npo.org/GCDF/	時間150時間（通学96時間/通信54時間）	396,000円
キャリアコンサルタント養成講座	日本生産性本部	http://www.js-career.jp/	時間179時間（通学92時間/通信87時間）	422,400円 会員：359,040円
キャリアコンサルタント養成講座（総合）	日本マンパワー	https://www.nipponmanpower.co.jp/cc/	時間186時間（通学96時間/通信90時間）	396,000円
100年キャリア講座 キャリアコンサルタント養成講習	パソナ	https://100-year-career.net/traning	時間150時間（通学76時間/通信74時間）	385,000円
キャリアコンサルタント養成講座	ヒューマンアカデミー	http://haa.athuman.com/academy/career/	時間158.5時間（通学80時間/通信78.5時間）	383,597円
リカレント キャリアコンサルタント養成講座	リカレント	https://www.recurrent.co.jp/cc/	時間150時間（通学150時間/通信0時間）	499,400円

https://careerkousyu.mhlw.go.jp/　（2023年12月時点）

※LECの養成講座は受講料以外の別途費用はかかりません。
※他実施団体の詳細はご自身でご確認下さい。

国家資格 キャリアコンサルタントの 資格学習での主なメリット

(1) "人"に関する法令や様々な知識が身につく

試験には法律の問題や、求人求職の状況に関する動向などから問題が出題されます。

みなさんは「労働基準法」という名前を聞いたことがあると思いますが、そこには、わたしたちが仕事をしていく上で決められている労働時間の制限など、労働者を守るために設けられたルールが書かれています。

組織における人事上の制度も出題されます。それらを学ぶことで、組織に所属する者にとって有用な知識を身につけることができます。

(2) コミュニケーションの達人になれる

みなさんは「傾聴」というコトバを聞いたことがあると思います。わたしたちは誰かと会話をするときに「話の聴き方」は通常意識をしません。傾聴は、その方法を体系的な訓練（ロールプレイ）を通じて体得します。

傾聴にはやり方（技法）があり、学習が進むにつれて相談者が悩みから解放される様子を体験することもあります。

いわばコミュニケーションのプロフェッショナルとして、カウンセラーとしてのうれしさを感じる瞬間に出会うはずです。

(3) キャリア理論やメンタルヘルスの理論を学び、専門家となる

相談に来る方は何らかの悩みや問題を抱えています。

お話を伺っていく中で、キャリアコンサルタントは専門的な理論を活用することで、相談者のサポートをします。

キャリアの研究者やベテランが積み重ねてきた理論を学ぶことでより良い解決策を相談者に提案していくことができるからこそ、キャリアコンサルタントはプロフェッショナルとして資格を認められているのです。様々な理論を学ぶことは、わたしたち自身の人生に活かすこともできます。

(4) いろいろな組織の中でバランスよく活躍できる人材になる

キャリアコンサルタントは相談者個人からの相談を受けるだけではありません。

時には、相談者が所属している組織から依頼されて活動することもあります。

そのときに、相談者個人の利益と組織の利益の双方を考慮しながら応対をするスキルもキャリアコンサルタントには求められるのです。一面的なことだけを考えるのではない、バランス感覚を養っていくことも当然求められているのです。

国家資格
キャリアコンサルタント試験

試験情報

◆国家資格キャリアコンサルタント試験

「キャリアコンサルタント」は、2016年４月に国家資格化された登録制（５年更新）の名称独占資格です。キャリアコンサルタントには法律上の守秘義務、信用失墜行為等の禁止義務が課されており、相談者は職業に関する相談を今まで以上に安心してできるようになりました。

厚生労働大臣認定講習を受講し修了すると、キャリアコンサルタント試験の受験資格を取得できます。キャリアコンサルタント試験の合格者、技能検定キャリアコンサルティング職種の合格者は登録することによりキャリアコンサルタントと名乗ることができます。

◆受験資格

- 厚生労働大臣が認定する講習課程を修了した者
  （※LECキャリアコンサルタント養成講座もそのひとつです）
- 労働者の職業の選択、職業生活設計又は職業能力開発及び向上のいずれかに関する相談に関し３年以上の経験を有する者
- 技能検定キャリアコンサルティング職種の学科試験又は実技試験に合格した者
  など

◆試験の形式

キャリアコンサルタント試験は、学科試験、実技（論述・面接）試験と分かれており、学科・論述試験は同日に行われますが、面接試験は別の日程で行われます。

面接試験の日時の希望には応じてもらえませんので、複数日程実施予定の地域はいずれの日程が指定されても受験できるようにスケジュールを空けておく必要があります。

<table>
<tr><th colspan="2">試験区分</th><th>出題形式</th><th>問題数</th><th>試験時間</th><th>受験手数料</th><th>合格基準</th></tr>
<tr><td colspan="2">学科</td><td>筆記試験（四肢択一のマークシート方式による解答）</td><td>50問</td><td>100分</td><td>8,900円</td><td>100点満点で70点以上の得点</td></tr>
<tr><td rowspan="2">実技</td><td>論述</td><td>記述式（事例記録を読み、設問に解答する）</td><td>1ケース</td><td>50分</td><td rowspan="2">29,900円</td><td rowspan="2">150点満点で90点以上の得点
*ただし、論述は配点の40％以上の得点、かつ面接はそれぞれの評価区分ごとに満点の40％以上の得点が必要</td></tr>
<tr><td>面接</td><td>ロールプレイ：受験者がキャリアコンサルタント役となり、キャリアコンサルティングを行う。
口頭試問：自らのキャリアコンサルティングについて試験官からの質問に答える。</td><td>1ケース</td><td>20分（ロールプレイ15分／口頭試問5分）</td></tr>
</table>

試験実施機関は、キャリアコンサルティング協議会と日本キャリア開発協会の２つあります。

学科試験は２つの試験実施機関で共通です。四肢択一問題50問（１問２点で100点満点）のうち70点以上で合格です。

実技（論述・面接）試験は、試験実施機関によって内容が異なります。

特に実技（面接）試験は、評価区分が試験実施機関により異なります。キャリアコンサルティング協議会は「態度、展開、自己評価」、日本キャリア開発協会は「主訴・問題の把握、具体的展開、傾聴」となっています。

◆試験科目と出題範囲

試験科目と出題範囲は、次の通りです。

学科試験

Ⅰ キャリアコンサルティングの社会的意義

1 社会及び経済の動向並びにキャリア形成支援の必要性の理解
2 キャリアコンサルティングの役割の理解

Ⅱ キャリアコンサルティングを行うために必要な知識

1 キャリアに関する理論
2 カウンセリングに関する理論
3 職業能力開発（リカレント教育を含む）の知識
4 企業におけるキャリア形成支援の知識
5 労働市場の知識
6 労働政策及び労働関係法令並びに社会保障制度の知識
7 学校教育制度及びキャリア教育の知識
8 メンタルヘルスの知識
9 中高年齢期を展望するライフステージ及び発達課題の知識
10 人生の転機の知識
11 個人の多様な特性の知識

Ⅲ キャリアコンサルティングを行うために必要な技能

1 基本的な技能
2 相談過程において必要な技能

Ⅳ キャリアコンサルタントの倫理と行動

1 キャリア形成及びキャリアコンサルティングに関する教育並びに普及活動
2 環境への働きかけの認識及び実践

3　ネットワークの認識及び実践

4　自己研鑽及びキャリアコンサルティングに関する指導を受ける必要性の認識

5　キャリアコンサルタントとしての倫理と姿勢

実技試験

Ⅰ キャリアコンサルティングを行うために必要な技能

1　基本的技能

2　相談過程において必要な技能

参照　キャリアコンサルタント試験の試験科目及びその範囲並びにその細目

• 特定非営利活動法人 キャリアコンサルティング協議会

https://www.career-shiken.org/wordpress/wp-content/uploads/2019/12/past-03.pdf

• 特定非営利活動法人 日本キャリア開発協会

https://www.jcda-careerex.org/files/news/260attachment_15706700101.pdf

◆試験日程（※2024年度の場合）

国家資格キャリアコンサルタント試験

受験地等、詳細は変更となることがあります。
最新の情報は各試験機関サイトで必ず確認してください。

参照

• キャリアコンサルティング協議会
https://www.career-shiken.org/about/

• 日本キャリア開発協会
https://www.jcda-careerex.org/information/schedule.html

▶キャリアコンサルティング協議会（CC協議会）

試験回数	受験申込	学科・実技（論述）試験	実技（面接）試験	合格発表
第26回	2024年4月10日（水）～2024年4月23日（火）	2024年7月7日（日）	2024年7月13日（土）・14日（日）・15日（月） 2024年7月20日（土）・21日（日）	2024年8月23日（金）
第27回	2024年8月16日（金）～2024年8月29日（木）	2024年11月3日（日）	2024年11月9日(土)・10日(日) 2024年11月16日(土)・17日(日) 2024年11月23日(土)・24日(日)	2024年12月17日（火）
第28回	2024年12月11日（水）～2024年12月24日（火）	2025年3月2日（日）	2025年3月8日（土）・9日（日） 2025年3月15日（土）・16日（日）・20日（木）	2025年4月14日（月）

試験	開催地（予定）
学科・実技（論述）	札幌・仙台・東京・名古屋・大阪・広島・高松・福岡・沖縄
実技（面接）	札幌・仙台・東京・大宮・名古屋・大阪・広島・高松・福岡・沖縄

※受験者数の状況によっては、予定よりも少ない日程で試験を行うことがあり、詳細は受験案内配布時に確定する。
※東京の予定地区には、埼玉県、千葉県、神奈川県内の地区を含む。

▶日本キャリア開発協会（JCDA）

試験回数	受験申込	学科・実技 論述試験	実技面接試験	合格発表
第26回	2024年4月12日（金） ～2024年4月26日（金）	2024年 7月7日（日）	2024年7月13日（土） 14日（日） 7月20日(土) 21日(日)	2024年 8月23日（金） ※予定
第27回	2024年8月16日（金） ～2024年8月30日（金）	2024年 11月3日（日）	2024年11月9日（土） 10日（日） 11月16日(土) 17日(日)	2024年 12月17日(火) ※予定
第28回	2024年12月9日（月） ～2024年12月23日（月）	2025年 3月2日（日）	2025年3月8日（土） 9日（日） 3月15日(土) 16日(日)	2025年 4月14日（月） ※予定

試験	開催地（予定）
学科・実技（論述）	札幌・仙台・東京・金沢（※）・名古屋・大阪・広島・高松（※）・愛媛（※）・福岡・沖縄（※）
実技（面接）	札幌・仙台・東京・金沢（※）・名古屋・大阪・広島・高松（※）・愛媛（※）・福岡・沖縄（※）

※　金沢・高松・愛媛・沖縄会場は予定。開催の有無は、受験申請前に新着情報で知らされる

2級キャリアコンサルティング技能士試験

参照　国家検定 キャリアコンサルティング技能検定

- キャリアコンサルティング協議会

https://www.career-kentei.org/about/

試験回数	受検申込	学科・実技 (論述) 試験	実技（面接）試験	合格発表
第32回	2024年4月 8日(月)～ 2024年4月22日(月)	2024年 6月16日(日)	2024年6月～7月の間に設定	2024年 9月2日(月)
第33回	2024年 9月18日(水)～ 2024年10月 2日(水)	2024年 12月8日(日)	2025年1月～2月の間に設定	2025年 3月19日(水)

試験	開催地（予定）
学科・実技（論述）	札幌・仙台・東京・名古屋・大阪・広島・福岡・沖縄
実技（面接）	札幌・仙台・東京・名古屋・大阪・広島・福岡・沖縄

※東京の予定地区には、埼玉県、千葉県、神奈川県内の地区を含む。

※予告なく日程が変更になる場合がありますので、試験機関サイトで確認してください。

※2級キャリアコンサルティング技能士試験の受験資格は国家資格キャリアコンサルタント試験とは異なります。詳細は試験機関サイトで確認してください。

◆法令基準日（※2024年度の場合）

2024年度試験は、2024年4月1日の時点ですでに施行（法令の効力発生）されている法令等に基づくものとされています。なお、試験範囲に含まれる時事的問題など、キャリアコンサルティングに関連するものとして知っておくべき知識・情報については、基準日にかかわらず出題される可能性があります。

◆合格発表

合否通知は、受験申込書に記載された送付住所へ郵送されます。また、同時に試験ウェブサイトにも合格者の受験番号が掲載されます。合格した方は合格通知書により、国家資格キャリアコンサルタント登録手続きを行うことができます。

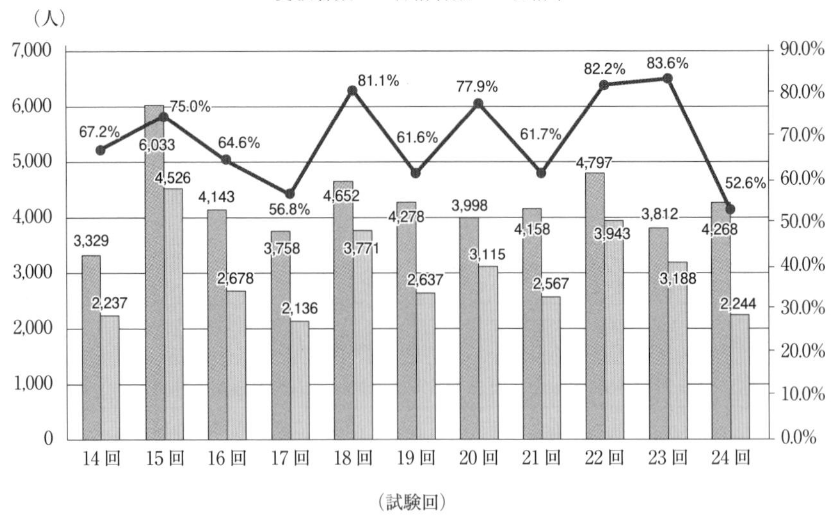

キャリアコンサルタント試験　実技合格率
（※結果は２つの試験機関の合計　厚生労働省ホームページ）

受験者数　合格者数　合格率

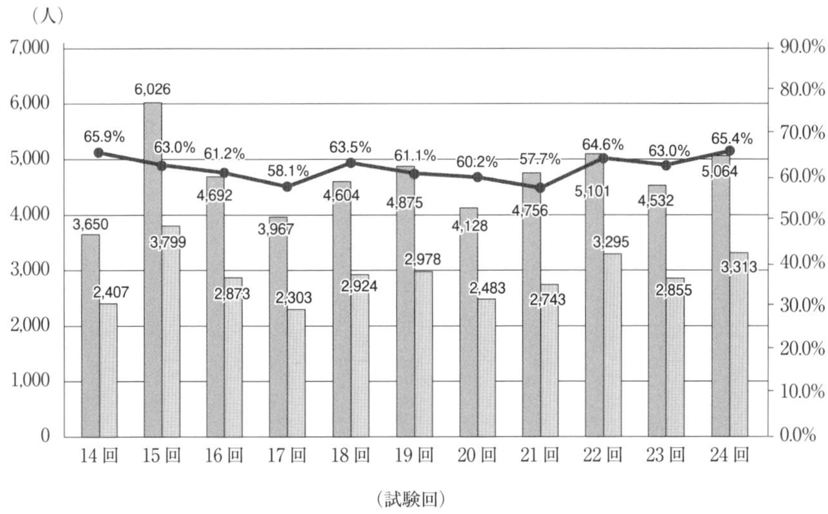

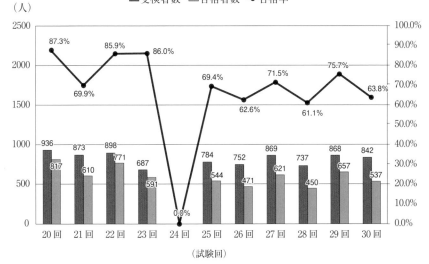

２級キャリアコンサルティング技能士検定　学科合格率
（※結果はキャリアコンサルティング協議会発表のデータを参照）

受検者数　合格者数　合格率

（人）
2500
2000
1500
1000
500
0
100.0%
90.0%
80.0%
70.0%
60.0%
50.0%
40.0%
30.0%
20.0%
10.0%
0.0%
20回　21回　22回　23回　24回　25回　26回　27回　28回　29回　30回
936　873　898　687　784　752　869　737　868　842
817　610　771　591　544　471　621　450　657　537
87.3%　69.9%　85.9%　86.0%　0.0%　69.4%　62.6%　71.5%　61.1%　75.7%　63.8%
（試験回）

※24回は実施なし

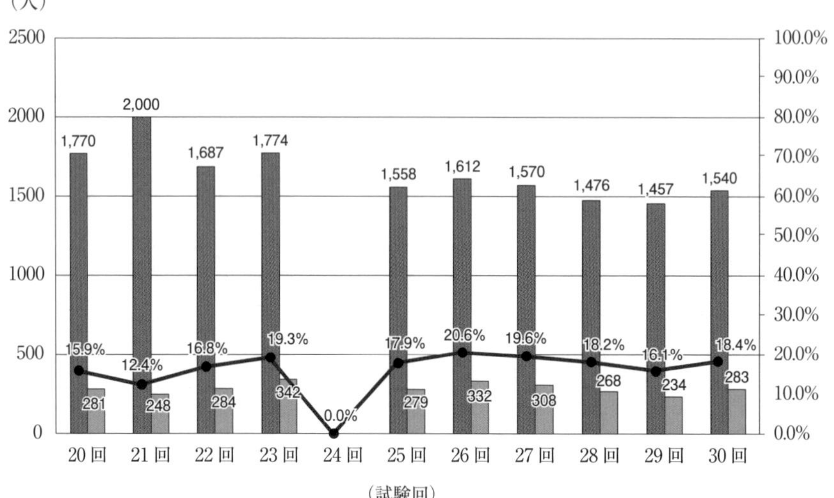
２級キャリアコンサルティング技能士検定　実技合格率
(※結果はキャリアコンサルティング協議会発表のデータを参照)
受検者数
合格者数
合格率
(人)
2500
2000
1500
1000
500
0
100.0%
90.0%
80.0%
70.0%
60.0%
50.0%
40.0%
30.0%
20.0%
10.0%
0.0%
1,770
2,000
1,687
1,774
1,558
1,612
1,570
1,476
1,457
1,540
15.9%
12.4%
16.8%
19.3%
0.0%
17.9%
20.6%
19.6%
18.2%
16.1%
18.4%
281
248
284
342
279
332
308
268
234
283
20 回
21 回
22 回
23 回
24 回
25 回
26 回
27 回
28 回
29 回
30 回
(試験回)
※24 回は実施なし

国家資格キャリアコンサルタント試験
2級キャリアコンサルティング技能士試験
本試験の分析

1◆はじめに

本書は、国家資格キャリアコンサルタント試験と２級キャリアコンサルティング技能士試験の**過去問出題傾向（データ）に**徹底的に**こだわって制作**しました。国家試験は、実務に従事するにあたり必要最低限の知識を習得しているか、重要事項をきちんと理解しているかを確認する試験ですから、大切な要素については何度でも問われます。つまり、「国家試験は、過去に出題された要素が繰り返し問われる傾向にある」といえます。ということは、これまでの出題傾向を分析することにより試験で問われる重要な要素がわかり、そこに重点を置くことで効率的に学習を進めることができるのです。

国家資格キャリアコンサルタント試験は、現在２つの厚生労働省登録試験機関により実施されていますが、学科試験の問題は共通です。合格基準は100点満点中70点以上と、７割で合格することができます。問題の中には難問も含まれています。**満点を狙う必要はありません**が、合格基準ぎりぎりの７割ではなく、少し余裕を持って**8割**の得点獲得を目標にしましょう。では、8割を目標とするとして、どこに重点を置いて学習すればよいのか、言い換えれば「捨てる２割」はどこなのか、これを知るヒントは、過去問にあります。

2◆過去問が重要な理由

前述の「国家試験は、過去に出題された要素が繰り返し問われる傾向にある」ことに加え、国家試験の特徴からも、これまでの出題傾向を分析することの重要性がわかります。

①合格率は極端に変動しない

本試験は、合格基準が「**100点満点（2点×50問）で70点以上の得点**」であると公表されています。前述の通り、実務に従事するにあたり必要最低限の知識を習得しているかを問うのが試験ですから、おのずと合格率は一定の水準で推移することになります。

新試験の導入期を除き、試験制度が安定した時期になってくると、出題者は過去問を参照して、同様のレベルでの出題をしようという意識がはたらきます。出題範囲も公表されていますので、おのずとこれまでの試験と似た傾向となります。

②答えがひとつに定まる

設問の答えは、誰が見てもそれが正しいといえるように作られます。実務では条件によって解釈や対応が異なることもしばしばありますが、試験では答えをひとつに定め、正誤を明確にする必要があります。

複数の答えが存在し、全員正解とせざるを得なくなる問題を、資格試験の業界では「没問（ぼつもん）」と呼びます。出題者としては何としても避けたいところです。答えが必ずひとつに定まるよう問題文の作り方が工夫されているところにもアプローチのヒントがあります。

3◆過去問データをベースに徹底的に分析した本試験アプローチ

本書は、第1回から第24回までの「国家資格キャリアコンサルタント試験」で出題された1,200問と、第14回から第30回までの「２級キャリアコンサルティング技能士試験」の800問を加えた全2,000問を分析対象としています。

(1) LEC独自分類

過去問は、以下のLEC独自の分類に基づき、出現頻度の傾向を分析しています。

①法律
②統計
③理論
④その他

一般に、試験対策の問題集は「出題範囲」ごとに編集することが多いですが、国家資格キャリアコンサルタント試験・2級技能士試験は、類似の問題が複数範囲で出題されることがあるため、試験対策の効率化のために大きく4つに分類しました。

以下は、LEC独自分類による出題数の平均です。

	回数	法律	統計	理論	その他	総計
国家CC	第1回～24回	8	7	23	12	50
2級技能士	第14回～30回	6	5	23	16	50

※国家資格キャリアコンサルタント　第1回（2016年）～第24回（2023年）
※2級キャリアコンサルティング技能士　第14回（2015年）～第30回（2023年）

(2) 本書の構成

本書では、上記「LEC独自分類」を「編」に分け、「編」ごとに4つのStepの構成としています。

第1編　法律
第2編　統計
第3編　理論
第4編　その他

Step1　傾向分析
Step2　攻略ポイント
Step3　速習テキスト
Step4　練習問題

Step 1　傾向分析

傾向分析の細部は各編に譲りますが、「第３編 理論」を例に挙げると、キャリアコンサルティングの研究者ごとの過去問における出題数をカウントし、出題傾向を把握していきます。

Step 2　攻略ポイント

「Step２ 攻略ポイント」は、「Step１ 傾向分析」をもとに、本試験攻略への具体的アプローチ方法を示すものです。編ごとに、それぞれの分野で押さえておくべき共通事項や学習ノウハウを挙げました。本Stepで編の全体像をつかむことにより、続く「Step３ 速習テキスト」、「Step４ 練習問題」で、知識のインプットとアウトプットを行うための道しるべとなります。

Step 3　速習テキスト

まず、本書において「論点」とは、合格に必要な要素や頻出ポイントを指します。「Step３ 速習テキスト」は、本書が扱う最新の本試験までの中で、約８割出題されている論点を抽出し、複数回出題されているものを優先して構成しています。なお、取り上げた論点の中には、「出題回数が少ないものの、重要であるもの」、「他の論点を理解するために必要なもの」も含まれます。一方で、複数回出題されていても、出題の意図等から重要度が低いと判断したものは、論点として取り上げていないものもあります。

Step 4　練習問題

本書の練習問題は、過去問で出題された論点とその出題頻度をもとに作成しました。練習問題を解くことによって、国家資格キャリアコンサルタント試験で実際に出題されたポイントや、いわゆるひっかけ問題の注意点なども体得していただけるようにしています。中には「LEC ２級キャリアコンサルティング技能検定学科問題集」をベースに、国家資格キャリアコンサルタントの出題傾向にマッチするように設問や解説の編集をした問題もあります。２級キャリアコンサルティング技能士と国家資格キャリアコンサルタントの試験では、受験者に求められる知識の深さや細かさが異なるものの、出題論点は類似していると分析しています。また、中にはほぼ同レベルと判断される問題もあります。

つまり、本書の練習問題を解くことで、国家資格キャリアコンサルタント試験はもとより、受験者の皆さんが２級技能士へステップアップしていく際に、ベースとなる知識を学ぶこともできます。効率的な学習のために、実際の過去問と合わせてこの練習問題を解くことが合格へのアプローチとなります。

練習問題の「重要度ABC」は、各問題の論点を過去問の出現回数に照らし決定しています。論点の重要度の高いものからABCの順に付与しています。

過去問の出題傾向について触れているものは、特に注釈がない限り、国家資格キャリアコンサルタントをベースとしています。

4◆努力を無駄にしないために

(1) 過去問を繰り返し解く

本書で、試験に向けた効率的な学習方法と学習ポイントを確認した後は、みなさんご自身で実際の過去問にチャレンジしてみてください。

国家資格キャリアコンサルタント試験・２級技能士試験の過去問は、著作権の関係で掲載できません。試験実施団体のホームページから過去３回分をダウンロードできますので、それを繰り返し解くことをお勧めします。多くの資格試験対策テキストには、過去問は最低３回は解くよう書かれています。著者も同感です（過去３回分×最低３回の繰り返しです）。

(2) はじめの一問でくじけない

本試験において問１と問２は統計資料をもとにした出題であることが多くなっています。今までに出題されていない論点が登場することもあり、細かいことを問う問題もあります。この傾向は国家資格キャリアコンサルタント、２級技能士ともに同様です。

本試験では問１と問２の２問がはじめの１ページに載っていますから、いきなり難問に接して面食らうことがあるかもしれません。難しいと感じたときは後回しにするなど、最初に意志をそがれないようにしてください。

(3) 別の級の学科過去問にも触れる

2級キャリアコンサルティング技能士を受検される方は、国家資格キャリアコンサルタント試験の過去問にも触れておかれることをお勧めします。

国家資格キャリアコンサルタント試験と2級キャリアコンサルティング技能士試験のそれぞれで、一方で出題された論点が、時期をずらして他方で出題されることがあるからです。

なお、国家資格キャリアコンサルタントを受験される方は、2級キャリアコンサルティング技能士の過去問に触れる余力があればベストですが、無理に手を広げすぎないようにしてください。養成講座を終えてから本試験までに十分な準備時間をとりづらいのが実情と思います。

(4) 最後に残る2つの肢のどちらを選ぶか？

試験では、これまでの知識を総動員しても、どちらを選択してよいか迷ってしまう肢が最後に残ってしまうことがよくあります。知識がない初めて見る問題は、「知らない選択肢のほうにマークしたくなる」人が多いといわれています。

このように、選択肢の絞り込みで迷ったとき、また、そもそも問われていることについての知識がないとき、それでも正解を導き出すための「問題文の読み解きノウハウ」として、LECでは「学科過去問ポイント講座」（有料）を開講しています。ぜひ参考にしていただき、本試験を突破されることを願ってやみません。

参照

- キャリアコンサルティング協議会　過去問題／学習情報
  https://www.career-shiken.org/about/learninfo/

- 日本キャリア開発協会　過去問題
  https://www.jcda-careerex.org/past.html

目次

はしがき　(2)
本書の使い方　(4)
国家資格「キャリアコンサルタント」資格の"きほん"　(10)
国家資格キャリアコンサルタントの活かし方　(12)
国家資格キャリアコンサルタント資格のしくみと試験について　(14)
国家資格キャリアコンサルタント資格のしくみとステップアップ　(16)
国家資格キャリアコンサルタントの資格学習での主なメリット　(19)
国家資格キャリアコンサルタント試験　試験情報　(20)
国家資格キャリアコンサルタント・２級技能士試験　本試験の分析　(29)

学科試験

第1編 法律

Step1 傾向分析 4
Step2 攻略ポイント 6
Step3 速習テキスト 10
1 ◆ 職業能力開発促進法 …… 10
2 ◆ 働き方改革と労働関係諸法令 …… 15
3 ◆ 教育 …… 17

4 ◆ 社会保障 …… 18
5 ◆ 非正規雇用 …… 21
6 ◆ 介護 …… 22
7 ◆ 女性の活躍 …… 23
8 ◆ 障害者雇用 …… 26
9 ◆ その他の論点 …… 28

Step4 練習問題 36

問1 労働関係法規・解雇 …… 36
問2～6 職業能力開発促進法 …… 38
問7 職業訓練 …… 48
問8 第11次職業能力開発基本計画 …… 50
問9 求職者支援制度 …… 52
問10 妊娠・出産時における就業上の配慮 …… 54
問11 障害者雇用 …… 56
問12 学校教育制度 …… 58
問13 休暇と制度 …… 60
問14 派遣と請負労働 …… 62
問15 介護 …… 64
問16 雇用保険 …… 66
問17 労災保険 …… 68
問18～19 賃金 …… 70

第2編 統計

Step1 傾向分析 76

Step2 攻略ポイント 78

Step3　速習テキスト　82

1 ◆「OJTとOFF-JT」　82
2 ◆「キャリアコンサルティングを行うしくみ」　83
3 ◆ 基本用語を押さえる　84
4 ◆ 最後に、問題や資料を見るときの論点について　87

Step4　練習問題　90

問20～22　能力開発基本調査　90
問23　職業能力評価基準　96
問24～26　労働経済の分析　98
問27　労働力調査　104
問28　労働市場の動向　106
問29　外国人雇用状況　108
問30　キャリアコンサルタント登録者の活動状況　110
問31　自殺総合対策大綱　112
問32～35　労働に関する統計指標　114

第3編　理論

Step1　傾向分析　124

Step2　攻略ポイント　128

Step3　速習テキスト　132

1 ◆ 頻出論点は「転機」と「発達課題」　132
2 ◆ 研究者　133
3 ◆ 研究者と理論の組み合わせ表　155
4 ◆ 心理検査・アセスメントツール　157

5 ◆ グループアプローチ 166
6 ◆ 面談技法とシステマティック・アプローチ 168
7 ◆ その他 170

Step4 練習問題 178

問36～49 キャリアに関する理論 178
問50 心理療法・行動療法に関する理論 206
問51 認知行動療法に関する理解 208
問52～55 発達理論に関する理解 210
問56 転機に関する理解 218
問57 来談者中心療法 220
問58～59 グループアプローチ 222
問60～62 理論と提唱者・用語の組み合わせ 226
問63 キャリアコンサルティングに必要な能力 232
問64 カウンセリングスキル 234
問65 自己理解の支援 236
問66～69 システマティック・アプローチ 238
問70～72 環境への働きかけ 246
問73 キャリアコンサルタントのネットワーク 252
問74～78 メンタルヘルスに関する理解 254
問79 ストレスに関する理解 264
問80～81 個人の多様な特性の理解 266
問82～87 心理検査・アセスメントツール 270

第4編 その他

Step1 傾向分析 284

Step2 攻略ポイント 286

Step3 速習テキスト 288

1 ◆ キャリアコンサルタントとしての職業倫理の論点（倫理綱領） 288
2 ◆ キャリアコンサルタントのネットワーク 291
3 ◆ スーパービジョンと事例検討 292
4 ◆ ジョブ・カード 293
5 ◆ 職業分類／産業分類 296
6 ◆ キャリアコンサルティングの役割 297
7 ◆ 両立支援 298
8 ◆ その他 299

Step4 練習問題 304

問88～89 キャリアコンサルタントの職業倫理 304
問90～93 キャリアコンサルティングの役割・活動 308
問94 教育・普及活動 316
問95 人事考課の評価誤差 318
問96 スーパービジョン 320
問97 ジョブ・カード制度 322
問98 ハローワークインターネットサービス 324
問99 職業能力開発・職業訓練 326
問100 職業分類 328
問101 セルフ・キャリアドック 330
問102 両立支援 332
問103 リカレント教育 334
問104 社会・経済の動向 336
問105 子育て支援 338

実技（論述）試験

Step1　攻略のポイント　342

1 ◆ 論述試験のアプローチ …… 343
2 ◆ 論述試験の攻略のポイント …… 345

Step2-1　練習問題・キャリアコンサルティング協議会（CC協議会）　350

1 ◆ 練習問題 …… 350
2 ◆ 解答例 …… 353
3 ◆ 解説 …… 354

Step2-2　練習問題・日本キャリア開発協会（JCDA）　358

1 ◆ 練習問題 …… 358
2 ◆ 解答例 …… 363
3 ◆ 解説 …… 364

Step3　論述試験対策　368

1 ◆ 練習問題（CC協議会・JCDA）の解説まとめ …… 368
2 ◆ 試験団体ごとの出題内容の比較 …… 369
資料：キャリア形成の6ステップ …… 370

学科試験

第1編 法律

第2編 統計

第3編 理論

第4編 その他

第1編 法律

Step1 傾向分析 ▶ 4

Step2 攻略ポイント ▶ 6

Step3 速習テキスト ▶ 10

Step4 練習問題 ▶ 36

第1編 法律

Step1 傾向分析

1◆はじめに

法律の問題は、「『労働基準法』に関する次の記述のうち、正しい(誤っている)ものはどれか」というように出題の根拠となる法律が示されるものが大半です。

国家試験は、「誰が見ても必ず正解がひとつに定まる」と本書冒頭に記しましたが、法律に照らして、答えが定まるように問題が作られています。

2◆出題の傾向

この分野は次の2つの法律から多く出題されています（2級技能士試験でも同様です)。

① **「職業能力開発促進法と関連制度」**

② **「労働関係諸法令」**

「職業能力開発促進法」は、キャリアコンサルタントの国家資格化を定めるなど、労働者の能力開発の機会提供や、職業訓練などについて規定したもので、わたしたちが実務でも知っておくべき法律です。

「労働関係諸法令」とは、労働基準法や労働契約法をはじめとする様々な法律で、中には複数の法律から組み合わされて出題される問題もあります。

これら2つの領域は、過去問から繰り返し同じ論点で出題される傾向が強いです。

▶国家資格キャリアコンサルタント　出題数

論点	1回	2回	3回	4回	5回	6回	7回	8回	9回	10回	11回	12回	13回	14回	15回	16回	17回	18回	19回	20回	21回	22回	23回	24回	総計
職業能力開発促進法と関連制度	2		2	2	2	3	1	3	4	2	2	2	2	1		2	1		4			2	1		38
労働関係諸法令	3	2	2	2	1	3	1	1	1	1	2	1	1	2	2	2	1	2	2	1	1	1	1	1	37

3◆法律分野の問題解説と表記について

本書は本試験対策に狙いをおいていますので、**正確性を多少犠牲にしても、わかりやすく解説**をするように心がけました。

実務上は、例えば「○か月以下の就労の場合、適用しない」など、制約条件が付与されていることがあります。ところが本試験では、条件を付与しすぎると正誤の判定が複雑になるからだと思いますが、「すべての場合に適用されるものとする」などと前提が置かれたりします。本書も同様に細部の条件を記述していないところが多くあります。

したがいまして、**実務上は本書の内容にはよらずに、必ず専門家に照会いただくなどの対応をお願いいたします。**

※「障害者」については「障がい者」や「障碍者」という表記を用いていません。これは法律が「障害者」の表記を用いており、本試験でも同様の表記で出題されるからです。

Step2 攻略ポイント

1◆法律問題のアプローチ

法律問題は、「法律が作られた背景・目的を知ること」が鉄則といえます。

特に「労働者は弱い立場にある」という前提で問題を読むことが大切です。

例えば、戦前は労働者が非常に弱い立場にありました。会社（経営側）は搾取する側で強く、労働者側は弱いから守ってあげようという趣旨で法律が作られてきた歴史があります。

解雇に関する出題は、「労働者を守る」という視点で問題を読みます。会社側に有利な条件は一般的にはノーです。障害者や女性を守るという観点も同様です。

過去に「未成年者ならば親に給与を渡してもよい（誤り）」という趣旨の出題がされたことがあります。現代では考えにくいかもしれませんが、搾取を防止するためです。今でも働いた給与は直接本人に渡すこととなっています。

このように、なぜその法律が作られているのかというポイントを押さえると、初見の問題であっても、解答を絞り込んでいく手掛かりとすることができます。

2◆「着目ワード」を意識して読む

本試験は、正誤をはっきりさせることができるように作られています。

これは法律の問題だけに限りません。問題文に以下のような**「着目ワード」があったら、要注意です**。マークをして読むようにしてください。

(1) 着目ワード

- 有効求人倍率が○倍を超えるのは東京都**のみ**である。
- 職業能力開発計画の作成は事業主が**必ず**行う義務である。
- 派遣会社は……派遣労働者を**いかなる**業務に派遣してもよい。
- **すべての**有期労働契約は○年を超えてはならない。
- 労働者には……これら４つの事項**だけ**を文書で示せばよい。
- 個人の意向に**かかわらず**、○○をすべきである。
- 職業能力開発の支援は**何よりも優先して**行うべきである。
- ○○○である場合は**無制限に**解雇ができる。

（著作権の関係で過去問をデフォルメしています）

法律は「一般法」よりも「特別法」が優先されて適用されるなど、例外的な判断がなされることもあります。誰が読んでも正誤が定まるように「着目ワード」が入る傾向があり、その肢については誤りであることも多いのです。

(2)「前提が適切」ワード

次に、出題の条件が「適切である」ことを示すワードをご説明します。

これは法律の特徴からくるワードといえます。例えば、法律は国会が定めるものですが、実務上は行政機関からの「通達」が実務運用を示すなどしており、階層構造をなしています。

ルールの細かい点まで法律に定めてしまうと運用が大変ですから、階層構造を持たせているわけです。例外的なことがらも階層の中で生じることがあるため、設問の条件として適切であることを示すワードが記されることがあります。

以上のようなワードがある場合は、その設問の前提は適切であると考えてよいといえます。

- 合理的な
- 正当な理由により（「正当な理由なく」の場合は逆に不適切な前提を指す）
- 客観的な

(3) 迷ったら「4つのうち、どれが最も正答に近い肢か」で判断する

これは実務家の方への注意点となります。実務に携わっている方ほど、設問を見て「この問題文は以前に扱った実務ではやってはいけないことだったな」などと迷いが生じることがあります。

例えば、「有給休暇の買い上げは認められていない」のが原則（労働基準法第39条参照）ですが、実務上は条件によっては行われていることがあります。そこで本試験の場の雰囲気も加わって、混乱してしまうことがあると思います。

その際は、他の選択肢と比較して総合的に肢の正誤を判断するようにします。

設問にも「最も適切なものはどれか」や「最も不適切なものはどれか」と出題されているものがありますので、実務家の方は留意してください。

どれが最も適切かの判断は、4つの肢が揃っている本試験に即した問題演習を繰り返すことでその感覚が身についていくはずです。

3◆「義務」か「努力義務」かの違いを理解する

法律の問題では、「義務」と「努力義務」の違いを意識して読むようにしてください。

①**義務**（もしくは禁止事項＝“してはならないこと”）
「～しなければならない」
「～してはならない」
「一切してはならない」と出題される。
②**努力義務**
「～するよう努めなければならない」などと出題される。
一般的には、違反しても罰則の対象とはならないものが多いようです。

4◆数字を意識する

ここでいう数字とは、残業時間の「45時間以上」や「所定労働日数が○日以下の場合」などと出題される際の「数字」です。あいまいに覚えておくと本試験のときに思い出せなくなることがあります。

なお、キャリアコンサルタントの本試験では、「以下」と「未満」の違いで出題される、細かい知識を試すものや、「速やかに」と「遅滞なく」などの法律用語の違いを把握していないと解答できないものは、ほとんど出題されていません。

5◆法律問題の出題基準日について

本試験の問題の冒頭には、「特段の指示のない限り、○年4月1日現在で施行されている法令等に基づいて解答してください。」と書かれています。

つまり、法律は時代とともに変わりますので、いつの時点の法律かを明示しませんと、答えが複数になってしまうこともありえるからです。

多くの国家試験では、試験日の直近に改正された法律から出題されることはほぼありません。国家試験は一般には「枯れた内容」から出題されますので、(試験対策に限っては) 試験日直近の最新の情報を仕入れる必要はあまりないといえます。

6◆原文(条文)を読むかどうか？

法律の全文がインターネット上でも公開されており、容易にアクセスできます。

ただし、原文は独特の書き方をしていますので、試験対策に関しては、原文に触れる必要はなく、テキストや問題集、あるいは「解説サイト」で理解したほうが容易に、また正確に理解できるのではないかと思いますので、このやり方をお勧めします。

第1編 法律

Step3 速習テキスト

- 法律はわたしたち国民の代表である国会が作ったルールです。「Step 2 攻略ポイント」で述べましたが、ルールには、どうしてその法律や制度が作られたのかの背景や目的があるはずです。そこを理解することで、記憶に定着しやすくなります。
- 法律には読みづらい文書が多くあります。それに慣れるには過去問を繰り返すことです。
- 細部のルールや、そこに定められている数字は、実務で必要になったら、そのときに見て確認すればよいと思います。本試験対策としては、特に数字は丸暗記の短期記憶と割り切ることも必要でしょう。

1 ◆ 職業能力開発促進法

職業能力開発促進法は、2016年に改正されました。
押さえておくべき出題論点は、以下になります。

(1) 職業能力開発促進法

①労働者自らにもキャリア開発に努めなさいと求めたこと（努力義務）

わたしたち自身に「労働者は、職業生活設計を行い、その職業生活設計に即して自発的な職業能力の開発及び向上に努めるものとする（法３条の３）」と求めています。

②事業主には労働者へのキャリア開発を支援するよう求めたこと（努力義務）

労働者の職業能力の開発や向上のために、情報の提供、キャリアコンサルティングの機会を設けることなどが努力義務として定められました（以下、同法の第10条の３・10条の４から引用します）。

- **労働者の配置その他の雇用管理について配慮**すること。
- **有給教育訓練休暇、長期教育訓練休暇、再就職準備休暇その他の休暇を付与すること**。
- 始業及び終業の時刻の変更、勤務時間の短縮その他**職業に関する教育訓練又は職業能力検定を受ける時間を確保するために必要な措置を講ずる**こと。

(2) キャリアコンサルタント

①キャリア開発支援の中で、キャリアコンサルタントの役割を明確にしたこと

キャリアコンサルタントが国家資格化され、名称独占の資格（５年ごとに更新）となりました。

②信用失墜行為の禁止

「キャリアコンサルタントは、キャリアコンサルタントの信用を傷つけ、又はキャリアコンサルタント全体の不名誉となるような行為をしてはならない。」とされました。

③守秘義務

守秘義務への違反は１年以下の懲役または100万円以下の罰金であり、最も重たい罰則になります（出題論点）。

また、「キャリアコンサルタント」でなくなった後（つまり登録が抹消された後）も継続して守る必要があります。この論点はよく問われますので注意してください。

④名称の使用制限（名称独占）

「キャリアコンサルタント」と勘違いするような名称を無資格者が名乗ると罰せられることがあります。また、キャリアコンサルタント試験に合格した方であっても、それだけでは名乗ることができません。キャリアコンサルタント名簿に登録することが必要です（Web上からキャリアコンサルタント登録センターにて手続きをします）。

違反行為	条文	罰則
守秘義務	その業務に関して知り得た**秘密を漏らし、又は盗用**してはならない。キャリアコンサルタントでなくなった後においても、同様とする。（第30条の27第2項）	**1年以下の懲役**又は**100万円以下の罰金**（第99条の2）
名称の使用制限	キャリアコンサルタントでない者は、**キャリアコンサルタント又はこれに紛らわしい名称を用いてはならない。**（第30条の28）	**30万円以下の罰金**（第102条6号）

(3) 用語の定義

用語の定義も出題論点です（第2条から引用し、要約します）。

- **「労働者」**：事業主に雇用される者及び求職者（**求職中の人も含まれます**）。
- **「職業能力」**：職業に必要な**労働者の能力**。
- **「職業生活設計」**：職業の選択、職業能力の開発及び向上のための取組について自ら計画すること。
- **「キャリアコンサルティング」**：労働者の職業の選択、職業生活設計又は職業能力の開発及び向上に関する相談に応じ、**助言及び指導を行う**こと（指導もするとされています）。
- **「職業能力検定」**：職業に必要な労働者の技能及びこれに関する知識についての**検定**（厚生労働省の所掌に属しないものを除くとされています）。
  →ここで「職業能力検定とは、技能検定のことをいい、キャリアコンサルタント試験は含まれない（誤り）」という論点が問われたことがあります。下の表のように職業能力検定は2つのものがあります。また、技能検定に属するものは「キャリアコンサルティング技能士（1級、2級）」があります。

▶職業能力検定とは

名　称	実施者	備　考
技能検定制度	厚生労働大臣	機械加工や電子機器組立てなどから、FP、キャリアコンサルティング技能士（1級、2級）
社内検定制度	事業主 （事業主団体）	雇用する労働者に対して実施する

(4) 職業能力開発推進者

企業の中で従業員のキャリア形成を支援する取り組みを進めるキーパーソンとして位置づけられました。

選任は、努力義務です(事業所ごとに必ず専任者が必要とはされてはいません)。

「キャリアコンサルタント等の職業能力開発推進者の業務を担当するための必要な能力を有する者」から選任するとされています。

職務は、以下が挙げられています。

①事業内における**職業能力開発計画の作成と実施**。

人材開発支援助成金を受ける場合には、計画を提出しますが、その**記入内容、書式に決まったものはありません**。

②企業内での従業員に対する職業能力の開発に関する相談と指導（他は割愛します)。

会社が職業訓練を実施する際、訓練の費用やその期間中の賃金の助成として**「人材開発支援助成金」を受ける際に、職業能力開発推進者の選任が要件**となっています（特定訓練コース、一般訓練コース、教育訓練休暇付与コース)。

(5) 職業能力開発基本計画

厚生労働省の職業能力開発基本計画は「第11次職業能力開発基本計画（厚生労働省、令和３年３月)」が策定されました。職業能力開発基本計画について過去問では計画の概要から出題される傾向があります。

そのため、ここでは厚生労働省の発表資料から引用を行い、論点に触れることとします。

【第11次職業能力開発基本計画のポイント】

■職業能力開発の今後の方向性

1．産業構造・社会環境の変化を踏まえた職業能力開発の推進

Society5.0の実現に向けた経済・社会の構造改革の進展を踏まえ、ＩＴ人材など時代のニーズに即した人材育成を強化するとともに、職業能力開発分野での新たな技術の活用や、企業の人材育成の強化を図る。

2．労働者の自律的・主体的なキャリア形成の推進

労働市場の不確実性の高まりや職業人生の長期化などを踏まえ、労働者が時代のニーズに即したスキルアップができるよう、キャリアプランの明確化を支援するとともに、幅広い観点から学びの環境整備を推進する。

3．労働市場インフラの強化

中長期的な日本型雇用慣行の変化の可能性や労働者の主体的なキャリア選択の拡大を視野に、雇用のセーフティネットとしての公的職業訓練や職業能力の評価ツールなどの整備を進める。

4．全員参加型社会の実現に向けた職業能力開発の推進

希望や能力等に応じた働き方が選択でき、誰もが活躍できる全員参加型社会の実現のため、すべての者が少しずつでもスキルアップできるよう、個々の特性やニーズに応じた支援策を講じる。

このほか、技能継承の促進、国際連携・協力の推進（技能評価システムの移転、技能実習制度の適正な実施）に関する施策を実施する。

また、新型コロナウイルス感染症の影響などで新たな施策が必要な場合には、本計画の趣旨などを踏まえて機動的に対応する。

引用 https://www.mhlw.go.jp/stf/newpage_17632.html

参照 第11次職業能力開発基本計画（令和３年度～令和７年度）（概要）

https://www.mhlw.go.jp/content/11801000/000760054.pdf

2◆働き方改革と労働関係諸法令

2-1. 労働時間の論点（労働時間法制の見直し）

働き方改革は、複数の法律に関わる論点のため、範囲も広くなります。以下、過去問の出題傾向から解説します。

(1) 残業時間

今まで、残業時間に制限がなかった法律に、はじめて制限がかかりました。長時間労働と脳･心臓の疾患やメンタルヘルス不調とに関連が認められたためです。

参考に時間外・休日労働時間と医師による面接指導について整理します。

	残業時間	医師（産業医）による面接指導の論点
1	毎月45時間まで	健康への配慮が必要と認めたものに実施することが望ましい。
2	毎月80時間を超えたら	本人の申し出により面接指導を実施する。
3	毎月100時間を超えたら	本人の申し出なしに面接指導実施を実施する（研究開発者）。

※月に60時間を超える残業時の割増賃金も引き上げられました。

※面接の条件については、試験対策の解説向けとして簡易的に記載しています。

(2) 5日間の休暇取得（義務化）

「年次有給休暇が付与された日から1年以内」に「5日分」を「時季を定めて」「取得させなくてはならない（義務）」という4つの論点で押さえてください（数字を変えて出題されたことがあります）。なお、「時季を定めて」とは、これまでは労働者が使用者に取得時季を申し出るケースが多かったところを、労働者の意見を尊重し、使用者が「○月○日に休んでください」と指定することです。

これは労働者が「お休みをとりたい」と言い出しにくいことに配慮してのルール化です。

(3) 勤務間インターバル制度の促進（努力義務）

その日の勤務を終えてから、翌日の出社までに**「休憩時間（インターバル）」**

を確保する趣旨です。遅くまで残業した日は、翌日の出社時間を遅らせて、わたしたちの生活のための時間や睡眠時間を確保するというような取り組みが推奨されています。

(4) フレックスタイム制の拡充

今までは清算期間が1か月でしたが、**改正後は3か月に延びました。**

(5) 労働時間の状況の客観的な把握（義務化）

労働時間を「客観的な方法その他適切な方法」で把握するよう義務付けられました。

例えば、タイムカードやコンピュータのログイン／ログアウト時間などを用いて、会社は記録しておく必要があります。長時間労働の対象者を抽出したら「医師（産業医）」へ情報提供し、面接指導を行う取り組みにもつながっています。

(6) 高度プロフェッショナル制度の新設

出題頻度は決して高くはないため、余裕があれば押さえていただくことでよい論点です。

- 高度の専門的知識等を有し、職務の範囲が明確
- 一定の年収要件（**1,075万円以上**）を満たす労働者が対象
- **労使委員会の決議及び労働者本人の同意が前提**
- 年間104日以上の休日確保措置や健康管理時間の状況に応じた健康・福祉確保措置等

これらの条件を満たし、措置を講ずることにより、労働基準法の**「労働時間、休憩、休日及び深夜の割増賃金に関する規定を適用しない」**制度です。

なお、**「研究開発に関する権利取得に係る事務のみを行う業務（対象外）」**などの適用されない業務もいくつか例示されています。

ほかに関連する論点として、「裁量労働制の適用対象者が拡大された（誤り。拡大されていません）」が過去に問われています。

(7) 産業医・産業保健機能の強化

前述のように、長時間労働の従業員への産業医の面接や、**勤務時間を企業から産業医へ情報提供する**ことなどが定められました。

産業保健という用語は本試験に出てきます。産業保健は産業医や保健師などが企業内で取り組む健康づくり（予防）であり、産業医の機能、役割が強化されました。

2-2. 正社員と非正規社員の待遇差の論点（雇用形態にかかわらない公正な待遇の確保）

働き方改革のもうひとつの論点です。同じ企業の中で、正社員と非正規社員（パートタイム労働者や派遣社員など）との間で**「不合理な」待遇の差をつけること**を禁止しています。

同じような仕事をしていれば待遇差を設けてはならない「同一労働同一賃金」や、「派遣先均等・均衡方式」などの指針が策定されました。

3◆教育

学習指導要領からの出題が多く、同じ論点を繰り返し問うている傾向はありません。

学習指導要領から

(1) キャリア教育の充実

特別活動（ホームルーム、生徒会や学校行事）を要としつつ各教科等の特質に応じて、キャリア教育の充実を図ることが示され、「一人ひとりのキャリア形成と自己実現」の項目が新設されました。

また、この論点は「小学校、中学校、高等学校」のすべてが対象です。「中学校段階から明記された」などの誤りも過去に出題されています。

(2) 資質・能力の３つの柱に基づく教育課程の枠組み

①「知識・技能」

「何を理解しているか、何ができるか（生きて働く「個別の知識・技能」の習得）」

②「思考力・判断力・表現力等」の育成

「理解していること・できることをどう使うか（未知の状況にも対応できる「思考力・判断力・表現力等」の育成）」

③「学びに向かう力・人間性等」の涵養

「どのように社会・世界と関わり、よりよい人生を送るか（学びを人生や社会に生かそうとする「学びに向かう力・人間性等」の涵養（かんよう））」

(3) 専門職大学・専門職短期大学

- 設立の目的は「**深く専門の学芸を教授研究し、専門職を担うための実践的かつ応用的な能力を育成・展開**する」（H31.4.1制度施行）。
- 卒業単位の１／3以上が実習・実技という就職後に役立つ**「実践的な職業教育」**を行う。
- 修業年限は専門職大学は４年制、専門職短期大学は２年または３年制。
- 社会人（大学入学資格を持つ）でも入学可能で、**実務経験がある場合に修得単位認定や、一定期間を修業年限に通算**することができる。

4◆社会保障

年金や健康保険から出題されます。これらは条件を問う問題も多く、「○○保険の給付には○○の条件が必要である」という論点が多いようです。社会保険労務士をされている受験者なら見慣れているかもしれない問題も、一般には難易度が高いかもしれません。

(1) 健康保険の任意継続

健康保険組合では**「2か月以上の被保険者期間がある（社員だった）」場合は、（希望すれば）任意継続被保険者（にんけい）として、退職後も2年間は健康保険に加入**し続けることができるという制度があります。これは定年退職時をイメージするとわかりやすいでしょう。

(2) 健康保険と労災保険の違い

①労災保険（労働者災害補償保険）

- 労災補償の制度は**「業務災害」と「通勤災害」に大別**されます。
- 業務災害は仕事中に被災することで、「業務遂行性（事業主の管理下にある）」と「業務起因性（災害の原因が業務にある）」をもとに労働基準監督署が判断します。
- 通勤災害に関しては、通勤による被災に対して補償がされます。

<労災保険全般の論点>

- **業務に起因する怪我、病気**などは「労災保険」が扱う領域です（通勤経路を大きく逸脱しなければ、通勤途上での被災も保険の対象に含まれます）。
- 休業補償は**休業4日目から支払われます**。休業の初日から3日目までは確認を行う待期期間として支給がされません。
- 事業者は**労働者を1人でも雇用していれば加入しなくてはなりません**。
- 労災保険はパート、アルバイト、日雇い労働者、不法就労の外国人にも適用されます（「雇用保険の被保険者とならない者にも適用される（正しい）」という論点が過去に出題されています）。
- 事業者が加入の手続きを怠っていても、被災した労働者には適用がされます（未払い分の事業者からの徴収についてはここでは割愛します）。
- 労災保険には「個人事業主は加入できない（誤り）」が問われたことがあります。“一人親方”、例えば**大工やタクシー運転手などの個人事業主も労災保険に特別加入ができる**とされています。
- 労災の給付は、労働者が障害を負った際に年金で給付されることもあり、一時金だけの給付に限りません（２級で過去出題あり）。

<通勤災害の論点>

- 「通勤災害」とは、わたしたちが仕事場へ向かう経路上で事故に遭うなどして、死亡したり怪我をしたりすることをいいます。原則として通勤途上の事故は労災として認められるのですが、帰りに一杯やってから帰宅をしたり、買い物（日用品を買うなど日常生活上必要な行為は除く）をすると通勤経路を逸脱したことになり、認められないことがあります。
- 労災の認定は労働基準監督署が個々の事例に応じて行います。したがって、設問の内容だけをもって一律に適否の判断はできないといえます。そこで、試験では「通勤とは関係ない目的で**合理的な経路をそれた**（認められないケース）」などと出題されます。
- 移動に関しては、例えば本業と副業をしている方のケースとして**「就業の場所から他の就業の場所への移動」も、逸脱や中断がなければ通勤として認められる**とされます。
- 通勤災害は業務災害と異なり、**原則として２００円以内の本人負担が発生**します（通勤時は事業主の支配下にはなく、労働者も一部負担をするのが妥当という考えによるといわれています）。

②健康保険

- 業務に起因しない**「私傷病」**を対象としています（私傷病とはわたしたちが日常生活の中で風邪をひいたり、骨折したり、がんになったりすることで、「労災扱い」以外のものです）。
- わたしたちが健康保険証を提示して受診する際に使われる保険です。いわゆる現役世代は病院窓口で**３割を自己負担**（一部負担）しますが、年齢や収入によっては、1割や２割負担の場合もあります。「一部負担金はすべて３割である（誤り）」という論点が問われたことがあります。負担割合の年齢条件などは過去の出題論点にはありません。

(3) 関連して理解しておきたい４つの保険

キャリアコンサルタントの試験では、社会保障の制度の細部までは問われていませんが、本試験でうっかりミスを招く論点があります。特に以下についての違いを理解してください。「雇用保険に未加入だと労災保険が出ない（誤り。それぞれは別の保険）」という問題や、保険料の負担者は（事業主か労働者か）誰かという論点も過去に出題されています。

	雇用保険	労災保険	健康保険	厚生年金保険
保険料の負担者	・事業主 ・労働者 ※負担割合は事業の種類により異なる（事業主と労働者が半々ではない）	全額が事業主	・事業主 ・労働者 ※原則として半々	・事業主 ・労働者 ※原則として半々
制度の目的対象	雇用・生活を安定させる	業務中の負傷、死亡など	私傷病	生活を安定させる

※保険料の負担として、その財源には国庫から拠出されているものがありますが、出題論点は「会社と労働者」の「負担の割合」が多く、国庫負担については割愛しています。

5◆非正規雇用

非正規雇用は、派遣労働やパートタイム労働に関しての出題で、繰り返し出題される決まった論点は見受けられません。以下は過去に出題されており、押さえてください。

(1) 派遣が禁止されている業務があります。（いかなる業務にも派遣可能ではありません）

(2) 派遣労働者の雇用関係

その人が属する**派遣会社との間には「雇用の関係」**があり、**派遣先との間には「指揮命令の関係」**（業務命令を派遣先から直接受ける）があります。

(3)「派遣と請負」それぞれの、指揮命令の運用の違い

受け入れ側の管理者から直接「指揮・命令」ができるか？について、それぞれ異なります。

a. 派遣労働者には指揮・命令ができます。

b. 請負労働者には指揮・命令はできません。

では、請負労働者にどうやって仕事をお願いするのでしょうか？　一般には仕事を請け負った会社がチームを編成して、チームのリーダーがチーム内に指示を出すやり方をとります。

(4) 派遣労働者の「3年ルール」

派遣労働者が**同一派遣先で働くことができるのは「3年まで」**というルールができました。

派遣労働の安定化がルール化の背景にありますので、**「派遣元で期限の定めがない､無期雇用の契約」になっている労働者と「60歳以上」の労働者はそのルールが適用されません。**

３年ルールについては、実務上は派遣先での直接雇用への切り替えなどの運用がありますが、過去の出題論点を踏まえ、本試験対策が本書の目的ですので割愛します。

6◆介護

制度利用の条件などから出題される傾向が見受けられます。比較的細部の論点を突いてくることもあり、社会保険労務士や人事部門の担当者でないと解きにくい論点があります。

(1) 介護の状態区分

「地域包括支援センター」が労働者（家族）の支援を行ってくれます。要介護の認定申請を市町村に相談すると、認定の調査と医師の意見書を踏まえて「要介護認定」が行われます。

認定は、「要支援」か「要介護」もしくは非該当の判定がなされます。

	要支援	要介護
レベル	2段階	5段階
例	要支援1 （自立して生活ができる）	要介護5 （寝たきりなど全面的な介助必要）
給　付	予防給付	介護給付

(2) 介護サービスを受けることができる認定基準

第一号被保険者（65歳以上）：**原因を問わず**受けることができる。

第二号被保険者（40歳から64歳）：**加齢に伴う疾病（特定疾病）が原因**のとき。

(3) その他

- 介護休業期間中は、**雇用保険から介護休業給付金**が支給されます。
- 介護休業は、**分割して取得**することができます（通算93日まで、3回上限）。
- 介護休暇の取得は、**半日単位で可能**とされています。
- 介護の必要がなくなるまで**残業の免除**が受けられます。

7◆女性の活躍

女性の活躍の観点と、後で出てくる障害者に関しての出題は、**「合理」VS「不合理」を常に意識**してください。「そのルールは不合理なものではないか？」という視点で問題文を読むと、一般常識的な知識から肢を絞り込むこともできるでしょう。

ただし、女性活躍の論点には**「ポジティブアクション」**という**女性を男性よりも有利に扱うことを可とする例外措置**があります。後述しますので、あわせて押さえてください。

7-1. 妊娠、出産に関して

(1) 産前休業

本人が会社に休みを願い出たら（請求をしたら）、仕事に就かせてはならない

とされています。ただし、取得する・しないは本人の希望（自由）であり、**会社の義務とはされていません**。

産前の休業は、「出産予定の６週間前から。双子などの多胎妊娠は14週間前から」となっています。

(2) 産後休業

出産後８週間です。本人から請求がなくても休ませることが必要です（基本的には強制）。

生後満１年に満たない子どもを育てている従業員は**「１日２回、１回30分以上の育児時間」を「会社に請求することができる」とされ、会社は断ることはできない**とされています。

(3) 業務の転換

妊娠中の女性から申し出があった場合に、使用者は業務内容を**（他の軽易な業務に）転換しなければならない**とされています。

(4) 健康保険の出産手当金と出産育児一時金

健康保険被保険者が出産した場合は、**健康保険から出産育児一時金が支給**されます。これは「健康保険施行令」に定められています。

なお、「出産育児一時金」は休業期間中の所得補償ではありません。「出産育児一時金は給料の補償である（誤り）」という、**出産手当金**との違いを理解しているかを問うていると思われる論点での出題がありましたので、注意してください。

	出産手当金	出産育児一時金
対象者	会社を休んだ人へ（給料の補償）	全員へ
金　額	標準報酬日額３分の２相当	42万円（子１人につき）

7-2. 女性の解雇に関して

結婚や妊娠を理由とした退職の定め（会社の就業規則に書くなど）は禁止されています。

過去問では、「出産後１年を経過しない女性の解雇」が「妊娠･出産によらない」ことを「証明できなければその解雇は無効」という論点（正しい）が問われました。

7-3. ポジティブアクション（特例措置）

男女雇用機会均等法は原則として、男女の扱いは同じとしています。

ただし、長らく男性優位であった日本の「固定的な男女の役割分担意識や過去の経緯」によって不合理な差が男女間の処遇などに生じている場合、「女性を有利に扱う取り組み」は法に違反しないとされています。

法令違反とならない具体例

女性労働者が男性労働者と比較して4割を下回っている雇用管理区分や役職における募集及び採用に当たって、

○募集または採用に係る情報の提供について、女性に有利な取扱いをすること

○採用の基準を満たす者の中から男性より女性を優先して採用すること

引用「男女均等な採用選考ルール」（厚生労働省）

https://www.mhlw.go.jp/general/seido/koyou/danjokintou/dl/rule.pdf

以下は、ポジティブアクションの出題論点です。

総合職や一般職などといったコースを設けて配属や昇進などを行う、いわゆる「コース別雇用管理」で出題されています。

①総合職は男女同じ人数を採用しなければならない（誤り）

例外があり、男女の**人数差によって**は女性優先の採用が可ともいえます。

②一般職ならば女性限定での採用をしてもよい（誤り）

“一般職ならば”という理由は不合理だからです。

③総合職や管理職に女性の割合が相当程度少ないならば女性を積極的に採用することができる（正しい）

“**総合職や管理職の割合が少ないという前提**”が、ポジティブアクションとして有効です。

7-4. 間接差別の禁止

女性のみが対象となるものではありませんが、関連して**「間接差別」**についてここで触れておきます。以下のような不合理なルールは禁止であるという視点で押さえておいてください。

「間接差別」となるおそれがあるものとして禁止される措置の例

○労働者の募集にあたって、長期間にわたり、転居を伴う転勤の実態がないにもかかわらず、全国転勤ができることを要件としている。

○部長への昇進に当たり、広域にわたり展開する支店、支社などがないにもかかわらず、全国転勤ができることを要件としている。

引用 厚生労働省・都道府県労働局パンフレットより

https://www.mhlw.go.jp/file/06-Seisakujouhou-11900000-Koyoukintoujidoukateikyoku/0000059264.pdf

8◆障害者雇用

(1) 障害者の雇用義務

事業主には、従業員の一定割合の障害者を雇用することが義務付けられています。

法定雇用率に達しない企業（人数等の条件があります）は、**障害者雇用納付金**を納める必要があります。

民間企業の障害者の法定雇用率は2.5%です。(注)

	令和6年4月	（参考）令和8年7月
民間企業	**2.5%**	2.7%
	対象事業主の範囲 40.0人以上	37.5人以上
国、地方公共団体等	2.8%	3.0%
都道府県等の教育委員会	2.7%	2.9%

（令和5年1月現在）

（注）法定雇用率の数値は過去に何回か改正がされています。**厚生労働省などのホームページ等で情報収集**をしておくようにしてください。段階的に引き上げられます。

厚生労働省ホームページ

https://www.mhlw.go.jp/content/001064502.pdf

(2) 法定雇用率の適用

①民間企業の従業員40.0人以上が対象（人数は法定雇用率が改正されると変わることがあります）ですが、対象となる人数が問われたことは過去にはありません。

②算出の対象には**「身体障害者、知的障害者、精神障害者」のすべて**が含まれます。

③法定雇用率は少なくとも**5年ごとに**、労働者の総数に占める（身体、知的、精神）障害者の**割合の推移を考慮して政令で定める**とされています。

(3) 障害者への合理的配慮

障害者差別解消法により、障害のある・なしにかかわらず、皆が共生していく社会づくりが背景にあります。

①企業規模に関わりなく、**すべての事業主が対象**です。ボランティア活動のグループも含まれるとされています。

②**障害者手帳を持っている人だけに限定されません。**

③障害者に差別的な扱いを行うことは禁止されます。

（採用、賃金、昇進など**あらゆる場面が対象**です）

④**積極的な差別是正の措置**として、例えば障害者のみを対象とする求人は禁止されません。また、合理的な配慮として、障害者を対象に独自の研修を行うことなども禁止されません。

⑤その他、具体的な措置は障害者と事業主とでよく話し合って決めるとされています。

（知的障害者の業務遂行に際しては本人が混乱しないよう、指示を出す社員を決めたり、個別の面談を実施するなどの配慮を行っている例もあります）

障害者にとって不利にならないようにということは、女性活躍の論点と同じく、配慮が必要なものであることを踏まえて問題を解いていきましょう。

9◆その他の論点

本試験では、制度と統計が組み合わされて出題されることもあります。知っておくとアプローチに有利と思われる論点をいくつか挙げておきます。

(1) 高年齢者の雇用（定年制）

定年制に関する論点は、過去問では「何らかの方法により雇用の継続を65歳まで確保する」という点を理解しているかが問われています。令和３年４月に施行された「改正高年齢者雇用安定法」では70歳までの就業機会の確保が事業主に求められました。

過去の出題論点に照らして、以下に定年制について整理します。

戦後、日本の定年は55歳が主流でした。その後は以下のような変遷を経てきています。

- **1998年：「定年が60歳を下回らない」ようにすることが義務化**
- **2006年：「65歳までの雇用確保」が義務化**

雇用確保とは、以下のいずれかにより65歳までの**雇用**が求められたものです。

①定年年齢の引き上げを行う。

②継続雇用の制度を導入する。

③定年の定めを廃止する。

- **2021年：「70歳までの就業確保」が努力義務化**

以下のいずれかの方法により70歳までの**就業機会の確保**が求められました。

① 70歳までの定年引き上げ

② 定年制の廃止
③ 70歳までの継続雇用制度（再雇用制度・勤務延長制度）の導入
※特殊関係事業主に加えて、他の事業主によるものを含む
④ 70歳まで継続的に業務委託契約を締結する制度の導入
⑤ 70歳まで継続的に以下の事業に従事できる制度の導入
a. 事業主が自ら実施する社会貢献事業
b. 事業主が委託、出資（資金提供）等する団体が行う社会貢献事業

以上、65歳までの「雇用確保」の「義務化」と、新たな制度として定められた70歳までの「就業確保」の「努力義務化」について対比させて論点を押さえてください。

参照 厚生労働省のホームページより高齢者雇用安定法改正の概要
https://www.mhlw.go.jp/content/11600000/000694688.pdf

(2) 雇用の形態

制　度	労働時間	対象者のイメージ
フレックスタイム制	始業／終業時間を労働者の裁量で決めることができる	労使で話し合って決める
変形労働時間制（一年単位）（一か月単位）	繁忙期は所定の労働時間を超えて労働することができる（ただし、週40時間は超えない）	隔日勤務のタクシー運転手
専門業務型裁量労働制	労働時間や時間外労働などの概念がない	法律で定める業務（19種類） ・情報処理システムの分析・設計 ・新聞・放送番組制作など
企画業務型裁量労働制	労働時間や時間外労働などの概念がない	企業の本社で企画、立案、調査、分析を行う者（かなり限定される）
高度プロフェッショナル制	労働時間や時間外労働などの概念がない	年収1,075万円以上が対象 コンサルタントやアナリストなど （かなり限定される）

「労働者本人の同意を必要」とするのは、「企画業務型裁量労働制」と「高度プ

ロフェッショナル制」です。

(3) 賃金支払いの５原則

賃金支払いの論点も比較的よく問われます。その論点を解説します。

①通貨払の原則

- 実物給与は、価値が不明瞭で、換金にも不便なため禁じられています。
- 日本円以外の外貨や、商品券、小切手も認められていません。
- わたしたちの給与は一般的には銀行振り込みとなっていますが、これは「本人との同意」の上で「本人名義の口座」への支払いが行われています。

②直接払の原則

- 直接本人に支払うこととされています。これは仲介人や代理人などの第三者による中間搾取を排除するためです。労働者が未成年であってもその親に渡すことはできないとされています。

③全額払の原則

- 労働者の生活を安定させるために、全額を支払うこととされています。法律で定められた税金の控除や、あらかじめ合意（労使協定）のあるもの以外は全額払いが原則です。

④毎月払の原則

- 毎月１日から月末までの間に１回は支払うというものです。
- 年俸制であっても（12分割するなどして）毎月１回以上、一定の期日を定めて支払わなければなりません。１年に１回まとめて支払うことは認められていません。
- 入社した月は３日しか労働していないことを理由として「翌月に合算して支払う」こともいけません。

⑤一定期日払の原則

- 今月は25日に支払い、来月は10日に支払うような変動は認められていません。
- 営業職が「売上ノルマを達成したら支払う」という条件付きも認められません。

※　賃金のデジタル払い

ここまで「賃金支払いの５原則」に触れましたが、新たに「賃金のデジタル払い」が可能になりました(労働基準法施行規則の改正。令和５年４月１日施行)。

賃金は現金払いが原則ですが、労働者が同意した場合には本人名義の銀行口座への振込が認められていました。

今回の改正で、さらに資金移動業者（○○Payなど）の口座への賃金支払いが認められるようになりました。キャッシュレス決済の普及や送金手段の多様化のニーズへの対応として、労働者が同意した場合には“○○Pay（ただし、厚生労働大臣が指定した資金移動業者のみ）”への支払いが認められます。

参照　厚生労働省のホームページより

https://www.mhlw.go.jp/content/11200000/001065931.pdf

(4) 賃金に関するその他の論点

①懲戒としての減給（制限があるか？）

減給の額には制限が設けられています。労働基準法(制裁規定の制限)で、「労働者に対して減給の制裁を定める場合においては、その減給は、１回の額が平均賃金の１日分の半額を超え、総額が一賃金支払期における賃金の総額の10分の１を超えてはならない」とされています。つまり、**いきなり“大幅に減額”することは認められていません。**

②いわゆる管理監督者の労働者には「割増賃金」は一切不要かどうか

割増賃金が必要なものがあります。

管理監督者（労働基準法41条２号）には時間外労働や休日労働の規定が適用されませんが、深夜割増賃金は支払う必要があるとされています。「一切払う必要がない」のように無条件で出題されたときは注意が必要です。

第1編　法律

Stp 3　速習テキスト

③横領により損害を与えた場合の賃金からの控除

労働者が横領をするなどして会社が損害賠償を行える（損害賠償債権を有している）場合でも、一方的にその金額を賃金から控除することは許されないとされます。

それでは「一方的」ではなく「本人の同意を得れば」問題はないかという点については、本書が扱う範囲ではありません。本試験においては実務上の複雑な判断を要する設問は、出題しづらいであろうと判断し、割愛いたします。

④最低賃金

最低賃金は地域別に定められています。

最低賃金額より低い賃金を労働者・使用者双方の合意の上で定めても、法律によって無効とされ、最低賃金額と同額の定めをしたものとされます。

使用者が最低賃金法に定められた額に達しない賃金の支払いをした場合は、罰則が適用されることがあります。

⑤年俸制

年俸制は管理監督者のものであるというイメージからか、以下の論点が問われたことがあります。年俸制は賃金の支払いの方法のひとつといえますので、ひっかからないように注意が必要です。

- 「時間外の割増賃金は不要（誤り）」：管理監督者ではない者に対しては時間外の割増賃金が必要です。
- 「年俸に『賞与』や『通勤手当』を含んでもよい（適切）」：労働基準法上は違法ではありません。

このように、年俸制のイメージに惑わされないように論点を押さえてください。

年俸とは「年に1回、賃金を支払う」ことではなく、毎月支払わなくてはならないことも、賃金支払いの５原則における「(3) ④毎月払の原則」で述べた通りです。

(5) 解雇

解雇は労働者にとって不利益となることが非常に大きいため、使用者に対して制限が設けられています。本試験アプローチとしては、定められた期間（日数）は必ず押さえてください。その上で、労働者にとって著しく不利かどうかを論点としてみていきます。

なお、解雇に関しては「天変事変」の場合などで例外事項が設けられていますが、試験対策上は記載を割愛します。

①解雇の予告義務（労働基準法第20条第1項）

- **30日前に予告**をしなければならない。
- **30日前に予告をしない場合は、30日分以上の平均賃金**を支払わなければならない。

②解雇の予告義務で適用外のケース（労働基準法第21条）

以下については上記①の予告期間は適用されません。

- 日日雇い入れられる者（日雇労働者）
- 2か月以内の期間を定めて使用される者
- 季節的業務に4か月以内の期間を定めて使用される者
- **試用期間中の者**

ここで「日日雇い入れられる者」を除いて、14日を超えて継続雇用される場合の予告期間は「この限りでない」とされています。以下の論点が出題されています。

③試用期間中の論点

- 試用期間が3か月の者の場合は予告なしに解雇をすることができる（誤り。できない）。
- 「勤務態度が悪い場合、試用期間中なら"無制限に"解雇ができる（誤り。できない）」と出題されたこともあります。

④退職時の賃金支払い

- 退職した際の賃金は（本人が請求をした場合には）７日以内に支払わなければならない（労働基準法第23条第１項）。
- 毎月25日が給料支給日でも「本人が請求したら」その25日の支給日を待たずに支払いが必要です。

⑤就業規則への記載

解雇に関しては、就業規則へ必ず記載しておかなければなりません（これを「絶対的必要記載事項」といいますが、過去問の傾向では件数が少なく、詳述はしません）。

⑥女性の解雇について

- 「妊娠中および産後１年間を経過しない女性」の解雇にあたっては、その**「解雇の理由が妊娠や出産にはない」ことを証明**できなければ、無効となるとされています。

⑦解雇に関する権利の濫用

- 解雇を行う場合に、それが「客観的に合理的な理由」もなく「社会通念上相当」ではない場合には、**「権利の濫用」**として解雇は無効になるとされます。

MEMO

第1編 法律

Step4 練習問題

問1 労働関係法規・解雇

重要度 B

労働関係法規に関する次の記述のうち、不適切なものはどれか。

1 会社が労働者を解雇する際に、会社側は、労働者から解雇理由を文書で求められた場合には、これを拒絶することはできない。また、労働者が退職の際に、会社から退職理由を尋ねられても会社に伝える必要はない。

2 会社は、労働者が業務上負傷し、または疾病にかかり療養のために休業する期間及びその後30日間は、労働者を解雇することができない。

3 国家公務員及び地方公務員に対しては、労働契約法は、適用されない。

4 労働契約に定める労働条件その他の待遇に関する基準に違反する就業規則の部分は無効である。

	1回目	2回目	3回目
学習日	/	/	/
手応え			

◎：完全に分かってきた
○：だいたい分かってきた
△：少し分かってきた
×：全く分からなかった

正解 4

1 適切な記述内容です。

会社が労働者を解雇する際に、労働者が解雇理由について証明書を請求した場合は「使用者は、遅滞なくこれを交付しなければならない」と労働基準法第22条に定められています。

また、**労働者が自己都合で退職する際に、その理由を会社に伝えることを定めた法律はありません**。世間一般では「一身上の理由」が通用している通りです。

- なお、参考までに、会社が解雇理由を文書で求められても「文書を交付」する必要がない例が労働基準法第22条に定められています。
- 「解雇の予告がされた日以後に**労働者が当該解雇以外の事由により退職した場合**においては、使用者は、当該退職の日以後、これを交付することを要しない」となっています。

2 適切な記述内容です。

労働基準法第19条に定められています。

第19条では「業務上負傷」、「疾病」、「産前産後の女性」が休業する期間及びその後30日間について、解雇が制限されています。

3 適切な記述内容です。

国家公務員及び地方公務員に対して、労働契約法は適用されません。労働契約法第21条に定められています。雇用保険も原則、除外対象です（雇用保険法第6条第6号）。

4 不適切な記述内容です。

労働基準法および労働契約法では、以下の順に優先順位を定められています。就業規則のほうが優先順位は上になります。

労働基準法 > 労働協約 > 就業規則 > 労働契約

問2 職業能力開発促進法

重要度 B

職業能力開発促進法に関する次の記述のうち、適切なものはどれか。

1 職業能力開発推進者は事業主が必ず選任しなくてはならないと定められている。

2 公共職業能力開発施設の長は、公共職業訓練を受ける求職者が自ら職業能力の開発及び向上に関する目標を定めることを容易にするために、必要に応じ、キャリアコンサルタントによる相談の機会の確保その他の援助を行うように努めなければならないと定められている。

3 事業主は労働者の支援として、労働者本人からの申し出があれば職業興味検査を受けさせなくてはならないと定められている。

4 計画的な職業能力開発の促進のために、事業主は職業能力開発のための計画を必ず定め、労働者に周知することが定められている。

	1回目	2回目	3回目
学習日	/	/	/
手応え			

◎：完全に分かってきた
○：だいたい分かってきた
△：少し分かってきた
×：全く分からなかった

正解 2

1 不適切な記述内容です。

職業能力開発推進者の設置そのものが努力義務です。

過去問では、「常時雇用する労働者数の規模（人数)」によって専任の職業能力開発推進者を設置“しなければならない”かどうかという論点も問われましたが、人数によって変わるということはなく、そもそもが努力義務です。

2 適切な記述内容です。

本肢は、法律の条文をそのまま引用しています。

公共職業能力開発施設の長がキャリアコンサルタントによる相談の機会の確保その他の援助を行うよう努めることは、過去問で出題された論点です。

3 不適切な記述内容です。

事業者が労働者に対して、労働者自身が興味や関心を把握するための検査を提供することは求められていません。

4 不適切な記述内容です。

職業能力開発促進法において、事業主は職業能力開発のための計画を定めるように努めなければならないと定められています。

これは努力義務であり、また労働者への周知についても必要であるとは条文に記載されていません。

問3 職業能力開発促進法

重要度 B

職業能力開発促進法に関する次の記述のうち、不適切なものはどれか。

1 「キャリアコンサルティング」とは、労働者の職業の選択、職業生活設計又は職業能力の開発及び向上に関する相談に応じ、助言及び指導を行うことをいう。

2 この法律において「労働者」とは、事業主に雇用される者、及び求職者をいう。また、「職業能力」とは、職業に必要な労働者の能力をいう。

3 「職業生活設計」とは、労働者が職業に関する目的を定め、本人の適性、職業経験その他の実情に応じ、職業の選択、職業能力の開発及び向上のための取組について自ら計画することをいう。

4 「職業能力検定」とは、職業に必要な労働者の技能と知識について客観的なレベルを定めたものとして定義されており、国家資格試験はすべてが対象に含まれる。

全問◎を目指そう！

	1回目	2回目	3回目
学習日	/	/	/
手応え			

◎：完全に分かってきた
○：だいたい分かってきた
△：少し分かってきた
×：全く分からなかった

正解　4

1　適切な記述内容です。

本肢は、法律の条文そのままを出題しています（第2条第5項）。

2　適切な記述内容です。

本肢は、法律の条文そのままを出題しています（第2条第1項・2項）。

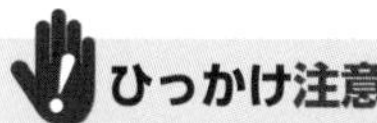

ひっかけ注意

労働者には、実際に働いている状況にある人だけではなく、求職活動中の人も含まれます。過去問でも問われた論点ですので、しっかりと覚えましょう。

3　適切な記述内容です。

本肢は、法律の条文の要旨そのままを出題しています（第2条第4項）。

4　不適切な記述内容です。

- 法律に定められている「職業能力検定」は、「厚生労働省の所掌に属しないものを除く」ものと定義されており（第2条第3項）、すべての国家資格試験が対象というわけではありません。
- 職業能力検定については、「Step3 速習テキスト」でも触れていますので、参照してください。

以上の例のように、職業能力開発促進法からは、用語の定義を問う問題がしばしば出題されています。

その際、法律に記されている文言がそのまま出題されますが、すべての条文を覚えるのは無理ですので、過去問の出題論点を押さえておくようにするのがコツです。

問4 職業能力開発促進法

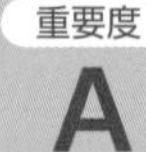

職業能力開発促進法に定められている用語の定義として、不適切なものの組み合わせはどれか。

A 「職業能力」とは、職業に必要な労働者の能力をいう。

B 「労働者」とは、事業主に雇用される者をいい、求職者の者は含まれない。

C 「職業能力検定」とは、職業に必要な労働者の技能及びこれに関する知識についての検定をいう。

D 「職業生活設計」とは、就労により得られる収入をもとに生涯にわたって計画する金銭的な生活設計をいう。

1 AとB
2 AとC
3 CとD
4 BとD

	1回目	2回目	3回目
学習日	/	/	/
手応え			

◎：完全に分かってきた
○：だいたい分かってきた
△：少し分かってきた
×：全く分からなかった

正解 4

A 適切な記述内容です。

B 不適切な記述内容です。

労働者とは「事業主に雇用される者及び求職者」をいい、求職中の人も含まれます。

過去問でも問われた論点ですので注意してください。

C 適切な記述内容です。

D 不適切な記述内容です。

職業生活設計とは、「職業の選択、職業能力の開発及び向上のための取組その他の事項について自ら計画すること」をいいます。

問5　職業能力開発促進法

重要度 **A**

職業能力開発促進法に関する次の記述のうち、不適切なものの組み合わせはどれか。

A　事業主は労働者に係る職業能力の開発及び向上の促進に努めなければならないと定められている。ここでは職業に関する教育訓練の援助は行うこととされているが、職業能力検定を受ける機会の確保までは求められていない。

B　労働者は職業生活設計を行い、その職業生活設計に即して自発的な職業能力の開発及び向上に努めるものとされている。

C　事業主は労働者が自ら職業能力の開発及び向上に関する目標を定めることを容易にするために、業務の遂行に必要な技能・知識などについて、情報の提供、キャリアコンサルティングの機会の確保などの援助を行うこととされている。

D　事業主には「職業能力開発推進者」を必ず選任した上で、その任に当たらせることが求められている。

1　AとB
2　AとD
3　BとC
4　CとD

全問◎を
目指そう！

	1回目	2回目	3回目
学習日	／	／	／
手応え			

◎：完全に分かってきた
○：だいたい分かってきた
△：少し分かってきた
×：全く分からなかった

正解 2

A 不適切な記述内容です。

教育訓練と、職業能力検定を受ける機会の確保に法律では言及されています（ここでいう職業能力検定とは、「厚生労働省の所掌に属しないものを除く」と法律に明記されており、すべての検定・資格試験が対象となるものではありません）。

▶条文から引用します。

第4条　事業主は、その雇用する労働者に対し、必要な職業訓練を行うとともに、その労働者が自ら職業に関する**教育訓練又は職業能力検定を受ける機会を確保**するために必要な援助その他その労働者が職業生活設計に即して自発的な職業能力の開発及び向上を図ることを容易にするために必要な援助を行うこと等によりその労働者に係る職業能力の開発及び向上の促進に努めなければならない。

B 適切な記述内容です。

法律条文の通りです。

▶条文から引用します。

第3条の3　労働者は、職業生活設計を行い、その**職業生活設計に即して自発的な職業能力の開発及び向上に努めるものとする。**

C 適切な記述内容です。

法律条文の通りです。

▶条文から引用します。

第10条の3　事業主は（中略）労働者が自ら職業能力の開発及び向上に関する目標を定めることを容易にするために、業務の遂行に必要な技能及びこれに関する知識の内容及び程度その他の事項に関し、情報の提供、キャリアコンサルティングの機会の確保その他の援助を行うこと。

D 不適切な記述内容です。

職業能力開発推進者の設置は努力義務とされています。「必ず選任」とはされていません。

問6 職業能力開発促進法

重要度 B

職業能力開発促進法に関する次の記述のうち、不適切なものの組み合わせはどれか。

A キャリアコンサルタントは、キャリアコンサルタントの信用を傷つけ、又はキャリアコンサルタント全体の不名誉となるような行為をしてはならない。

B キャリアコンサルタントは、その業務に関して知り得た秘密を漏らし、又は盗用してはならないとされているが、キャリアコンサルタントでなくなった後の行為は除くとされている。

C キャリアコンサルタントは、その業務に関して知り得た秘密を漏らすなど、キャリアコンサルタントの信用を傷つけ、又はキャリアコンサルタント全体の不名誉となるような行為を行った場合は、キャリアコンサルタントの登録が取り消されることがある。

D キャリアコンサルタントでない者が、キャリアコンサルタントの名称を名乗った場合について、罰則は定められていない。

1 AとB
2 AとC
3 CとD
4 BとD

	1回目	2回目	3回目	
学習日	/	/	/	◎：完全に分かってきた ○：だいたい分かってきた
手応え				△：少し分かってきた ×：全く分からなかった

正解 4

A 適切な記述内容です。

キャリアコンサルタントが信用失墜行為をしてはならないことが法律には定められています。設問は法律の条文通りの出題です（職業能力開発促進法第30条の27第１項）。

B 不適切な記述内容です。

キャリアコンサルタントの守秘義務は、キャリアコンサルタントの登録を抹消した後でも継続します。キャリアコンサルタントの業務をやめたからといって守秘義務が解除されることはありません。

C 適切な記述内容です。

厚生労働大臣は、キャリアコンサルタントが第30条の27の規定（第２項の例：業務に関して知り得た秘密を漏らし、又は盗用してはならない）に違反したときは、その登録を取り消し、又は期間を定めてキャリアコンサルタントの名称の使用の停止を命ずることができるとされています。

D 不適切な記述内容です。

キャリアコンサルタントではない者が「キャリアコンサルタント」又はこれに紛らわしい名称を用いた場合は、30万円以下の罰金に処せられると定められています。

キャリアコンサルタントは名称の使用を独占できる、名称独占資格です。

職業訓練

わが国の職業訓練についての記述の中で、最も不適切なものはどれか。

1 一般教育訓練給付金の支給額は、教育訓練経費の20%で、その上限は10万円である。

2 一般教育訓練給付金の受給を受けるための手続きは「受講修了日の翌日から起算して1か月以内」とされている。

3 一般教育訓練給付金は申請者自らが教育訓練実施者に対して支払った入学料及び受講料のみが対象であり、それ以外にキャリアコンサルタントが行うキャリアコンサルティングの費用などは一律に対象とはならない。

4 専門実践教育訓練は労働者の中長期的キャリア形成に資する教育訓練が対象であり、教育訓練経費の50%（年間上限40万円）が支給される。

	1回目	2回目	3回目
学習日	/	/	/
手応え			

◎：完全に分かってきた
○：だいたい分かってきた
△：少し分かってきた
×：全く分からなかった

正解 3

1 適切な記述内容です。

記述の通りです。教育訓練経費の20%に相当する額が支給されます。ただし、その20%に相当する額が、10万円を超える場合の支給額は10万円とし、4千円を超えない場合は訓練給付金は支給されません。

2 適切記述内容です。

記述の通りです。

3 不適切な記述内容です。

支給対象には、以下のようにキャリアコンサルティングの費用も含まれています。

①教育訓練実施者に対して支払った入学料及び受講料（最大1年分）は**対象**。
②技能試験の受験料、交通費、パソコン等機材の費用などは**対象外**。
③国家資格キャリアコンサルタントが行うキャリアコンサルティングを受講開始日前1年以内に受けた場合は、その費用は**対象**。

4 適切な記述内容です。

記述の通りです。

専門実践教育訓練と特定一般教育訓練については「受講前にジョブ・カードを使ったキャリアコンサルティングを受ける」必要があることが（国家・2級技能士試験ともに）過去問で問われたこともあります。

教育訓練給付制度の3つについては関連づけて押さえてください。

訓練名	専門実践教育訓練	特定一般教育訓練	一般教育訓練
給付額	費用の50%（年間上限40万円）	費用の40%（上限20万円）	費用の20%（上限10万円）

※本問の肢1～4の解説は試験対策の解説向けとして簡易的に記載しています。実務上は条件が付されていますので、厚生労働省の最新の案内に従ってください。

参照 厚生労働省リーフレット　専門実践教育訓練等の受講を希望する方へ「訓練前キャリアコンサルティングのご案内」

https://jsite.mhlw.go.jp/tokyo-roudoukyoku/content/contents/001422820.pdf

問8 第11次職業能力開発基本計画

重要度 C

「第11次職業能力開発基本計画」（厚生労働省、令和３年３月）で述べられた、職業能力開発をめぐる今後の方向性や施策の展開に関する次の記述のうち、適切なものはいくつあるか。

- 労働者の自律的・主体的なキャリア形成の推進
- 教育訓練給付におけるＩＴ分野の講座拡充に向けた関係府省の連携
- 企業へのセルフ・キャリアドックの導入支援
- 障害者の特性やニーズに応じた訓練の実施、キャリア形成の支援

1 1つ
2 2つ
3 3つ
4 4つ

	1回目	2回目	3回目
学習日	/	/	/
手応え			

◎：完全に分かってきた
○：だいたい分かってきた
△：少し分かってきた
×：全く分からなかった

正解 4

第11次職業能力開発基本計画（令和3年度～令和7年度）の概要における、今後の方向性には以下４つが挙げられています。

過去問には施策の細部までを問うたものもあります。したがって、試験対策としては以下に挙げる施策の表題について押さえておき、出題された肢については常識的な勘も働かせながら正誤の判断につなげることもよいかもしれません。

・産業構造・社会環境の変化を踏まえた職業能力開発の推進

Society5.0の実現に向けた経済・社会の構造改革の進展を踏まえ、ＩＴ人材など時代のニーズに即した人材育成を強化するとともに、職業能力開発分野での新たな技術の活用や、企業の人材育成の強化を図る。

・労働者の自律的・主体的なキャリア形成の推進

労働市場の不確実性の高まりや職業人生の長期化などを踏まえ、労働者が時代のニーズに即したスキルアップができるよう、キャリアプランの明確化を支援するとともに、幅広い観点から学びの環境整備を推進する。

・労働市場インフラの強化

中長期的な日本型雇用慣行の変化の可能性や労働者の主体的なキャリア選択の拡大を視野に、雇用のセーフティネットとしての公的職業訓練や職業能力の評価ツールなどの整備を進める。

・全員参加型社会の実現に向けた職業能力開発の推進

希望や能力等に応じた働き方が選択でき、誰もが活躍できる全員参加型社会の実現のため、すべての者が少しずつでもスキルアップできるよう、個々の特性やニーズに応じた支援策を講じる。

1, **2**, **3**, **4** **すべてが適切な記述内容です。**

参照 第11次職業能力開発基本計画

https://www.mhlw.go.jp/stf/newpage_17632.html

問9 求職者支援制度

職業能力開発に関する次の記述の中で、不適切なものはどれか。

1 求職者支援制度は、雇用保険を受給できない求職者を対象に、無料の職業訓練によるスキルアップを通じて早期の就職を目指す制度であり、本人の収入など一定の支給要件を満たす場合は訓練中の生活を支援する目的で、職業訓練受講給付金が支給される。

2 求職者支援制度では、本人や世帯の収入の金額要件や、訓練への出席日数（時間）が定められた要件を満たさないと、職業訓練給付金が支給されない運用が行われている。

3 求職者支援制度は、雇用保険を受給できない求職者を対象に、無料の職業訓練によるスキルアップを通じて早期の就職を目指す制度であるが、雇用保険の受給が終了した人は、この制度の対象外である。

4 認定職業訓練とは、事業主等の行う職業訓練のうち、厚生労働省令で定める基準に適合しているもので都道府県知事の認定を受けた職業訓練のことである。国や都道府県が定める補助要件を満たす中小企業事業主等が行う当該訓練の場合、認定訓練助成事業費補助金を受けることができる。

	1回目	2回目	3回目
学習日	/	/	/
手応え			

◎：完全に分かってきた
○：だいたい分かってきた
△：少し分かってきた
×：全く分からなかった

正解 3

1 適切な記述内容です。

求職者支援制度は、雇用保険を受給できない（失業手当を受け取ることができない）方を対象として、国が早期就職を支援するための制度です。問題文の通りです。

2 適切な記述内容です。

職業訓練給付金は、訓練期間中の生活の支援という位置づけもあることから、その支給にあたっては、本人や世帯の収入などの条件のほかに、すべての訓練実施日に出席していることなどの要件が定められています。

3 不適切な記述内容です。

記述の後半の、「雇用保険の受給が終了した人は、この制度の対象外である」が間違っており、雇用保険の受給が終了した人もこの求職者支援制度の対象になります。

4 適切な記述内容です。

問題文の通りです。

なお、認定職業訓練の修了者は技能検定を受検する場合や職業訓練指導員の免許を取得する場合に有利に扱われます。

参照

厚生労働省「求職者支援制度」

https://www.mhlw.go.jp/stf/seisakunitsuite/bunya/koyou_roudou/koyou/kyushokusha_shien/index.html

厚生労働省「認定職業訓練」

http://www.mhlw.go.jp/bunya/nouryoku/nintei/

問10 妊娠・出産時における就業上の配慮

労働基準法に関する次の記述のうち、不適切なものはどれか。

1 妊娠中の女性が請求した場合には、他の軽易な業務に転換させなければならないとされているが、以前にその従業員が就労していた業務であれば、その限りではない。

2 妊産婦が請求した場合には、時間外労働、休日労働又は深夜業をさせることはできない。

3 生後満1年に満たない子どもを育てる女性は、通常の休憩時間のほか、1日2回、各々少なくとも30分以上の育児時間を会社に請求することができる。

4 使用者は6週間（多胎妊娠の場合は14週間）以内に出産する予定の女性労働者から請求があった場合には、産前休業させなければならない。

	1回目	2回目	3回目
学習日	／	／	／
手応え			

◎：完全に分かってきた
○：だいたい分かってきた
△：少し分かってきた
×：全く分からなかった

正解 1

1 不適切な記述内容です。

妊娠中の女性が請求した場合は他の軽易な業務に転換させなければならないとされており、以前に行っていた仕事だからといって認められることはありません。

2 適切な記述内容です。

記述の通りです。

3 適切な記述内容です。

記述の通りです。

なお、その請求を受けた場合、会社は断ることはできないとされています。

4 適切な記述内容です。

記述の通りです。

過去問では、出産する予定の6週間（多胎妊娠であれば14週間）前の休業に関しては、使用者の義務ではないことを問う論点が何度か問われています。「必ず産前休業を与えなければならない（誤り）」や「本人からの請求がなくても就業させてはならない（誤り）」などと出題されています。

時期	妊娠・出産時の配慮事項	備考
産前休業	**本人が請求をしたら**、仕事に就かせてはならない （取得する・しないは本人の自由で、会社の義務ではない）	出産予定の6週間前から （双子などの多胎妊娠は14週間前から）
産後休業	本人から**請求がなくても休ませる** （基本的には強制）	出産後8週間

参照 労働基準法のあらまし（妊産婦等）産前産後休業その他の母性保護措置

https://www.mhlw.go.jp/content/11900000/000796040.pdf

問11 障害者雇用

重要度 A

障害者雇用促進法および障害者雇用について、以下の記述のうち、適切なものはどれか。

1 令和6年4月現在の障害者の法定雇用率は民間企業においては2.3%である。

2 障害者雇用義務の対象は、身体障害者と知的障害者であり、精神障害者は対象とされていない。

3 地域障害者職業センターは、障害者の雇用に関しての雇用促進活動を無料で行っている。

4 地域障害者職業センターは北海道、東京都、愛知県、大阪府、福岡県にのみ設置され、活動を行っている。

	1回目	2回目	3回目	
学習日	/	/	/	◎：完全に分かってきた ○：だいたい分かってきた
手応え				△：少し分かってきた ×：全く分からなかった

正解 3

1 不適切な記述内容です。

令和6年4月1日に障害者の法定雇用率（民間企業）は、それまでの2.3%から2.5%に引き上げられます。なお、法定雇用率は受験前に、最新の情報を厚生労働省ホームページ等で必ず確認してください。

2 不適切な記述内容です。

平成30年4月1日から障害者雇用義務の対象には、**従来の身体障害者、知的障害者に加えて精神障害者も加わりました。**

厚生労働省の啓発資料でも、精神障害者の方も含めて「障害者が地域の一員として共に暮らし、共に働く」ことを当たり前にするためと記されています。

3 適切な記述内容です。

地域障害者職業センターでは、事業主に対する雇用の促進支援や雇用後の職場復帰支援、雇用継続の支援を無料で行っています。

4 不適切な記述内容です。

- 地域障害者職業センターは、全国47都道府県に設置されています。
- 地域障害者職業センターにおいて**リワーク支援を利用**する場合、精神障害者保健福祉**手帳を取得している必要はありません**が、**主治医からの診断書等**で精神疾患を有していることが確認できる方を対象としています。

- ほかに関連する論点として、厚生労働省は**「精神・発達障害者しごとサポーター」養成講座を開催**し、職場で働く障害者の同僚が精神・発達障害についての正しい知識と理解を持つための支援を行っています。

参照 厚生労働省「精神・発達障害者しごとサポーター」
https://www.mhlw.go.jp/seisakunitsuite/bunya/koyou_roudou/koyou/shougaishakoyou/shigotosupporter/

問12 学校教育制度

重要度 **B**

中央教育審議会「今後の学校におけるキャリア教育・職業教育の在り方について(答申)」(平成23年１月）に示された〈基礎的・汎用的能力の具体的内容〉について、不適切なものはどれか。

1 人間関係形成・社会形成能力
多様な他者の考えや立場を理解し、相手の意見を聴いて自分の考えを正確に伝えることができるとともに、自分の置かれている状況を受け止め、役割を果たしつつ他者と協力・協働して社会に参画し、今後の社会を積極的に形成することができる力である。

2 自己理解・自己管理能力
自分が「できること」「意義を感じること」「したいこと」について、社会との相互関係を保ちつつ、今後の自分自身の可能性を含めた肯定的な理解に基づき主体的に行動すると同時に、自らの思考や感情を律し、かつ、今後の成長のために進んで学ぼうとする力である。

3 育成能力
仕事をする上で、部下や同僚などとの関係性の中で、チームワークを組んで共通の課題に取り組むことの重要性を理解し、早期にリーダーとなる人材を輩出するための、指導する力である。

4 キャリアプランニング能力
「働くこと」の意義を理解し、自らが果たすべき様々な立場や役割との関連を踏まえて「働くこと」を位置付け、多様な生き方に関する様々な情報を適切に取捨選択・活用しながら、自ら主体的に判断してキャリアを形成していく力である。

	1回目	2回目	3回目
学習日	/	/	/
手応え			

◎：完全に分かってきた
○：だいたい分かってきた
△：少し分かってきた
×：全く分からなかった

正解 3

1 適切な記述内容です。

審議会答申の通りの内容です。

2 適切な記述内容です。

審議会答申の通りの内容です。

3 不適切な記述内容です。

正しくは「課題対応能力」で、以下のように記述されています。

「課題対応能力」は、仕事をする上での様々な課題を発見・分析し、適切な計画を立ててその課題を処理し、解決することができる力である。

4 適切な記述内容です。

審議会答申の通りの内容です。

中央教育審議会「今後の学校におけるキャリア教育・職業教育の在り方について（答申）」の多くの過去問論点は、以下４つの能力の概要理解です。引用します。

基礎的・汎用的能力

1. **「人間関係形成・社会形成能力」**は、多様な他者の考えや立場を理解し、相手の意見を聴いて自分の考えを正確に伝えることができるとともに、自分の置かれている状況を受け止め、役割を果たしつつ他者と協力・協働して社会に参画し、今後の社会を積極的に形成することができる力である。
2. **「自己理解･自己管理能力」**は、自分が「できること」「意義を感じること」「したいこと」について、社会との相互関係を保ちつつ、今後の自分自身の可能性を含めた肯定的な理解に基づき主体的に行動すると同時に、自らの思考や感情を律し、かつ、今後の成長のために進んで学ぼうとする力である。
3. **「課題対応能力」**は、仕事をする上での様々な課題を発見・分析し、適切な計画を立ててその課題を処理し、解決することができる力である。
4. **「キャリアプランニング能力」**は、「働くこと」の意義を理解し、自らが果たすべき様々な立場や役割との関連を踏まえて「働くこと」を位置付け、多様な生き方に関する様々な情報を適切に取捨選択・活用しながら、自ら主体的に判断してキャリアを形成していく力である。

問13 休暇と制度

重要度 **B**

労働関連諸法令に定められている休暇について、適切なものはどれか。

1 慶弔特別休暇は一親等以内に限り、取得することが認められており、期間は各事業主に一任されている。

2 事業主は労働者に対して、年次有給休暇が付与された日から6か月以内に3日分を時季を定めて取得させなくてはならないと定められている。

3 年次有給休暇は付与がされた日から2年間がその有効期間とされている。

4 有給休暇のいわゆる買い上げは禁止されているが、労働者の業務多忙などによる申し出をした場合は条件を問わずに認められる。

	1回目	2回目	3回目	◎：完全に分かってきた ○：だいたい分かってきた △：少し分かってきた ×：全く分からなかった
学習日	/	/	/	
手応え				

正解 3

1 不適切な記述内容です。

慶弔に関しては法令では定められておらず、各企業・事業主が定めていることが多いといえます。

以下が法令で定められているものとして過去に出題されています。

- 子の看護休暇、妊産婦の通院休暇、介護休暇

2 不適切な記述内容です。

正しくは「年次有給休暇が付与された日から**1年以内**に**5日分**について時季を定めて取得させなくてはならない」となります。

働き方改革の中で定められました。今後も出題が予想される論点です。

3 適切な記述内容です。

労働基準法第115条に定められています。

4 不適切な記述内容です。

有給休暇の買い上げは認められていません（労働基準法第39条参照）。

問14 派遣と請負労働

重要度 **B**

派遣労働者と請負労働者に関する記述のうち、適切なものはどれか。

1 派遣先と派遣労働者との間には雇用関係が締結されている。

2 派遣労働者との個別合意があれば、いかなる業種にも派遣労働者を就業させることができる。

3 請負労働者に関しては、受け入れ先の管理監督者は直接命令をすることができる。

4 派遣先への派遣労働者の決定や変更は派遣元である労働者派遣事業者が行うこととされている。

	1回目	2回目	3回目	
学習日	/	/	/	◎：完全に分かってきた ○：だいたい分かってきた
手応え				△：少し分かってきた ×：全く分からなかった

正解 4

1 不適切な記述内容です。

派遣労働者は、派遣元である労働者派遣事業者との間で雇用関係を結びます。

2 不適切な記述内容です。

一部の業種では、派遣労働が禁止されているものがあります。
①港湾運送業務
②建設業務
③警備業務
④病院等における医療関係業務、などです。

参照 厚生労働省のホームページより
https://www.mhlw.go.jp/file/06-Seisakujouhou-11600000-Shokugyouanteikyoku/0000133886.pdf

3 不適切な記述内容です。

請負労働者に関しては、受け入れ先の管理監督者は、直接命令をすることはできません。

派遣労働者であれば、派遣先の管理監督者から仕事内容の指示、命令を行うことができます。

4 適切な記述内容です。

誰を派遣するかということに関しては、派遣元である労働者の派遣事業者が決定や変更を行います。

派遣先から誰にしてほしいという指示を行うことはできません。

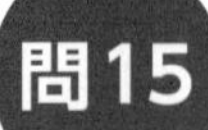

介護

重要度 **B**

介護サービスの制度に関する次の記述のうち、適切なものはどれか。

1 介護保険のサービスで要介護と認定がなされた場合に、予防給付を受けることができる。

2 介護保険の制度では要支援の５段階と、要介護の２段階に分かれており、医師の意見書と認定調査を経て判定が行われる。

3 第一号被保険者とは65歳以上が対象であり、介護サービスの認定基準において、原因を問わずに受けることができる。

4 介護が必要な労働者やその家族の支援は、地域産業保健センターが行うこととされており、無料でサービスを受けることができる。

	1回目	2回目	3回目
学習日	/	/	/
手応え			

◎：完全に分かってきた
○：だいたい分かってきた
△：少し分かってきた
×：全く分からなかった

正解 3

1 不適切な記述内容です。

要介護の認定のときに受けることができるのは「介護給付」、要支援の認定のときが「予防給付」です。

設問のケースでは要介護の認定ですので、介護給付を受けることになります。

2 不適切な記述内容です。

要支援が2段階、要介護が5段階です。

医師の意見書と認定の調査についての記述は適切です。

3 適切な記述内容です。

「Step3 速習テキスト」にも記載していますが、ほかに第二号被保険者（40歳から64歳）は「加齢に伴う疾病（特定疾病）が原因のとき」において介護サービスの認定を受けることができる対象になります。

4 不適切な記述内容です。

介護サービスを担うのは「地域**包括支援**センター」です。

地域**産業保健**センター（ちさんぽ）は、労働者50人未満の事業者を対象に、労働安全衛生法に関する産業保健のサービスを無料で行っているところです。

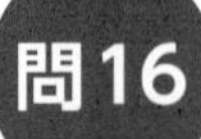

問16 雇用保険

重要度 B

雇用保険に関する次の記述のうち、最も不適切なものはどれか。

1 雇用保険の基本手当受給の手続きで、被保険者が不正に受給を受けた場合は、支給停止となり、支給額の全額返還のほかに、不正受給額の２倍に相当する額の納付が命ぜられる。

2 雇用保険二事業とは、雇用安定事業と能力開発事業である。

3 雇用保険の給付を申請期限内に行うことができず、申請期限を過ぎてしまうと申請はできない。

4 雇用保険には、失業給付だけではなく、教育訓練や雇用継続に関する給付も含まれている。

	1回目	2回目	3回目
学習日	/	/	/
手応え			

◎：完全に分かってきた
○：だいたい分かってきた
△：少し分かってきた
×：全く分からなかった

正解 3

雇用保険は、失業をして収入が亡くなった場合に、失業等給付が受けられる制度として知られています。手続きの細部までが出題されることは少なく、支給要件に関して概要を押さえておくとよいでしょう。

1 適切な記述内容です。

基本手当（いわゆる通常の失業給付）の不正受給の例として以下が挙げられています。

「就職や就労をしたことを申告しなかった場合（パート、アルバイト、日雇い、試用期間、研修期間を含む)。≪収入がない場合であっても申告が必要です。≫」

不正受給額の２倍に相当する額が加算されての返還が命じられます。

【例】100万円を不正受給した場合

（返還命令100万円＋延滞金）＋（納付命令200万円）＝300万円＋延滞金

参照 大阪労働局のホームページより

https://jsite.mhlw.go.jp/osaka-roudoukyoku/hourei_seido_tetsuzuki/koyou_hoken/hourei_seido/situgyo/minasama/fusei.html

2 適切な記述内容です。

記述の通りです。

3 不適切な記述内容です。

雇用保険の給付金は、**２年の時効の期間内であれば、支給申請が可能**とされています。

参照 厚生労働省のホームページより

https://www.mhlw.go.jp/content/000993613.pdf

4 適切な記述内容です。

基本手当（失業給付）のほかにも以下の給付が含まれています。

・就職促進給付
・教育訓練給付
・雇用継続給付
・育児休業給付

問17 労災保険

労災保険（労働者災害補償保険）に関する次の記述のうち、適切なものはどれか。

1 労災保険には個人事業主は加入することができない。

2 労働中の災害で仕事を休まざるを得なくなったときに補償される労災の休業補償は、休業の初日から支払われる。

3 事業者は労働者を10人以上雇用している場合に労災保険に加入しなくてはならない。

4 通勤経路上の被災も、大きく通勤経路を逸脱しないなど合理的な経路であれば通勤災害として認められることがある。

全問◎を目指そう！

	1回目	2回目	3回目
学習日	/	/	/
手応え			

◎：完全に分かってきた
○：だいたい分かってきた
△：少し分かってきた
×：全く分からなかった

正解 4

1 不適切な記述内容です。

大工やタクシー運転手などの個人事業主も特別加入することができます。

2 不適切な記述内容です。

休業補償は、休業4日目から支払われます。初日から3日目までは確認を行う待期期間になっています。

3 不適切な記述内容です。

事業者は、労働者を1人でも雇用していれば加入しなくてはならないとされています。

4 適切な記述内容です。

記述の通りです。

問18 賃金

重要度 **B**

賃金に関する次の記述のうち、不適切なものはどれか。

1 賃金に関して、労働基準法は、「賃金は、通貨で、直接労働者に、その全額を支払わなければならない」と定めているが、事業場の労働者の過半数で組織する労働組合があるときはその労働組合、労働者の過半数で組織する労働組合がないときは労働者の過半数を代表する者との書面による協定がある場合においては、賃金の一部を控除して支払うことができる。

2 労働基準法では、労働者が未成年の場合においても、その父母などの親権者に賃金を支払うことは禁じられている。

3 労働基準法では、「出来高払制その他の請負制で使用する労働者については、使用者は、労働時間に応じ一定額の賃金の保障をしなければならない」と定めており、例えば、業績給を導入している会社の営業社員がまったく受注できない月があったとしても、賃金がまったく支給されないケースは禁じられている。

4 賃金とは、賃金、給料、手当、賞与その他名称の如何を問わず、労働の対価として使用者が労働者に支払うすべてのものをいう。ただし、税金や社会保険料など、必ず支払わなければならないものを使用者が補助または立替払いするもの、また、休業手当、通勤手当、スト妥結一時金等は賃金とはみなされない。

全問◎を目指そう！

	1回目	2回目	3回目
学習日	/	/	/
手応え			

◎：完全に分かってきた
○：だいたい分かってきた
△：少し分かってきた
×：全く分からなかった

正解 4

1 適切な記述内容です。

例えば、社宅の費用や労働組合費などが、あらかじめ差し引かれて給与が支給されることが適切かどうかをこの肢では問うており、細部は割愛しますが、労働組合との協定がある場合に賃金の一部を控除して支払うことができるとされています（労働基準法第24条第1項）。

2 適切な記述内容です。

「直接払の原則」によります。

3 適切な記述内容です。

「一定期日払の原則」によります。

4 不適切な記述内容です。

賃金とは、賃金、給料、手当、賞与その他名称の如何を問わず、労働の対価として使用者が労働者に支払うすべてのものをいいます。その中には、税金や社会保険料など、必ず支払わなければならないものを使用者が補助または立替払いするものや、休業手当、通勤手当、スト妥結一時金等も賃金に含まれます。

退職金、病気見舞金、死亡弔慰金、災害見舞金や、労働契約、就業規則、労働協約などであらかじめ支給条件が明確になっているものもまた、賃金とみなされます。

「賃金支払いの5原則」は、「Step3 速習テキスト」でも触れていますので、参照してください。

問19 賃金

わが国の企業が取り入れている賃金制度の説明として、適切なものの組み合わせはどれか。

A 職能給：「同一労働、同一賃金」。アメリカ型の方式。わが国の非正規雇用や公務員の一部がこの方式である。

B 職務給：等級化された保有能力ごとに基本給を定める。わが国では年功序列的な運用がなされてきた。

C 役割給：各人が果たすべき役割を定義した格付け（役割等級）に基づく。職能給に替わり、職務給に成果主義を取り入れた役割給が増えてきた。

D 業績給：社員の売上高や生産高に応じて支給される給与。タクシードライバー、生命保険の外交員、自動車販売などに適用される歩合給。

1 AとB
2 AとC
3 BとD
4 CとD

	1回目	2回目	3回目
学習日	/	/	/
手応え			

◎：完全に分かってきた
○：だいたい分かってきた
△：少し分かってきた
×：全く分からなかった

正解 4

A 不適切な記述内容です。

これは「職能給」ではなく、「職務給」の説明です。

「職能給」とは、従業員が保有する職務遂行能力を序列化（等級化）し、その等級ごとに基本給を定めるものです。保有する能力によって差をつけるということで、実力本位になりそうに思われがちですが、わが国においては、勤続年数をベースにして保有する職務遂行能力を捉える習慣がありました。

つまり、「長く勤めるほど経験も積んで優秀だろう」という年功序列的な考え方に基づいて、「年齢給」とセットで運用されてきたのです。

B 不適切な記述内容です。

これは「職務給」ではなく、「職能給」の説明です。

「職務給」とは、「同一労働、同一賃金」の原則に基づくアメリカ型の方式です。「職能給」が人を評価するのに対して、「職務給」は担当業務を評価します。「職務給」の場合、担当する業務において遂行能力が上がったとしても、昇級・昇進をしない限り、給料が高くなることはありません。

わが国では、非正規雇用や公務員の一部でこの方式を取り入れています。「職能給」は勤続年数が長くなるにつれ給料が高くなり続けるしくみですが、今日の日本企業にはそれを支える余力がなく、「職務給」へとシフトする動きがみられます。

C 適切な記述内容です。

「役割給」は、各人が果たすべき役割を定義した格付け（役割等級）に基づいて運用されます。従来からの「職能給」に替わり、「職務給」に成果主義を取り入れた「役割給」が増えています。

D 適切な記述内容です。

「業績給」は、社員の売上高や生産高に応じて支給される給与です。タクシードライバー、生命保険の外交員、自動車販売などに適用される歩合給のことです。ただし、給与を100％業績給にすることは、労働基準法（第27条）に違反します。たとえまったく売上げが上げられない社員がいたとしても、給料はゼロにはできません。労働時間に応じて一定額を支給することが定められているからです。

第2編 統計

Step1 傾向分析 ▶ 76

Step2 攻略ポイント ▶ 78

Step3 速習テキスト ▶ 82

Step4 練習問題 ▶ 90

Step 1 傾向分析

1◆はじめに

本編では、労働市場の動向をデータで示す問題や、労働指標の用語の定義などを扱う問題を、「LEC分類」で統計の問題として扱っています。

次の表は、第24回までの本試験を試験制度の初期とそれ以外に分けて分析した表です。

国家資格キャリアコンサルタント試験においては傾向として、**統計の問題は増加**しており、法律の問題と合わせると全50問中で3問ほど増えています。本試験の合格ボーダーラインは35問ですから、これら法律／統計を合わせた10数問の重みは、無視できないウエイトです。

不得意だからといって捨て問にすることができなくなってきたのが、特にこの統計の分野です。

▶国家資格キャリアコンサルタント　平均出題数

	法律	統計	理論・技法	その他	総計
1～6回 (2017年まで)	7.0	5.5	23.7	13.8	50
7～24回 (2018年以降)	8.3	7.6	22.5	11.6	50
増減	1.3	2.1	-1.2	-2.2	

※各回の出題にLEC分類を付与の上、全体の出題数の平均値を算出しています。

2◆出題の傾向

この分野は、次の資料から多く出題されています。

①労働経済の分析（労働経済白書）

「一般経済や雇用、労働時間などの現状や課題について、統計データを活用して分析する」

②能力開発基本調査

「国内の企業・事業所と労働者の能力開発の実態を明らかにする」

※「　」内の文言は厚生労働省のホームページより引用しました。

以上の白書、調査のほかには、「能力」が名称に含まれている資料から頻繁に出題されています。

③経済財政報告

第15回以降、出題されている内閣府の資料です。

「我が国経済財政の現状を総合的に分析し、日本経済が抱える課題の解決に資する」

※「　」内の文書はe-Govデータポータルサイトより引用しました。

▶国家資格キャリアコンサルタント　出題数

論点	1回	2回	3回	4回	5回	6回	7回	8回	9回	10回	11回	12回	13回	14回	15回	16回	17回	18回	19回	20回	21回	22回	23回	24回	総計
労働経済の分析（厚生労働省）			1	2	2	2	1	1	1	2		3	2	2	3	3				2	2	1	3	3	36
能力開発基本調査（厚生労働省）	1	1		1	2	1	1	1	3	1	1	2	1	2	2	1	1	1	1	2	2	1	1	2	32
経済財政報告（内閣府）															1		2	1		1	1		1		7

Step2 攻略ポイント

1◆出題範囲が広く、難問もある。

国家試験として、誰が見ても正解がひとつに定まるように作られているのは他編と同様です。統計からは「労働経済の分析の令和○年版（年度まで指定）」において「完全失業率は○％である」のように問われます（一部に出典が示されない、正答根拠が不明の難問も存在しますが、大半は根拠にたどりつきます）。

ところが、頻出の資料である「労働経済の分析」は約300ページ。「能力開発基本調査」は約60ページです。その中から繰り返し問われている論点もありますが、はじめて出題される論点もあります。資料の片隅のここから出すのか？というような論点も時にはあります。

受験者にとって面食らうことも多い領域なのではないでしょうか。

2◆“常識”アプローチ

統計の問題を解くヒントのひとつは、わたしたちが日常接している新聞やテレビニュースの報道などの一般常識です。経済、労働市場の動向に触れて、マクロ的な動きを把握しておけば、その時代の動向と違う選択肢を落とす消去法で、肢を絞り込むことができます。

例えば、景気が悪くなれば失業者も増えるという当たり前のような感覚をもとに、ロジカルに設問を見ていくセンスが問われています。

一方で、「外国人労働者で人数が多い国はフィリピンである」という論点が出題されたことがあります。その当時、1位は中国でしたが、その出所は「『外国人雇用状況』の届出状況まとめにおいて（解答しなさい）」となっています（現在はベトナムが1位です）。

仮にご自身の職場や地域でフィリピンの方が多くても、本試験では正解になりません。身近な体験（常識）から離れて解答することも必要なのです。

3◆“ロジカル”なアプローチ

(1) 労働市場の経済はロジカルに動く

統計の問題を解くヒントには一般常識を活用すると述べましたが、もう少し詳しく解説をします。頻出の出典資料である「労働経済の分析」はその名の通り“経済”ですので、そこに記述されている**労働市場のデータはロジカルに動く**はずです。

例えば景気が好調である時期において、選択肢の中に失業者が増加しているという肢があれば、それが怪しい（誤り）といえます。

具体的に過去問を見てみます。著作権の関係でここに原文を引用することができませんので、ある回で出題された実際の問題を、意図が変わらないようにデフォルメして示します。

出題「令和○年版労働経済の分析」（厚生労働省）より、誤っているものはどれか。

1．求人が緩やかに増加。求人倍率は引き続き改善傾向。
2．新規求人数について正社員は緩やかな増加傾向。パートタイムは概ね横ばい。
3．すべての年齢階級で完全失業率は低下（男性65歳以上を除く）。
4．長期失業者（失業期間１年以上）はすべての年齢階級で増加。

この問題の正答（誤っているもの）は**肢４**です。

出典資料では「長期失業者数はすべての年齢階級で減少している」と記されていました。

(2) 解法アプローチ

上記の設問において肢１から３はいずれも労働市場の動向が上昇傾向にあるときの指標の状態です（肢１と肢２は求人数の増加に触れており、肢３は完全失業率の低下を記しています）。

ところが肢４は長期失業者が増加しているとなっており、逆の経済の動きになっています。この問題では他と比べて指標の動きが異なっているものを見つけ出すことができました。

なお、「令和元年版労働経済の分析」では冒頭「はじめに」において、わが国の経済について以下のように記されています。

「緩やかに回復している。そのような経済情勢の中、雇用情勢については、完全失業率は2018年度平均で2.4％と1992年度以来26年ぶりの低水準、有効求人倍率は2018年度平均で1.62倍と1973年度以来45年ぶりの高水準となるなど着実に改善が続いている」と好調傾向であることが示されています。

また、新型コロナウィルス感染症の拡大以降は冒頭「はじめに」で以下のように記されています。

・令和４年度版

「2021年の雇用情勢は、緊急事態宣言下となった１月～９月は一進一退の動きとなったが、９月末に緊急事態宣言等が解除されて以降は、就業者数、雇用者数や求人について回復に向けた動きがみられ、労働市場においては再び人手不足に戻りつつある状況となった。」

・令和５年度版

「**雇用情勢**は、2021年以降、感染拡大前と比べて求人数の回復に遅れがみられる産業もあるものの、経済社会活動が徐々に活発化する中で**持ち直している**。

賃金については、名目でみると12月における前年同月比の伸び率が25年11か月ぶりの水準となる等、年間を通して**感染拡大前の2019年の水準を大きく上回った**。」

頻出資料については、**その年度版においてどのように労働市場が捉えられているのかを見ておくことをお勧め**します。インターネットで検索してダウンロードができます。

以上のようなアプローチも、その時の労働市場の状況を把握していないと正答を絞り込めませんので、小手先だけのテクニックではない攻略のポイントだと思います。

4◆見たことがない問題だと思ったら、学習が進んだと思って、深追いしない。

試験対策を始めると、初見の問題に焦りを感じることがあります。そして、「この問題、今までに解いた過去問になかったな」ということに気づくようになれば、それは、学習が進んでいるということです。

本試験でも、一喜一憂せずに、過去の頻出論点は押さえて「常識アプローチ」や「ロジカルアプローチ」で取り組み、それでもわからないときは、諦めるくらいの気持ちでよいのではないかと思います。

統計の問題の深追いは、お勧めできません。例えば、原資料をインターネットで探して関連知識を強化・確認していくような学習範囲の広げ方は危険です。その論点が、その年に出題されるかわからないですし、マニアックな論点も出題されます。インターネットで検索すればヒットするという程度の細部の知識を暗記する労力は、むしろ別のところに費やしたほうが効率的ではないかと思います。

Step3 速習テキスト

- 統計は、暗記だけでは対応できない領域です。また、時代により数値や傾向が変わります。ただし、出題される論点としては、変動が激しいものは出題されないと思われます。
- したがって、過去問でも狙われている論点を、相互に関連づけて、傾向として捉えるようにしておくとよいでしょう。

統計編は、比較的よく問われる論点のみを整理しています。

1◆「OJTとOFF-JT」

OJTもしくはOFF-JTに触れている設問は、過去問で頻出の論点です。

日常業務を行いながら実施されるOJTと、業務から一時的に離れて行う集合研修などのOFF-JTには、それぞれ特徴があります。それらの特徴を、企業の担当者はどのように捉えているか、どう使い分けをしているかなどについての調査結果が出題される傾向があります。

そして、**OJT/OFF-JTの論点だけは原本にあたってみてください**（最新の能力開発基本調査がダウンロードできますので、どのように記載されているのか目を通してください）。

参照 能力開発基本調査

https://www.mhlw.go.jp/toukei/list/104-1.html

(1) OJTの効用を問う論点

①OJTとOFF-JTの「どちらを重視しているか？」は、**OJT重視が多い**。

正社員、非正社員ともに、OJTを重視する（またはそれに近い）とする企業が多いです。

②OJTは、教える側の上司、先輩の**教え方で効果に差が生じることがある**。

③OJTは、仕事を通しての訓練なので、**時間やコスト面で有利**。

④OJTは、計画的な**文書化できないような技能**を教育することができる。

⑤計画的なOJTは、新入社員→中堅社員→管理職の順で多く実施される。

以上はOJTを知っていれば、あるいは知らなくても想像すれば、理解しやすい論点ですが、本試験では肢のひとつに組み込まれ、単独で見るのと印象が違ってきてしまうかもしれませんので注意が必要です。

(2) OJTとOFF-JTのコスト比較

OJTは、一般に社内で先輩が後輩に教えますから、追加で費用が支出されることはありませんが、「先輩が仕事から離れてその間は生産力が低下」します。OFF-JTは、研修会社へ研修受講料を支払うほかに、訓練を受ける社員が仕事から離れることでその間は生産性が低下します。

このようなコスト比較の論点もあります。

①**直接費用**：研修会社に支払うような、直接お金を支払う、見えるコスト。

②**間接費用**：その人が働く時間で生み出す利益に換算される、見えないコスト。

2◆「キャリアコンサルティングを行うしくみ」

組織がキャリアコンサルティングをどのように捉えて、労働者に提供しているのかという論点が出題されます。

	論　点	解答例
1	キャリアコンサルティングを行うしくみを導入している事業所	正社員・正社員以外ともに**5割に満たない**（正社員45.2%、正社員以外29.6%）。
2	キャリアコンサルティングを受けた者	労働者全体では**約1割**。
3	キャリアコンサルティングの実施機関	**「職場の上司・管理者」**が最も多い（正社員・正社員以外とも約7割）。 「企業外のキャリアコンサルタントや機関」は1割に満たない。
4	キャリアコンサルタントに相談したい内容	**「将来のキャリアプラン」**が最も多い（正社員58.9%、正社員以外33.0%）。
5	キャリアコンサルティングが役立ったこと	**「仕事に対する意識が高まった」**が最も多い（正社員、正社員以外とも約5割）。
6	キャリアコンサルティングを行っていない理由	**「労働者からの希望がない」**が最も多い（正社員、正社員以外とも約45%）。
7	教育訓練休暇制度の導入状況	すでに制度を「導入している」とする企業は**1割に満たない**（導入している企業は7.4%）。

上記は、能力開発基本調査（令和４年）を参照して、本試験対策用に要点をまとめたものです。また、本試験で今後出題される新年度資料では調査データ（解答例）が異なることも考えられますので注意してください。

3◆基本用語を押さえる

労働市場の統計に関して用いられる用語は、以下の論点を押さえておきましょう。

①対象は何か（失業中の求職者を含むのか含まないのかなど）

②指標ならばどう動くのか（有効求人倍率が１倍を超えるとはどういうことを指すのか）

※以下は本試験対策用に論点を絞っており、労働統計の厳密な定義とは異なります。

(1) 労働力人口

	用　語	論　点
1	労働力人口	15歳以上　就業者と完全失業者の合計 （働くことができる人はすべて）
2	生産年齢人口 （参考）	15歳以上65歳未満 （働き盛りのイメージ）

ひっかけ注意

労働力人口については「アルバイト学生は含まない（誤り）」が問われたことがあります。パートタイマーも含めてすべての労働者が含まれます。

(2) 失業と求人

完全失業率と有効求人倍率は、「どの資料に掲載されるか」も論点です。また、有効求人倍率は1を超える／下回るということがどういう状態なのかも押さえてください。

	指標	概要	調査資料
1	完全失業率	完全失業者数÷労働力人口 ※完全失業率は、働き手のうち仕事がなく仕事を求める人、仕事に就けられない人の割合	労働力調査
2	有効求人倍率	• 求人数÷求職者数 **1を超えると「働き口がある」状態** **1を下回ると「働き口がない」状態**	**一般職業紹介状況（職業安定業務統計）**

ひっかけ注意

完全失業率を計算する際の分母である**「労働力人口」は「15歳以上」**であり、**上限がないことに注意**してください。完全失業率は「15歳以上65歳未満の労働力人口に占める完全失業者の割合である（誤り。上限なし）」と出題されたことがあります。

ひっかけ注意

- 有効求人倍率は**ハローワーク（公共職業安定所）**で扱われる求人数と求職者数の比をとっており、民間の職業紹介事業者の求人は含みません。
- ２級技能士試験では有効求人倍率の説明として「有効求人数に対する有効求職者数の割合（有効求職者数÷有効求人数）（誤り）」と、割り算が逆の式で出題されたことがあります。
- **有効求人倍率は「有効求職者数に対する有効求人数の割合（有効求人数÷有効求職者数）」**が正しい説明になります。

ひっかけ注意

過去問で「景気が良いと**求職者は増加**する（誤り）」と出題されたことがあります。

- 景気が良いと企業から労働者への**「求人数」は景気と同じく上向きに動き、増加**します。
- 景気が良いと失業者が減るので、労働者が企業へ就労を求める**「求職者数」は景気とは逆に下向きに動き、減少**します。

ひっかかりやすいポイントです。設問を読む際には注意をしてください。

(3) 景気動向と失業・求人の関係

「内閣府の景気動向指数」に使われている労働市場の状況を示す指標です。出題数は少ないですが、論点で問われたことがあります。

「新規求人が増えると先々の景気は良さそうだ（先行）」「景気が悪化した結果、失業者が増えた（遅行）」というように、経済の動きとして把握しておけばよいでしょう。

	景気動向	労働市場の指標
1	先行系列	新規求人数
2	一致系列	有効求人倍率
3	遅行系列	完全失業率

(4) 外国人労働者の論点

①在留資格

外国人労働者に関しては**「在留資格」の定義**を押さえておいてください。最も人数が多いのは技能実習や専門的・技術的分野ではなく「身分に基づく在留資格(永住・日本人配偶者など)」である論点も問われたことがあります。

	分　類	比　率
1	身分に基づく在留資格（永住・日本人配偶者など）	32.7%
2	専門的・技術的分野の在留資格	26.3%
3	技能実習（制度を活用したもの）	18.8%
4	資格外活動（留学生など）	18.2%

外国人労働者数　約182万人（1,822,725人）

※「外国人雇用状況」の届出状況まとめ（令和４年10月末現在）から引用して要約しました。試験対策用に整理したものであり、実務上の利用は想定していません。

②厚生労働大臣への届け出

「事業主は、外国人労働者の雇入れ・離職時に、氏名、在留資格などを確認し、厚生労働大臣に届け出なければならない」とされています。

届け出を行うことは**「義務」**であり、**「雇用」と「離職」時の双方で必要**です。

4◆最後に、問題や資料を見るときの論点について

統計の問題は、原本を探して調べる「深追い」は避けたほうがよいことを先にご説明しました。とはいえ過去問を解くとき、原本に触れたとき、新聞記事を読むときに、本試験での問題を想像しながら読むことは決して無駄にはなりません。

(1) 出題について

以下の論点が単独もしくは４つの肢に組み合わされて出題される傾向が多いようです。

①傾向を問うもの（例：完全失業率は○％で○年間低下している）

②割合・比率を問う（例：男女の割合では女性が○割を占める）

③順位を問う（例：最も多いのは「建設業」である）

(2) 読み解きの切り口

資料を読むときも、例えば「高齢者の領域で、失業率の、傾向を見る」というように、何を押さえて読むかも本試験アプローチに役立つはずです。高齢者の雇用のことを意識していれば、新聞の大見出しを見たときも、関心を持ってその記事を読むようになるのではないかと思います。

以下に例を挙げました。

どの切り口で	資料の何を	どう読み取る
・女性の活躍（男女別） ・高齢者と若年層 ・障害者 ・正規雇用と非正規雇用 ・日本国内と海外	・失業率 ・就業・有効求人	・傾向（トレンド）を大まかに押さえる ・大きな変化を知る

MEMO

第2編 統計

Step4 練習問題

問20 能力開発基本調査

重要度 A

「令和４年度能力開発基本調査」（厚生労働省）に関する次の記述のうち、不適切なものはどれか。

1 OFF-JTを正社員または正社員以外に対して実施した事業所は約７割である。

2 キャリアコンサルティングを行う目的は、「労働者の仕事に対する意識を高め、職場の活性化を図るため」や「労働者の自己啓発を促すため」が多い。

3 キャリアコンサルティングを行う上で一番多い問題点は、「キャリアに関する相談を行っても、その効果が見えにくい」ことである。

4 キャリアコンサルタントに相談したい内容で、最も多いのは正社員、正社員以外ともに「職場の人間関係」である。

	1回目	2回目	3回目
学習日	／	／	／
手応え			

◎：完全に分かってきた
○：だいたい分かってきた
△：少し分かってきた
×：全く分からなかった

正解 4

「令和４年度能力開発基本調査」（厚生労働省）によると、**1**から**4**の設問については、以下のように記述されています。

1 適切な記述内容です。

OFF-JTを正社員または正社員以外に対して実施した事業所は71.5％でした。前年度の令和３年は70.4％で、おおむね７割前後で推移しています。

2 適切な記述内容です。

キャリアコンサルティングを行う目的は、正社員、正社員以外ともに以下の通りです。

①「労働者の仕事に対する意識を高め、職場の活性化を図るため」（正社員69.1％、正社員以外63.5％）

②「労働者の自己啓発を促すため」（正社員68.3％、正社員以外60.8％）

3 適切な記述内容です。

問題点として以下が挙げられています（正社員の上位２項目）。

①「キャリアに関する相談を行っても、その効果が見えにくい」（正社員43.2％、正社員以外38.2％）

②「労働者からのキャリアに関する相談件数が少ない」（正社員39.7％、正社員以外41.1％）

4 不適切な記述内容です。

キャリアコンサルタントに相談したい内容は、以下が挙げられています。

正社員（上位抜粋）

①「将来のキャリアプラン」（58.9％）

②「仕事に対する適性・適職（職業の向き不向き）」（42.8％）

③「適切な職業能力開発の方法（資格取得、効果的な自己啓発の方法等）」（35.9％）

④「仕事に対するモチベーションの向上」（35.3％）

正社員以外（上位抜粋）

①「適切な職業能力開発の方法（資格取得、効果的な自己啓発の方法等）」（37.5％）

②「仕事に対する適性・適職（職業の向き不向き）」（35.9％）

③「仕事内容、賃金、労働時間などの労働条件・労働環境」（34.9％）

④「将来のキャリアプラン」（33.0％）

問21 能力開発基本調査

「令和４年度能力開発基本調査」（厚生労働省）に関する次の記述のうち、適切なものはどれか。

1 OFF-JTまたは自己啓発支援に費用を支出した企業の割合は30%を下回っている。

2 計画的なOJTの実施状況を階層別に見ると、正社員では新入社員が最も高い。

3 人材育成に関する問題点として「技術革新や業務変更が頻繁なため、人材育成が無駄になる」ことを挙げる事業所が最も多い。

4 企業の発展にとって重要な労働者の能力・スキルは、正社員では「定型的な事務・業務を効率的にこなすスキル」と回答する企業が多くなっている。

全問◎を目指そう！

	1回目	2回目	3回目
学習日	／	／	／
手応え			

◎：完全に分かってきた
○：だいたい分かってきた
△：少し分かってきた
×：全く分からなかった

1 不適切な記述内容です。

令和４年度能力開発基本調査によると、自社の外部に費用支出を行うことが多いOFF-JTまたは自己啓発支援に費用を支出した企業は50.3%を占めています。

OFF-JTにも自己啓発支援にもどちらにも支出していない企業は49.6%であり、何らかの教育訓練への投資を実施している企業が半数程度存在していることがわかります。

2 適切な記述内容です。

令和４年度能力開発基本調査によると、計画的なOJTを実施した対象は、正社員では新入社員が最も高く、次いで中堅社員、管理職層の順となっています。これは、実務を通じた教育であるOJTの性質を踏まえると、業務に初めて触れることが多い新入社員の比率が高まることは当然といえます。

3 不適切な記述内容です。

人材育成に関する問題点の内訳（複数回答）の上位３項目は、以下になります。

①「指導する人材が不足している」（58.5%）

②「人材を育成しても辞めてしまう」（50.8%）

③「人材育成を行う時間がない」（45.3%）

設問の「技術革新や業務変更が頻繁なため、人材育成が無駄になる」は1.5%であり、下位の項目です。

4 不適切な記述内容です。

正社員（管理職を除く）に求められる能力・スキルの上位２項目は、以下になります。

50歳未満

①「チームワーク、協調性・周囲との協働力」（55.8%）

②「職種に特有の実践的スキル」（40.7%）

50歳以上

①「マネジメント能力・リーダーシップ」（54.7%）

②「チームワーク、協調性・周囲との協働力」（40.3%）

正社員以外に求められる能力・スキルの上位２項目は、以下になります。

①「チームワーク、協調性・周囲との協働力」（56.4%）

②「職種に特有の実践的スキル」（33.7%）

問22 能力開発基本調査

重要度 A

「令和４年度能力開発基本調査」（厚生労働省）において、キャリアコンサルティングを行うしくみを導入している事業所に関する記述のうち、適切なものはどれか。

1 正社員に対してしくみを導入している事業所は、７割を超えている。

2 キャリアコンサルティングの導入比率が高いのは、産業別では「金融業、保険業」と「複合サービス事業」などが挙げられる。

3 キャリアコンサルティングを行っていない理由で最も多いものは「企業に予算がない」である。

4 令和３年中にキャリアコンサルティングを受けた者は労働者全体では50％を超えている。

	1回目	2回目	3回目
学習日	／	／	／
手応え			

◎：完全に分かってきた
○：だいたい分かってきた
△：少し分かってきた
×：全く分からなかった

正解 2

1 不適切な記述内容です。

令和４年度能力開発基本調査によると、**正社員に対してキャリアコンサルティングを行うしくみがある事業所**は45.2%。３年移動平均を見ると**「近年、４割前後で推移している」**となっています。

2 適切な記述内容です。

キャリアコンサルティングを行うしくみがある事業所（産業別・正社員）については、以下の割合になっています。

①割合が高い事業所

「金融業，保険業」(85.1%)、「複合サービス事業」(76.4%)

②割合が低い事業所

「生活関連サービス業，娯楽業（26.9%)」、「製造業（36.8%)」、「運輸業、郵便業（37.3%)」、「建設業（40.1%)」などが挙げられています。

3 不適切な記述内容です。

キャリアコンサルティングを行っていない理由の上位２つは、以下になります。

① **「労働者からの希望がない」**(正社員44.3%、正社員以外45.7%)

② 「キャリアコンサルタント等相談を受けることのできる人材を内部で育成することが難しい」(正社員42.1%、正社員以外31.3%)

4 不適切な記述内容です。

キャリアコンサルティングを受けた者は約10%です。

「令和３年度中にキャリアコンサルティングを受けた者は、『労働者全体』では10.5%であり、『正社員』では13.5%、『正社員以外』では5.1%であった」となっています。

問23 職業能力評価基準

職業能力評価基準（厚生労働省）に関する次の記述のうち、不適切なものはどれか。

1 職業能力評価基準は、仕事の内容を細分化して成果につながる行動例と必要な知識を整理・体系化したものである。

2 企業において期待される責任・役割の範囲と難易度により４つの能力段階を設定しており、レベル４は大規模組織の責任者もしくは最高度の専門職のレベルである。

3 職業能力評価シートは、チェック形式の評価シートになっており、職務遂行能力レベルの程度などを把握できる。シートは厚生労働省のホームページから無料でダウンロードができる。

4 職業能力評価シートは他社との比較や厚生労働省における統計処理のため、企業ごとに改変して用いることは認められていない。

全問◎を目指そう！

	1回目	2回目	3回目
学習日	／	／	／
手応え			

◎：完全に分かってきた
○：だいたい分かってきた
△：少し分かってきた
×：全く分からなかった

正解 4

1 **適切な記述内容です。**

記述の通り、厚生労働省のホームページにも記載されています。

2 **適切な記述内容です。**

レベル区分は4段階です。

例えば、事務系職種として厚生労働省のホームページでは、担当者などの「レベル1」から、大規模組織の責任者もしくは最高度の専門職として広範かつ統合的な判断および意思決定を行う本部長などの「レベル4」までの区分が紹介されています。

3 **適切な記述内容です。**

記述の通りです。誰でもダウンロードして触れてみることができますので、いくつかのサンプルに目を通しておくとよいでしょう。

4 **不適切な記述内容です。**

職業能力評価基準は、むしろ**自社に適合するように変更、修正する**ことが求められています。行政が統計でデータを用いる等の目的はありません。

「各企業にてそのまま参考・利用いただくこともできますが、『職業能力評価基準』を各企業で有効に活用していただくためには、自社の実状に合うように一部を削除したり、追加したり、あるいは組み換えたりといった『カスタマイズ』」が必要になると、厚生労働省のホームページにも案内されています。

参照 厚生労働省のホームページより

https://www.mhlw.go.jp/stf/seisakunitsuite/bunya/koyou_roudou/jinzaikaihatsu/ability_skill/syokunou/index.html

問24 労働経済の分析

重要度 C

「令和３年版労働経済の分析」（厚生労働省）の次の記述のうち、最も不適切なものはどれか。

1 労働者がテレワークによって感じるメリットは「通勤時間を節約することができる」が最も多い。

2 テレワークを導入していない企業は、その理由について、約７割が「情報通信機器等の導入費用がかかるから」と回答している。

3 テレワークを実施する際の労働者が感じるデメリットとして「同僚や部下とのコミュニケーションがとりにくい」という回答が最も多い。

4 新型コロナウィルス感染症の対策において、最初の緊急事態宣言を機にテレワークを開始した企業や労働者は、緊急事態宣言前からテレワークを実施していた企業や労働者に比べて、その後もテレワークを継続している割合が低い。

	1回目	2回目	3回目
学習日	／	／	／
手応え			

◎：完全に分かってきた
○：だいたい分かってきた
△：少し分かってきた
×：全く分からなかった

正解 2

1 適切な記述内容です。

令和３年版の「労働経済の分析」から引用して要約します。

労働者がテレワークによって感じるメリットをみると、「通勤時間を節約することができる」と回答した労働者の割合が89.1％と最も多く挙げられています。

2 不適切な記述内容です。

令和３年版の「労働経済の分析」から引用して要約します。

テレワークを導入、実施していない理由は「できる業務が限られているから」と回答する割合が68.1％と最も高く、ほかに次のような理由が挙げられています。

「情報セキュリティの確保が難しいから」（20.5％）
「紙の書類・資料が電子化されていないから」（16.6％）
「テレワークができない従業員との不公平感が懸念されるから」（15.7％）
「従業員の勤怠管理や在籍・勤務状況の確認が難しいから」（14.6％）
「情報通信機器等の導入費用がかかるから」（12.9％）
「メリットが感じられないから」（12.6％）

3 適切な記述内容です。

記述の通りです。令和３年版の「労働経済の分析」から引用して要約すると、ほかにテレワークの定着に向けた企業の課題として「報告・相談や社内調整・連携等、出社した方がスムーズだから」という回答が多く挙げられています。

4 適切な記述内容です。

令和３年版の「労働経済の分析」から引用して要約します。

「2020年１月以前からテレワークを活用していた企業では、労働者の『ほとんど全員』『約７割』がテレワークを実施していると回答する割合が、緊急事態宣言の解除後もあまり変わらない一方、感染拡大期にテレワークを初めて活用した企業ではそれらの割合が緊急事態宣言の解除後に低下している傾向にある」と記述されています。

本書出版時点で「労働経済の分析」は令和５年版が出されていますが、過去問では直近複数年度の資料から出題されたこともあり、テレワークの論点として掲載しています。

問25 労働経済の分析

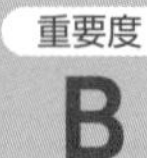

「令和５年版労働経済の分析」（厚生労働省）の次の記述のうち、最も適切なものはどれか。

1 2022年の雇用情勢は、新型コロナウィルス感染症の感染拡大前と比べて、経済社会活動が徐々に活発化する中で持ち直している。

2 非正規雇用労働者数・正規雇用労働者数ともに大幅な減少がみられた。

3 企業倒産の状況において、人手不足倒産の要因として、後継者難型の割合は最も低い。

4 2022年の労働分配率は、すべての資本金規模の企業で大きく低下した。

	1回目	2回目	3回目
学習日	/	/	/
手応え			

◎：完全に分かってきた
○：だいたい分かってきた
△：少し分かってきた
×：全く分からなかった

正解 1

1 適切な記述内容です。

令和５年版の「労働経済の分析」から引用します。

「2022年の我が国の経済は、引き続き新型コロナウイルス感染症（以下「感染症」という。）の影響がみられたものの、感染防止策と経済社会活動の両立が図られ、経済活動は徐々に正常化に向かった。（中略）雇用情勢は、2021年以降、感染拡大前と比べて求人数の回復に遅れがみられる産業もあるものの、経済社会活動が徐々に活発化する中で持ち直している。」

2 不適切な記述内容です。

令和５年版の「労働経済の分析」から引用して要約します。

「非正規雇用労働者は感染拡大の影響による減少がみられたが長期的には増加傾向、正規雇用労働者は女性を中心に2015年以降堅調に増加」としています。

（ア）「**非正規雇用労働者**は、2009年にはリーマンショック、2020年には感染症の拡大による景気減退から一時減少したものの、**長期的には増加傾向**にある。」

（イ）「**正規雇用労働者**は、2015年以降、**女性を中心に堅調に増加**している。」

3 不適切な記述内容です。

令和５年版の「労働経済の分析」から引用して要約します。

人手不足関連倒産件数の推移として

（ア）「近年は倒産件数全体に占める割合が上昇傾向で推移し、件数も増加傾向」

（イ）「**『後継者難型』の件数が最も多く**、次いで、『従業員退職型』『求人難型』が多い。」とし、「経営者の高齢化を背景として、事業の継承がままならなかった企業が倒産に至るケースが増加している可能性」があるとしています。

4 不適切な記述内容です。

令和５年版の「労働経済の分析」から引用して要約します。

「労働分配率はおおむね感染拡大前と同程度の水準で推移」と記述されています。また、労働分配率に関する説明も記述されています。

「労働分配率とは、企業の経済活動によって生み出された付加価値のうち、労働者がどれだけ受け取ったのかを示す指標であり、分母となる付加価値、特に営業利益は景気に応じて変化の度合いが大きいことから、**景気拡大局面においては低下し、景気後退局面には上昇する特徴がある。**」

問26 労働経済の分析

重要度 A

「令和５年版労働経済の分析」（厚生労働省）の次の記述のうち、最も不適切なものはどれか。

1 週間就業時間60時間以上雇用者の割合は低下傾向にある。

2 働き方改革の取り組みを背景として、年次有給休暇の取得率は、すべての産業において80%を超える率となった。

3 高齢者や女性の労働参加が進んでいる傾向にある。

4 障害者の雇用者数は過去最多を更新して増加した。

全問◎を目指そう！

	1回目	2回目	3回目
学習日	/	/	/
手応え			

◎：完全に分かってきた
○：だいたい分かってきた
△：少し分かってきた
×：全く分からなかった

正解 2

1 適切な記述内容です。

令和５年版の「労働経済の分析」から引用して要約します。

長時間労働の傾向を確認するための、週60時間以上就労している雇用者については、「働き方改革関連法が施行された2018年以降は、低下傾向が顕著にみられる」とし、「感染拡大後の2020年以降は低水準ながらも横ばい傾向で推移」となっている。

2 不適切な記述内容です。

年次有給休暇の論点は過去問では多くは出題されていませんが、働き方改革の取り組みにより取得率は上昇傾向です。ただし、取得率は58.3%であり80%を超えてはいません。令和５年版の「労働経済の分析」から引用して要約します。

（ア）年次有給休暇の取得率は、「働き方改革」の取組の進展により、上昇し続けている。

（イ）2022年調査（2021年の状況）では、年次有給休暇取得率58.3%となり、過去最高を更新した。

3 適切な記述内容です。

令和５年版の「労働経済の分析」から引用して要約します。

「雇用情勢は（中略）求人の回復基調が続く中で、女性や高齢者等の労働参加が着実に進展している」とし、「女性や高齢者を中心に労働参加が進み、女性は全ての年齢階級、男性は55歳以上の年齢層において上昇傾向」となっています。

※労働力率：15歳以上人口に占める労働力人口の割合をいう。

4 適切な記述内容です。

令和５年版の「労働経済の分析」から引用して要約します。

2022年の障害者の雇用者数は、「前年比2.7%増の61.4万人」となり、「19年連続で過去最高」となっている。

問27 労働力調査

「労働力調査（基本集計）2022年（令和４年）平均結果」（総務省統計局）に示されている次の記述のうち、不適切なものはどれか。

1 完全失業者数は2022年平均で179万人となり、３年ぶりの減少となった。

2 完全失業率は2022年平均で2.6％であった。

3 2022年平均の就業者数は、男性、女性ともに前年に比べて減少した。

4 非労働力人口は前年に比べて減少した。

	1回目	2回目	3回目
学習日	／	／	／
手応え			

◎：完全に分かってきた
○：だいたい分かってきた
△：少し分かってきた
×：全く分からなかった

正解 3

本問は、労働力調査から出題をしています。雇用に関する統計は、細かい数字を押さえることはキリがありませんので、全体の傾向が雇用にとって好転しているのか、どのような方向に向かっているのかを把握しておくことが試験対策としては現実的であると思います。

1 適切な記述内容です。

「労働力調査（基本集計）2022年（令和４年）平均結果」から引用して要約します。

「完全失業者数は、2022年平均で179万人」「３年ぶりの減少」と記述されています。

2 適切な記述内容です。

3 不適切な記述内容です。

就業者数は男性は減少。女性は増加しています。以下、引用して要約します。

「男性は3699万人と12万人の減少、女性は3024万人と22万人の増加」

ほかに、「15 ～64歳の就業者数は5810万人と6万人の増加、65歳以上の就業者数は912万人と3万人の増加」と記述されています。

4 適切な記述内容です。

「非労働力人口は、2022年平均で4128万人と、前年に比べ43万人の減少（２年連続の減少）となった」と記述されています。

労働市場の動向

最近のわが国の労働市場に関する次の記述のうち、不適切なものはどれか。

1 現在、就労をしている外国人労働者は、100万人を超えている。

2 雇用の指標となる完全失業率と有効求人倍率は、両者とも毎月公表されている。

3 正規雇用の労働者数は、増加している。

4 「労働力調査」は、わが国のすべての年齢の人口について、就業者数、完全失業者数などの統計を作成する。

	1回目	2回目	3回目
学習日	/	/	/
手応え			

◎：完全に分かってきた
○：だいたい分かってきた
△：少し分かってきた
×：全く分からなかった

正解 4

1 適切な記述内容です。

「外国人雇用状況」の届出状況まとめ（令和４年10月末現在）によると、**外国人労働者数は約182万人**であり、「届出が義務化された平成19年以降、最高を更新」したとなっています。

2 適切な記述内容です。

- **完全失業率を見る労働力調査**（総務省）
- **有効求人倍率を見る一般職業紹介状況**（職業安定業務統計）

ともに毎月公表されています。

3 適切な記述内容です。

「労働力調査（基本集計）2022年（令和４年）平均結果」から引用して要約します。

（ア）**正規**の職員・従業員は８年連続の**増加**
（2022年平均は3,597万人と、前年に比べ１万人増加）

（イ）**非正規**の職員・従業員は３年ぶりの増加
（2022年平均は2,101万人と、前年に比べ26万人増加）

ほかにも参考として、同資料から引用して要約します。

（ウ）休業者は２年ぶりの増加
（2022年平均で213万人と、前年に比べ５万人の増加）

（エ）完全失業者は３年ぶりの減少
（2022年平均で179万人と、前年に比べ16万人の減少）

4 不適切な記述内容です。

「すべての年齢」ではなく、「15歳以上人口」を対象として「労働力調査」は作成されています。

『キャリアコンサルティング関連情報集2022年版』（特定非営利活動法人キャリアコンサルティング協議会）に解説が掲載されており、「労働力調査」は過去問でも出題されました。

問29 外国人雇用状況

重要度 **B**

「外国人雇用状況」の届出状況まとめ（令和４年10月末現在）（厚生労働省）に関する以下の記述のうち、不適切なものはどれか。

1 すべての事業主は、外国人労働者の雇入れ・離職時に、氏名、在留資格などを確認し、厚生労働大臣へ届け出なければならない。

2 外国人労働者数は180万人を超えて、過去最高を更新している。

3 外国人労働者の国籍で最も多いのはベトナムである。

4 外国人労働者の在留資格で「身分に基づく在留資格」とは、企業の取締役など企業の業務執行に際して意思決定をする立場の者を指している。

	1回目	2回目	3回目
学習日	/	/	/
手応え			

◎：完全に分かってきた
○：だいたい分かってきた
△：少し分かってきた
×：全く分からなかった

正解 4

1 適切な記述内容です。

「外国人雇用状況」の届出状況まとめ（令和４年10月末現在）から引用して要約すると、以下のようになっています。

- すべての事業主に対して、
- 外国人労働者の雇入れ・離職時に、
- 氏名、在留資格、在留期間などを確認し、
- 厚生労働大臣（ハローワーク）へ届け出ること

が義務付けられています。

なお、「雇入・離職」の際に事業者は**「在留カード」を確認する**ことになっています。

2 適切な記述内容です。

「外国人雇用状況」の届出状況まとめ（令和４年10月末現在）には、平成19年に外国人雇用の届出が義務付けられてから最高の1,822,725人となったと記されています。

なお、事業所の規模別にみると**「30人未満」の事業所が約６割**（61.4%）を占めています。

3 適切な記述内容です。

過去問でも国別の在留者の多寡が問われたことがあります。

「外国人雇用状況」の届出状況まとめ（令和元年）までは中国が最も多い国でした。令和２年の同資料からはベトナムが１位に変わっています。令和４年10月末現在では、以下のようになっています。

	分　類	比　率
1	ベトナム	25.4%
2	中国	21.2%
3	フィリピン	11.3%

4 不適切な記述内容です。

「身分に基づく在留資格」とは、永住者や日本人の配偶者をいいます。取締役等を指すものではありません。

キャリアコンサルタント登録者の活動状況

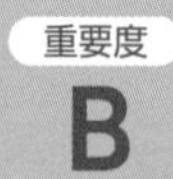

「第２回キャリアコンサルタント登録者の活動状況等に関する調査」（独立行政法人 労働政策研究・研修機構、2023年）における次の記述のうち、不適切なものはどれか。

1 キャリアコンサルタントの主な活動の場で最も多かったのは「企業」であり、次に「学校・教育機関」と「需給調整機関」が続いている。

2 難しい相談として挙げられたもので最も多かったものは、「職場の人間関係」であった。

3 キャリアコンサルタントとしての能力を維持・向上させるために行っていることで多かったのは、「相談実務の経験を積む」「キャリアコンサルティングに関する研修会・勉強会への参加または実施」であった。

4 キャリアコンサルタントとしての活動を行っていない理由としては、「キャリアコンサルティングとは関係のない組織、部署等に所属していること」が最も多い。

全問◎を目指そう！

	1回目	2回目	3回目
学習日	／	／	／
手応え			

◎：完全に分かってきた
○：だいたい分かってきた
△：少し分かってきた
×：全く分からなかった

正解 2

1 適切な記述内容です。

主な活動の場で最も多かったのは、「企業」です。

①企業（39.0%）、②学校・教育機関（22.3%）、③需給調整機関（18.1%）の順です。

なお、「専任・専業」と「兼任・兼業」では以下のように順位が変わっています。

「専任・専業」：①需給調整機関（35.8%）、②学校・教育機関（24.6%）、③企業（18.0%）

「兼任・兼業」：①企業（52.0%）、②学校・教育機関（20.8%）、③需給調整機関（7.1%）

2 不適切な記述内容です。

「難しい相談」で最も多かったのは、「発達障害に関すること」です。

「発達障害に関すること」（20.5%）

「メンタルヘルスに関すること」（17.7%）

「職場の人間関係」（13.3%）

資料では、「これらは、臨床心理学や対人心理学といった専門性が要求されるケースであり、キャリアコンサルタントの専門外といえる」と記されています。

3 適切な記述内容です。

「相談実務の経験を積む」（57.0%）、「更新講習以外のキャリアコンサルティングに関する研修会・勉強会等への参加または実施（56.6%）」の項目は、「全ての領域（注：活動の場）で半数以上の回答があった」と調査報告書には記述されています。

4 適切な記述内容です。

キャリアコンサルタントとしての活動をしていない主な理由は、「『キャリアコンサルティングとは関係のない組織、部署等に所属している』（53.4%）、『周囲にキャリアコンサルティングの仕事（ニーズ）がない』（34.7%）であった」と調査報告書には記述されています。

なお、キャリアコンサルタントとして活動をしていない人**（休止者）の割合は約3割（29.7%）**となっています。

問31 自殺総合対策大綱

「自殺総合対策大綱～誰も自殺に追い込まれることのない社会の実現を目指して～」（厚生労働省、令和４年10月）の記述のうち、不適切なものはどれか。

1 基本理念として「誰も自殺に追い込まれることのない社会の実現を目指す」として「『生きることの阻害要因』を減らし、『生きることの促進要因』を増やすことを通じて、社会全体の自殺リスクを低下させる」と掲げている。

2 基本理念に記された「生きることの阻害要因」に関して、「生活困窮」は経済的な事情として生活保護などの取り組みで対応するため、要因から除外されている。

3 基本認識として「自殺は、その多くが追い込まれた末の死である」との認識が掲げられている。

4 数値目標は「令和８年までに、自殺死亡率を平成27年と比べて30％以上減少」させ、先進諸国の現在の水準まで減少させるとされている。

全問◎を目指そう！

	1回目	2回目	3回目
学習日	/	/	/
手応え			

◎：完全に分かってきた
○：だいたい分かってきた
△：少し分かってきた
×：全く分からなかった

正解 2

1 適切な記述内容です。

大綱に記載されている通りの記述です。

2 不適切な記述内容です。

生きることの阻害要因として掲げられているものには、生活困窮も含まれています。経済的な事情として他の施策で取り扱い、除外されているということはありません。

引用

阻害要因：過労、生活困窮、育児や介護疲れ、いじめや孤立等
促進要因：自己肯定感、信頼できる人間関係、危機回避能力等

3 適切な記述内容です。

大綱に記載されている通りの記述です。

4 適切な記述内容です。

大綱に記載されている通りの記述です。

参照 自殺総合対策大綱

https://www.mhlw.go.jp/stf/taikou_r041014.html

問32 労働に関する統計指標

重要度 B

労働統計の指標に関する次の記述のうち、適切なものはどれか。

1 「有効求人倍率」は、内閣府の景気動向指数の先行系列のひとつに採用されている。

2 完全失業率を算出するために用いられる労働力人口には、アルバイトをしている学生とパートタイマーは含めないこととされている。

3 有効求人倍率は、ハローワークにおける求人者数と求職者数の比をとっており、1を超えると働き口がないと判断してよい。

4 生産年齢人口とは、15歳以上65歳未満の年齢に該当する人口をいう。

	1回目	2回目	3回目
学習日	/	/	/
手応え			

◎：完全に分かってきた
○：だいたい分かってきた
△：少し分かってきた
×：全く分からなかった

正解 4

1 不適切な記述内容です。

有効求人倍率は一致系列であり、先行系列は新規求人数です。

①先行系列：新規求人数（学卒を除く）
②一致系列：有効求人倍率（学卒を除く）
③遅行系列：完全失業率
景気動向指数の遅行系列である完全失業率は、指標が低下すると景気が好転を示すという「逆サイクル」として知られています。

2 不適切な記述内容です。

労働力人口は「働く人」であり、アルバイトやパートタイマーも含まれます。

労働力人口＝就業者数＋完全失業者数

3 不適切な記述内容です。

有効求人倍率がハローワークにおける求人者数と求職者数の比をとっているという記述は正しいのですが、指標の捉え方（判断の仕方）が誤りです。

有効求人倍率は、以下のように判断がなされます。
1を超える：働き口がある（企業等の求人数が職を求める人に対して多い）
1を下回る：働き口がない（上記とは逆に、企業等の求人数が少ない）

4 適切な記述内容です。

生産年齢人口とは、設問の通り、15歳以上65歳未満を指します。

問33 労働に関する統計指標

「一般職業紹介状況」で調べることができるものとして、適切なものは次のうちどれか。

1 年齢、勤続年数や職種別の賃金を調べることができる。

2 有効求人倍率の推移を調べることができる。

3 完全失業率を調べることができる。

4 パートタイマーの求人を調べることができる。

	1回目	2回目	3回目	
学習日	／	／	／	◎：完全に分かってきた ○：だいたい分かってきた
手応え				△：少し分かってきた ×：全く分からなかった

正解 2

1 不適切な記述内容です。

賃金を調べるのは、「賃金構造基本統計調査」になります。

2 適切な記述内容です。

一般職業紹介状況は、公共職業安定所（ハローワーク）における求人、求職、就職の状況をとりまとめ、求人倍率などの指標を作成したもので、毎月公表されている厚生労働省の発表資料です。

3 不適切な記述内容です。

完全失業率を調べるのは、「労働力調査」になります。

4 不適切な記述内容です。

個々の具体的な求人情報は、統計資料には掲載されていません。

問34 労働に関する統計指標

重要度 B

労働市場の指標に関する次の記述のうち、適切なものの組み合わせはどれか。

A　完全失業率：15歳以上65歳未満の労働力人口に占める完全失業者の割合であり、求職中の者は除いて算出する。

B　完全失業率を調べるには、労働力調査を調べるのがよい。

C　有効求人倍率は、民間の職業紹介事業者とハローワーク（公共職業安定所）の求職者の情報をもとに算出される。

D　有効求人倍率を調べるには、一般職業紹介状況を調べるのがよい。

1　AとB
2　AとC
3　BとD
4　CとD

	1回目	2回目	3回目	
学習日	／	／	／	◎：完全に分かってきた ○：だいたい分かってきた
手応え				△：少し分かってきた ×：全く分からなかった

A　不適切な記述内容です。

完全失業率は、15歳以上の労働力人口に占める完全失業者の割合であり、65歳以上を除外するということはありません。

また、求職中の者も失業者のカウントに含んで算出をします。

ひっかけ注意

- 労働力人口は「働き手」の人数であり、15歳以上である（65歳以上を含まないということはない）ことを押さえてください。2級技能検定試験でも出題されている（ひっかけ）論点です。
- 正しくは以下の通りです。
  生産年齢人口　15歳以上65歳未満
  労働力人口　　15歳以上

過去問では、生産年齢人口の年齢範囲そのものが問われたことはありませんが（第24回本試験まで）、完全失業率の算出に必要な労働力人口（15歳以上）と混同しないように注意してください。

B　適切な記述内容です。

労働力調査（総務省）は、毎月公表されます。

C　不適切な記述内容です。

有効求人倍率の算出は、ハローワーク（公共職業安定所）が扱う求人数と求職者数の比をとったものです。民間の事業者の求人数は算出する際に含まれません。

D　適切な記述内容です。

一般職業紹介状況（職業安定業務統計）は、毎月公表されます。

参照　独立行政法人 労働政策研究・研修機構「労働統計のあらまし」
https://www.jil.go.jp/kokunai/statistics/guide/index.html

問35 労働に関する統計指標

重要度 B

全国の主要産業の事業所における入職・離職の状況などを調査し、雇用労働力の産業、規模、職業及び地域間の移動の実態を明らかにすることを目的として作成されるものとして、適切なものは次のうちどれか。

1 毎月勤労統計調査

2 労働経済動向調査

3 雇用動向調査

4 就労条件総合調査

全問◎を目指そう！

	1回目	2回目	3回目
学習日	/	/	/
手応え			

◎：完全に分かってきた
○：だいたい分かってきた
△：少し分かってきた
×：全く分からなかった

正解 3

1 不適切な記述内容です。

毎月勤労統計調査（全国調査）は、「日本標準産業分類に基づく16大産業に属する常用労働者５人以上の事業所を対象に、**賃金、労働時間及び雇用の変動を毎月把握する**調査」です。

2 不適切な記述内容です。

労働経済動向調査は、「**事業所の活動（生産・売上、所定外労働時間、雇用）の動向**を示す指標、**労働者の過不足感**を示す指標などについて、提供」しているものです。

3 適切な記述内容です。

雇用動向調査は、「**全国の主要産業の事業所における入職・離職**及び未充足求人の状況並びに入職者・離職者について個人別に属性、入職・離職に関する事情等を調査し、**雇用労働力の産業、規模、職業及び地域間の移動の実態を明らかにする**」ものです。

4 不適切な記述内容です。

就労条件総合調査は、「主要産業における**企業の労働時間制度、賃金制度**等について総合的に調査し、我が国の**民間企業における就労条件の現状を明らかにすること**を目的としている統計調査」です。

本問で扱う調査は、いずれも、過去問にその名前が載ったことがあるものです。正答肢の調査以外についても、どのようなものか押さえておくとよいでしょう。

参照 政府統計の総合窓口
https://www.e-stat.go.jp/

第3編 理論

Step1 傾向分析 ▶ 124

Step2 攻略ポイント ▶ 128

Step3 速習テキスト ▶ 132

Step4 練習問題 ▶ 178

Step 1 傾向分析

1◆はじめに

理論編は、研究者が提唱するカウンセリングやキャリア理論と、システマティック・アプローチに代表される面談の技法で構成しました。本試験全体に占める出題数が最も多い分野になります。

2◆出題の傾向

(1) 理論・技法全体の傾向

過去問の分析から以下の特徴が挙げられます。

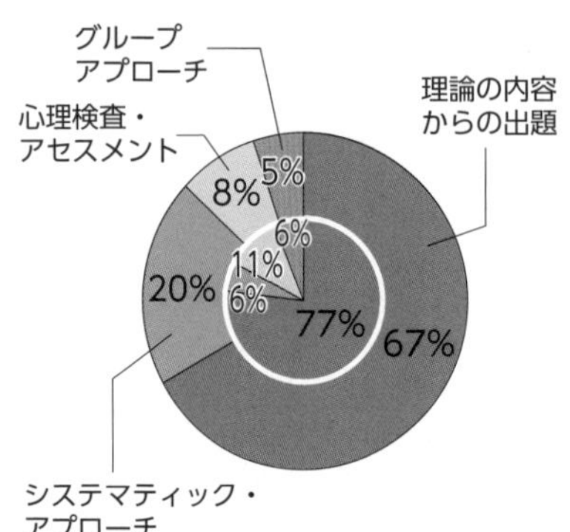

出題の論点	国家CC	２級技能士
理論の内容からの出題	67%	77%
システマティック・アプローチ	20%	6%
心理検査・アセスメント	8%	11%
グループアプローチ	5%	6%

《図1》 出現割合（理論）
国家資格キャリアコンサルタント（外側）
キャリアコンサルティング技能士２級（内側）

①理論の内容からの出題

出題論点の多くはキャリア理論やカウンセリングの理論、そのほかストレスの理論。うつ病やメンタルヘルスなどの知識などが問われます。

②システマティック・アプローチ

システマティック・アプローチは国家資格キャリアコンサルタント試験では毎回出題されています。それぞれのステップについての理解を問う問題ですが、基本的なレベルのものが大半です。

２級技能士での出題数は多くはありませんが、１～２問程度は出題されています。

③心理検査・アセスメントとグループアプローチ

個別の出題論点として毎回、一定の出題がされる傾向にあります。

心理検査やアセスメントについては、出題される検査・ツール類が限られているものの、これらは実際に自分で触れてみないとイメージしにくい細部の論点も出題されています。

(2) 理論の内容からの出題傾向

過去問の選択肢の中に名前が記述されている研究者の出現回数を数えて集計しました。スーパーを筆頭に、シュロスバーグとシャインが高頻度で出題されています。

そして、上位約10名の研究者の出題論点から約８割が出題されています。

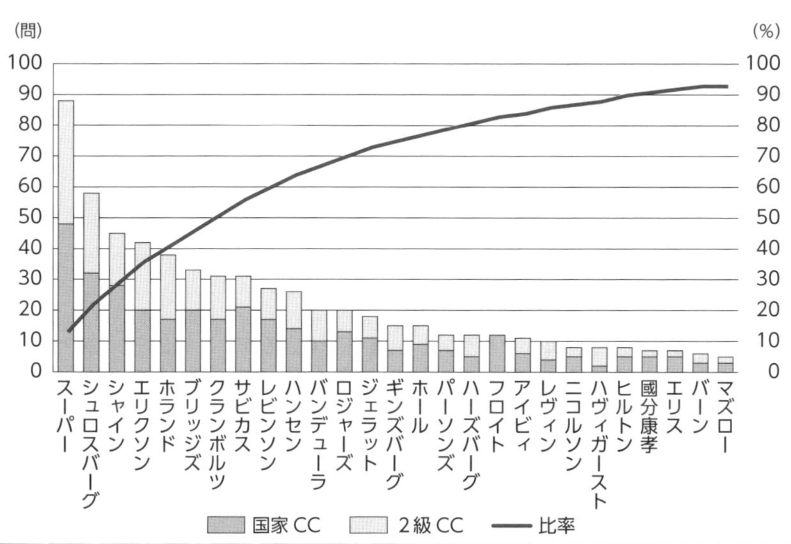

《図２》

	国家CC	2級CC	合計
スーパー	48	40	88
シュロスバーグ	32	26	58
シャイン	28	17	45
エリクソン	20	22	42
ホランド	17	21	38
ブリッジズ	20	13	33
クランボルツ	17	14	31
サビカス	21	10	31
レビンソン	17	10	27
ハンセン	14	12	26
バンデューラ	10	10	20
ロジャーズ	13	7	20
ジェラット	11	7	18
ギンズバーグ	7	8	15
ホール	9	6	15
パーソンズ	7	5	12
ハーズバーグ	5	7	12
フロイト	12	0	12
アイビィ	6	5	11
レヴィン	4	6	10
ニコルソン	5	3	8
ハヴィガースト	2	6	8
ヒルトン	5	3	8
國分康孝	5	2	7
エリス	5	2	7
バーン	3	3	6
マズロー	3	2	5

《図3》理論家別の選択肢出現回数
※国家資格キャリアコンサルタント　第1回（2016年）～第24回（2023年）
※2級キャリアコンサルティング技能士　第14回（2015年）～第30回（2023年）

(3) 散見される難問

学科試験では定番の研究者からの出題も多いのですが、過去問にはない初見の理論や研究者の名前が突然出題され、本試験の際に戸惑うことがあります。

心理学的な支援については多くの学派、理論があるため、受験者にとって初めて接する用語や研究者の名前があるのは、しごく当たり前のことといえます。難問に出くわして本試験の会場で焦らないように、問題演習を繰り返すのがよいでしょう。

(4) システマティック・アプローチの問題（国家資格キャリアコンサルタント）

システマティック・アプローチに関する問題は一定の出題数があります。なおかつ、個々の問題をみると基本的な内容であり、奇をてらったものはなく、決して落としてはならない問題です。

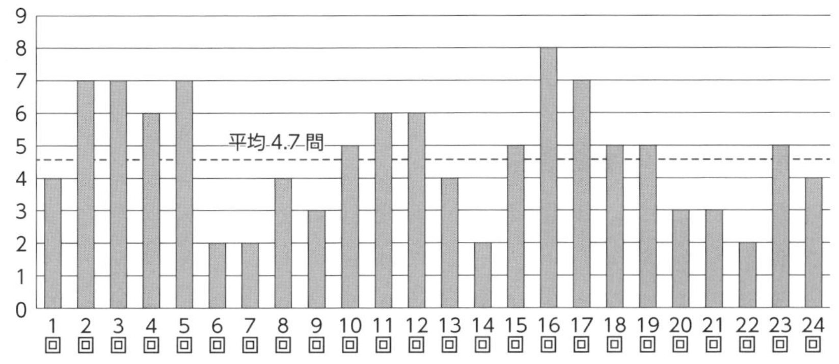

《図4》システマティック・アプローチの出題（国家資格キャリアコンサルタント）

Step 2 攻略ポイント

(1) 共通テーマの出題論点（転機と発達課題）

複数の理論に共通したテーマが問われることがあります。

頻出は、「トランジション（転機）」と「発達課題」です。

したがって、これらの領域で、各研究者それぞれが提唱する理論をセットにして、関連づけて押さえておくことで、論点をイメージしやすくなり、記憶も定着しやすくなると思います。

例えば、「転機」という出題論点で、ブリッジズの理論とシュロスバーグの理論のそれぞれを関連づけておくということです。

(2) 研究者ごとの出題論点

本試験の各回ごとに、出題されている研究者の数を数えてみました。出現回数が比較的多いスーパーからロジャーズまでは毎回のように出題されています。頻出の研究者ごとにどのような論点が出題されているかを押さえて対策を立てるようにします。ポイントは次の「Step 3 速習テキスト」に整理します。

▶国家資格キャリアコンサルタント試験

回数	1回	2回	3回	4回	5回	6回	7回	8回	9回	10回	11回	12回	13回	14回	15回	16回	17回	18回	19回	20回	21回	22回	23回	24回	出現回数
スーパー	3		3	1	1	3	2	2	3	2		4	1	1	1	2	1	3	4	1	2	5	2	1	48
シュロスバーグ	1	3	3		1	1	2	2	1	1	1	2	1	1	1	1	2	1	1	1	1	2	1	1	32
シャイン	2	2	1	2	1	1		2	2	2		1	2	1	1	2			2	1		1		2	28
サビカス				1	2	1	1	1	1		1	1	1	1	1	1	2	2		1	1	1		1	21
エリクソン	2		1	1	1			1	3				1	1		1		1	1	1	1	1		3	20
ブリッジズ		1	1		1		2	1	1	2		1		1	1	1		1	1	1	1	1		2	20
ホランド		1		1	1	1	2	1	1	1	1	1				1	1		1		1	1		1	17
レビンソン	1	2	1				1		1	1	1		1			1	1	2	1		2	1			17
クランボルツ		1		1		2	1		1	1			1		1	1	2	1		1	1			2	17
ハンセン			2	1	1				1		1			1			2	1		1		1		2	14
ロジャーズ	1			1	1	1		1			2	1		1	1							1		2	13
フロイト	1		1		1		1			1						1	1	1	1	1				2	12
ジェラット			1		1					2	1				1				2	1	1		1		11
バンデューラ	1	1		1			1		1			1		1	1		2								10
ホール	1								1			1	1	1			1		1	1				1	9
パーソンズ							2			1				1					1			1		1	7
ギンズバーグ		2	1	1		1	1						1												7
アイビィ	1		1			2				1														1	6
ハーズバーグ			1					1	1						1				1						5
國分康孝			1	1	1		1								1										5
ニコルソン							1	1										1			1	1			5
エリス							1							1				1	1					1	5
ヒルトン					1	2										1					1				5

出現回数の合計が5回に満たないデータは割愛をしています。

(3) 心理検査・アセスメントツールに関する問題

攻略法としては、過去問の参照と本書「Step 3　速習テキスト」の要約をお勧めします。

①心理検査は相当な数がありますが、**出題されるものは限られています**。

②検査結果の読み解き（評価）が出題されることもありますが、むしろ**検査の適用対象者や方法などの、いわば外形的な特徴が出題される**ことが多いようです。

検査結果の評価方法が出題されることもありましたが、頻度も少ないので本書

第3編　理論

Stp 2　攻略ポイント

では扱いません。

③検査ごとに繰り返し問われる論点もあるので、そこを押さえるのがよいでしょう。

検査やツールは一般に入手困難です。情報が少ない中での割り切りも必要だと思います。「Step３ 速習テキスト」では、できる限りイメージを持っていただけるように詳述を心がけました。

(4) グループアプローチ（エンカウンターグループなど）

過去問の傾向から、出題論点は以下の２つのエンカウンターグループです。

それぞれの目的や進行に関する論点を対比させて押さえるのがよいでしょう。

①構成的グループエンカウンター（國分康孝）

②非構成的グループエンカウンター（ロジャーズ）

(5) 面談技法（傾聴スキル等）とシステマティック・アプローチ

面談の技法と進め方に関しては、比較的素直な出題が多いです。システマティック・アプローチの６つのステップは必ず押さえてください。**毎回のように出題されます**。

来談者中心のアプローチをベースとした知識で正解を導くこともできると思います。特に養成講座を受講した受験者の方は、実技のトレーニングで学んだ知識で解けると思います。

(6) その他

①論点ごとの数は正確に押さえる

理論とそれを特徴づけている「数」は、「Step３ 速習テキスト」や「Step４ 練習問題」の解説での「ひっかけ注意」でも解説しますので、参考にしてください。

例

- ホランドの「６つのパーソナリティ」
- シュロスバーグの「転機に対処する４S」と「成人の発達の４つの視点」
- シュロスバーグの「転機に対処する４S」とハンセンの「人生の４L」

②研究者と理論の組み合わせを覚える

例えば、「ホランドならVPI職業興味検査」や「シュロスバーグといえば4S」、「偶然といえばクランボルツ」といった組み合わせです。

過去問でも「バンデューラは偶然を……」というように問われたことがありますが、「クランボルツ＝偶然」を覚えておけば、その肢は怪しいということに気づきます。確実に誤りだと判断できれば、消去法でひとつの肢を落とすことができます。

「Step 3 速習テキスト」には、その組み合わせ表を用意しました。

Step3 速習テキスト

- 多くの理論の内容から出題されるため、出題論点を押さえておかないと、受験者は広大な範囲をカバーせざるを得なくなり、準備が間に合いません。**どの理論からどのような論点で出題されるかを意識**して学習することがポイントです。
- また、難問や、受験者が初見の論点に関しては、**研究者と提唱理論の名前の組み合わせ**だけでも押さえておくことで、**消去法アプローチより、正解に達することも可能です。**
- 心理検査とアセスメントツールは、本書で論点を押さえてください。
- 面談技法やシステマティック・アプローチは、実技対策を通じての準備で十分であると思います。

1◆頻出論点は「転機」と「発達課題」

複数の理論が登場する設問は、「トランジション（転機）」と「発達課題」に関するものが多く出題されています。

転機であれば、過去問に限っていえば、ブリッジズとシュロスバーグの理論が組み合わされて出題されています。

また、人の成長のプロセスに関する理論を「発達理論」といいますが、スーパー、シャイン、エリクソンをはじめとして、多くの研究者の「発達理論」が出題されています。

発達課題とは、年齢・世代ごとに乗り越えて成長していくための課題といえ、研究者ごとに論点は異なります。

過去問を解いたり、テキスト類を参照する際は、その関連づけを意識して読むとよいでしょう。繰り返しになりますが、**「転機」と「発達課題」の論点が頻出**

です。

2◆研究者

2-1. スーパー

スーパーは出題数が最も多いのですが、スーパーのみの理論で出題されている問題は少なく、他の研究者との抱き合わせでの出題が多い傾向があります。このためカバー範囲が広くならざるを得ないため、本試験の肢を絞り込むのが難しいことがあります。

(1) 職業的自己概念

スーパーが唱えた、自分をどう捉えているかという「自己概念」のうち、職業に関するものを**「職業的自己概念」**と呼んで、それを具体化できるように支援することが重要であるとしました。

この「職業的自己概念」を実現していくのがキャリア発達であるとし、スーパーは**職業的発達段階を提唱**しています。

(2) キャリア発達

①「14の命題」

キャリア発達の理論的アプローチには「14の命題」が挙げられています。テキストによっては「10の命題」や「12の命題」と書かれているものがありますが、数が増え、本試験では14の命題と出題されています。なお、命題の個々が出題論点になることは少ないです。

②ライフスペース　ライフロール／ライフスパン　ライフステージ

スーパーの「ライフ・キャリア・レインボー」は、キャリアを2つの切り口で捉えています。

a.ライフスペース　ライフロール（役割の視点）

子ども、学ぶ者、余暇人、市民、働く者、配偶者、家庭保持者、親、年金受給者の「９つ」

人が生涯に役割を演ずる舞台は家庭、地域、学校や職場などの場があり、**複数の役割**（ひとつのこともある）を演ずるとされています。

b.ライフスパン　ライフステージ（時間軸の視点）

成長、探索、確立、維持、解放（衰退、下降）段階の５段階

そして、この５段階の人生の一連のライフステージを**マキシサイクル**と呼んでいます。そして、それぞれの段階の間には「**暦年齢にゆるく関連した**移行期」があり、その「移行期」が**ミニサイクル**で、意思決定過程です。

ミニサイクルには、「**新たな成長**」、「**再探索**」、「**再確立**」の再循環（リサイクル）があるとされています。

下表はライフステージになりますが、段階ごとの発達課題から論点が切り取られて出題されることがあります。時期（段階）ごとに何をクリアして成長していくのかという観点で全体を押さえておくとよいでしょう。

誕生

発達段階	時　期	職業的発達課題
①成長期	0～14歳	**自己概念の形成** 遊びや家庭・学校生活の中で、興味・関心や能力に関する探究を行う
【移行期】（ミニサイクル）		
②探索期	15～24歳	**職業についての希望の形成** いろいろな職業を知り、職業について自己の希望を形づくり、試行する 試行した仕事が本当に生涯の職業となるかどうかを考える 別の分野の仕事を考える場合は、その職業が何であるかを考え、方向づけを行う
【移行期】（ミニサイクル）		
③確立期	25～44歳	職業の方向づけおよび特定の仕事への就業 職業を確立し、昇進する
【移行期】（ミニサイクル）		
④維持期	45～64歳	確立した地位およびその有利性の保持
【移行期】（ミニサイクル）		
⑤下降期 （解放期）	65歳～	諸活動の収束と退職 退職後の新しいライフキャリアについて考える

マキシサイクル

死

改めて整理します。

①人生の全体の発達段階：マキシサイクル

②各段階の移行期の意思決定過程：ミニサイクル

マキシサイクルは「5段階」です。過去に段階の数を変えての出題もあります。

また、マキシサイクルとミニサイクルの概念の説明を逆に入れ替えて問う出題も出されています。

(3) 職業的適合性

「職業適応（人と職業との適合)」を重要視し、個人特性を配慮して職業選択をしていくという考え方により、**能力とパーソナリティ**に分類される「職業的適合性」をスーパーは示しています。

職業的適合性は階層的な図で示されているものですが、過去問題での出題傾向を見ると頻出ではなく、ここでは割愛いたします。

(4) ライフキャリアレインボー

ライフキャリアレインボーは、**人生の中で果たす様々な役割が年齢とともに変遷していく様子**を**虹のような図**に表したものです。

役割と、その役割を演じる舞台（生活空間）を表現したものといえます。

なお、ライフキャリアレインボーそのものを詳細に問う過去問は少なく、「提唱者がスーパーである」ことや「役割が年齢とともに変遷する」といった外形的な論点が問われていることが多いです。

ほかにスーパーは「**アーチモデル**」を示していますが、キャリアレインボーとともに、いずれもキャリアコンサルティングのテキスト類で必ずといってよいほど目にしますので、ここでは割愛いたします。

(5) キャリア成熟

スーパーは**思春期のキャリア発達を「キャリア成熟」**という言葉で定義し、**成人期に関しては「キャリア適応（アダプタビリティ)」**という概念で捉えています。

もとは「キャリア成熟」の概念で成人期についても説明をしようとしたところ、成人期には一人ひとりの個性が具体化してくることから、「個人が仕事の世界と個人の生活との間でとろうとするバランスに焦点を当て」て「キャリア適合性」

という用語を提案したとされています。

参照『D・E・スーパーの生涯と理論』（図書文化）

「キャリア成熟」は出題も散見されるため、キーワードとして押さえておくとよいでしょう。

2-2. シュロスバーグ

シュロスバーグの論点は、必ず押さえてください。いずれも頻出で、特に“４S”は重要です。

(1) 転機のタイプ

①**イベント・予測していたことが起こる**：結婚、子どもの誕生、転居など

②**イベント・予測していなかったことが起こる**：失業、病気、事故、死など

③**ノンイベント・予測していたことが起こらない**：卒業できない、就職できない、昇進できないなど

なお、イベントもノンイベントも、ともに転機です。

(2) ４つの視点（成人の発達を考える際の４つの視点）

- 文脈的・文化的視点
- 発達的視点
- ライフスパンの視点
- 転機の視点

(3) ４つの資源（転機に対処する４つの資源・4S）

転機に際して、「４つの資源」を吟味し、活用することが必要とされています。

①Situation（状況）：出来事が人生に与える影響の度合い、選択肢の有無など。何がその転機をもたらしたかの引き金や個人の役割の変化。

②Self（自己）：人生を自らコントロールできると考えているかどうか、対処能力、経験など。楽観主義者かどうかなどの物の見方や自己効力感。価値観。

③Support（支援）：支援してくれる人は存在するか、資金、公的・私的サービスなどの周囲からの援助。

④Strategies（戦略）：行動・思考・どのように対処するかなど。

4Sの組み合わせを問う問題では、以下のような「間違い」が過去に出題されています。

間違い
Subject（主題）　Sustainability（持続可能性）　Sustain（持続）
Society（社会）　Security（安全性）　Satisfaction（満足）
Skills（技能）　Selection（選択）

2-3. シャイン

シャインの理論では、「キャリア・アンカー」と、「組織の３次元モデル」を押さえてください。

(1) キャリア・アンカー

個人のキャリアの定着要因として、**"8つ"**に分類されます（８つという数字は覚えてください。過去問で問われたことがあります）。

キャリア・アンカーとは個人が選択を迫られたときに、その人が最も放棄したがらない「欲求」「価値観」「能力」「行動特性」などのことで、その個人の自己概念（コンピテンシー、モチベーション、バリューからなる）を示すものです。ここでは、８つのキャリア・アンカーにはどのようなものがあるかを一通り押さえてください。

▶シャインの8つのキャリア・アンカー

専門・職能別コンピタンス　TF (Technical/Functional Competence)	・企画、販売、人事、エンジニアリングなど特定分野で能力を発揮することに幸せを感じる
全般管理コンピタンス　GM (General Managerial Competence)	・組織内の機能を相互に結びつけ、対人関係を処理し、集団を統率する能力や権限を行使する能力を発揮し、組織の期待に応えることに幸せを感じる
保障・安定　SE (Security/Stability)	・仕事の満足感、雇用保障、年金、退職手当など経済的安定を得る ・ひとつの組織に勤務し、組織への忠誠や献身などがみられる
起業家的創造性　EC (Entrepreneurial Creativity)	・新しいものを作り出すこと、障害を乗り越える能力と意気込み、リスクをおそれず何かを達成すること、達成したものが自分の努力によるものだという欲求が原動力だと考える
自律・独立　AU (Autonomy/Independence)	・組織のルールや規則に縛られず、自分のやり方で仕事を進めていく ・組織に属している場合、仕事のペースを自分の裁量で自由に決めることを望む
奉仕・社会貢献　SV (Service/Dedication to a Cause)	・暮らしやすい社会の実現、他者の救済、教育など価値あることを成し遂げる ・転職してでも自分の関心ある分野で仕事をする機会を求める
純粋な挑戦　CH (Pure Challenge)	・解決困難に見える問題や解決の手ごわい相手に打ち勝とうとする知力、人との競争にやりがいを感じ、目新しさ、変化、難しさが目的になる
生活様式　LS (Life Style)	・個人的な欲求、家族の願望、自分の仕事のバランスや調整に力を入れる ・自分のライフワークをまとめたいと考え、それができるような仕事を考える

▶キャリア・アンカーを確かめるために有効な3つの問い

①才能と能力（何が得意か）

②動機と欲求（何をやりたいのか）

③意味と価値（何をやっている自分が充実しているのか）

出典：『新版 キャリアの心理学［第２版］』渡辺三枝子編著（ナカニシヤ出版）

(2) 組織の3次元モデル

組織内での人とキャリアの発達段階と、そのステージについて、職業発達理論を展開しました。

《図1》の3つの軸（地位・職位、中枢度、部門・職能）は、相互に関連しており、それぞれが独立したものであるとはいえません。なお「中枢度」は「部内者化」という表現での出題があります。

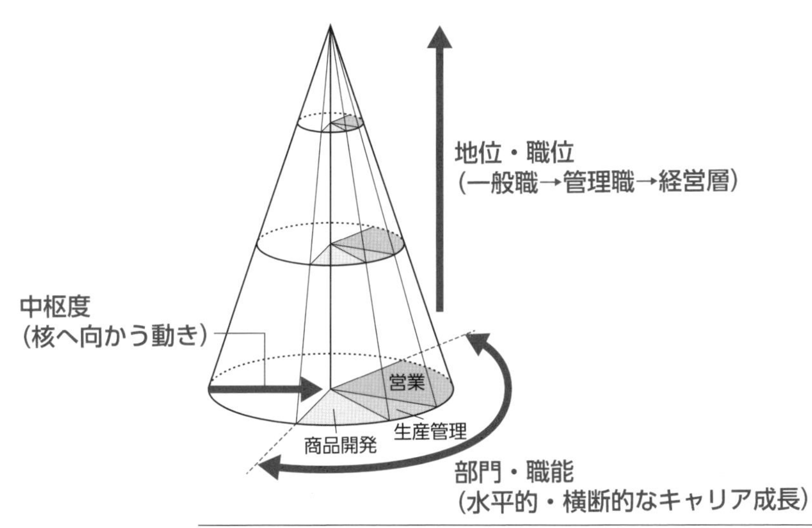

《図1》組織の3次元モデル

(3) 内的キャリア　外的キャリア

内的キャリア：どんな仕事人生を送りたいか（自身にとっての働く意味や意義）

外的キャリア：具体的にどのような職に就きたいか

(4) シャインの3つのサイクル

- 生物学的・社会的サイクル
- 仕事・キャリアサイクル
- 家族関係サイクル

これら3つのサイクルは「相互に影響しあう」ものとされています。

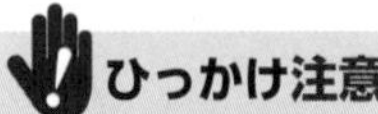

3つのサイクルの名称は押さえてください。以下のような「間違い」が過去に出題されています。

間違い　人生・ライフサイクル　私的空間のサイクル

(5) 組織内のキャリア段階的発達（9段階）

シャインは、人びとが学校を卒業した後に、組織人へ変化していく過程を9段階にまとめています。過去問には頻出ではありませんが、各段階の名称が出題されていますので触れておきます。

キャリア・サイクルの段階
①成長・空想・探索
②仕事の世界へのエントリー
③基本訓練（基礎訓練期）
④キャリア初期
⑤キャリア中期
⑥キャリア中期の危機
⑦キャリア後期
⑧衰えと離脱
⑨引退

2-4. ホランド

ホランドの理論はアセスメントのツール（VPIやVRT）の問題の中で取り扱われることもあります。

(1) ホランドの理論をもとに考案されているテスト（VPIとVRT）

職業興味検査（VPI）は、ホランドが開発したキャリア・ガイダンスのツールとして本試験の論点で出題されています。

VRTカードについては「ホランドの理論をもとにしており（正しい）、職業が絵やイラストで表されている（誤り。VRTカードは文字のみ）」という出題もされています。

これらのテスト・ツールは、いずれも「心理検査・アセスメントツール」の項で解説していますので、そちらを参照してください。

(2) RIASEC（リアセック）

ホランドは、**個人のパーソナリティのタイプと環境を同一の6類型**にまとめ、その特性と一致する環境で仕事をすることで高い満足を得ることができるとしました。個人の行動はそのパーソナリティと周囲の環境との相互作用によって決定されるという、理論的な背景も出題論点です。

6つのパーソナリティのタイプ「RIASEC」は以下の通りです。

①Realistic＝現実的

②Investigative＝研究的

③Artistic＝芸術的

④Social＝社会的

⑤Enterprising＝企業的

⑥Conventional＝慣習的

これら6つの分類が、「ホランドの六角形」と呼ばれる図に分類されて、「六角形の中での距離が近いほど心理的類似性が高い」とされています。

(3) 6つの環境タイプ

環境についてもRIASECと同じ分類で、6つに分けられるとされています。つまり、**パーソナリティ（性格）も環境も、ともに「6つに分類される」**という出題論点があります。

なお、これらRIASECのひとつひとつの意味を答えさせる論点出題は少ないのですが、「Cは、文化的（Culture）である（誤り）」が過去に出題されています。

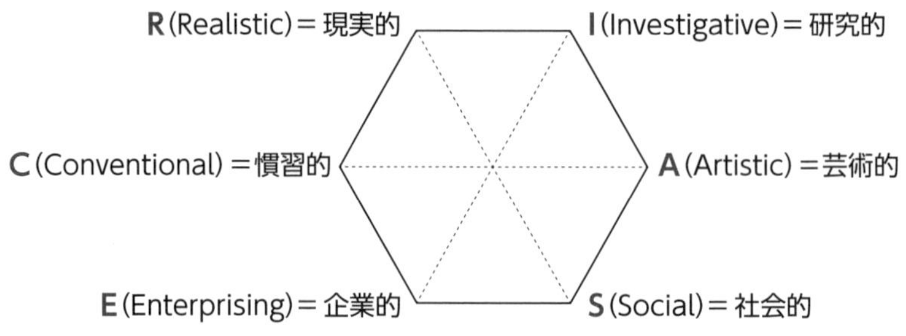

《図2》ホランドの六角形

2-5. エリクソン

「アイデンティティ（自我同一性）」を提唱したエリクソンの出題論点は、**“8つの発達課題”**（心理社会的発達課題）です。発達論的な側面から人間の生涯をライフサイクル論で捉えています。

出題論点としては、「青年期の課題は自我同一性 対 自我同一性拡散である（正しい）」というように出題されます。これは、青年期は「アイデンティティ（自我同一性）」を確立すべきであるけれども、それが達成できないと「アイデンティティが拡散」し、自分がどうなりたいのかがわからなくなるということです。

過去問を確認すると、**出題されているのは青年期から老年期までの発達段階**についてです。これらについては**発達課題の「〇〇対〇〇」を押さえておく**ようにしましょう。発達課題についてそれぞれ理解していくようにすると覚えやすいかもしれません。

ほかにエリクソンの理論は、「織物モデル」や「進歩（山登り・階段）モデル」といわれる「**漸成説**」という出題論点もあります。

▶エリクソンの“8つの発達段階”と発達課題

発達段階	発達課題	達成すべき課題	心理的危機
乳児期	信頼感 対 不信感	自分と自分以外の人に信頼感を持つ	自分や人に不信感を持つ
幼児期 (幼児前期)	自律性 対 恥・疑惑	躾など外からの統制と自身の欲求とのバランスをとり、自律を学ぶ	過剰な羞恥心や自分自身への疑惑が生じる
児童期 (遊戯期) (幼児後期)	自発性 対 罪悪感	自分を統制しつつ自身の要求をうまく行動に移すことができる	外部の要求と自分の要求のバランスがとれず罪の意識を感じる
学童期	勤勉性 対 劣等感	勉学などに励む。自分がこれからもやっていけるという有能感を持つ	受身の学習をし、劣等感を感じる
思春期 **青年期**	**自我同一性** 対 **自我同一性拡散**	独自の存在としての自己イメージを確立する (アイデンティティの確立)	自分が見えず、どうなりたいのかわからなくなる (アイデンティティの拡散)
成人期 (成人前期)	**親密性** 対 **孤立**	異性をはじめ他者と親密な関係を築く	相手と対等な関係を築くことができず、孤独感を感じる
壮年期 (成人期)	**世代性** 対 **停滞性**	家族や社会で次世代を育むことに関心を持つ	生活や社会的行動が停滞する自己陶酔の世界に生きる
老年期	**統合性** 対 **絶望** **(英知)**	自分の人生に満足し、来るべき死を受容する	人生を悔やみ絶望する

※発達段階の名称は、研究者（訳者）により異なることがあるため、併記しています。

▶老年期における「英知」について

エリクソンは、その著書の中で「最後の力、すなわち英知について」として、「英知とは、死そのものを目前にしての、人生そのものに対する超然とした関心である。英知は、身体的精神的機能の衰えにもかかわらず、経験の統合を保持し、それをどう伝えるかを学ぶ」としています。

出典：『老年期』E.H.エリクソン著（みすず書房）

2-6. ブリッジズ

ブリッジズの出題論点は、**トランジション（転機）のプロセスの理解**です。

例えば、定年退職の例を考えます。定年退職日という区切り（終焉）を前にその後の生活設計を考え、人によっては悩み、自分と向き合い今後のことを考える時期（中立圏）を経て、新たな生活をスタートする（開始）という３段階です。

中立圏は、悩んだり混乱を感じたりする時期であるものの、重要な休養の期間であるという論点も出題されています。

・トランジション（転機）の３段階

①終焉　（何かが終わる時）

②中立圏　（ニュートラル・ゾーン）

③開始　（何かが始まる時）

出題論点としては、「終焉→中立圏→開始」というように**「終焉」が出発点**であるという点を押さえてください。

また、**「探索」や「試行」、「維持」などの段階があるとする誤りの選択肢も出題**されたことがありますので、「終焉→中立圏→開始」を押さえておくようにしてください。

2-7. クランボルツ

設問に「偶然」という文字があれば、クランボルツが挙げられるほど、**「計画的偶発性理論（Planned Happenstance Theory）」**から出題されます。個々人のキャリア開発は、必ずしも計画通りにいかないことが多い中で、予期しない出来事、偶然に対して日頃から注意をしておくことで、偶然のチャンスを手に入れることができるというものです。

他の出題論点はバンデューラと同様に、**社会的学習理論**（**SLTCDM**：Social Learning Theory of Career Decision Making）のアプローチです（キャリアを研究してきたことと、従来は望ましいものではないといわれていた**「未決定」は「新しい学習をもたらすために必要な望ましいものである」**と考えたという論点です）。

なお、「キャリアは偶然によって“不規則に変化する”（誤り）」ことを「バタフライ・モデル」で示したという論点が出題されたことがあります。偶然を必然化するということはあっても、不規則に変化するとはされておらず、またバタフライ・モデルはクランボルツの理論ではありません。つまり、**「偶然＝クランボルツ」とただちに飛びつかないように注意**してください。

2-8. サビカス

サビカスのキャリア構築理論は以下の３つの主要概念で構成されます。
①職業パーソナリティ
②キャリア・アダプタビリティ
③ライフテーマ

それらのうち、サビカスの出題論点は**「キャリア・アダプタビリティ（キャリア適合性）の４次元」**が多く、「関心、統制、好奇心、自信」それぞれの意味合いまで押さえておくようにしてください。

▶サビカスのキャリア・アダプタビリティの４次元（4C）

関心Concern（コンサーン）	昔を思い出し、未来まで続いているのだということから自分の未来に備えていくこと
統制Control（コントロール）	自分のキャリアの責任は自分にあると自覚すること
好奇心Curiosity（キュリオシティ）	自分と職業をマッチさせるために好奇心をもって職業を探すこと
自信Confidence（コンフィデンス）	仕事、家庭、地域……などの日常に起きる問題を自分は解決できたのだという体験が積み重なって自信ができる（それをキャリア自信という）

ほかにサビカスは、「キャリアストーリー」と「ライフテーマ（キャリアテーマ）」について示しています。過去問の出題頻度は決して多くはないものの、選択肢の絞り込みに有用なキーワードとして挙げておきます。
①キャリアストーリー
キャリアストーリーは、個人が直面した発達課題や職業上の転機（トランジション）などについて語られたもの。

②ライフテーマ

「キャリアストーリーにまとまりを与えるものがライフテーマ」であり、「ライフテーマは個人にとって“重要なこと”そのもの」。

出典：『新版 キャリアの心理学［第２版］』渡辺三枝子編著（ナカニシヤ出版）

また、サビカスに関する出題として、「変化の激しい環境においては**キャリアアップが重要（誤り）**」という趣旨が問われたことがあります。

この点、サビカスは次のように言ったそうです。キャリアコンサルタントを目指す者にとって含蓄深いコトバであると考え、引用いたします。

「キャリアにはアップもダウンもないんだ。キャリアカウンセラーはアップとかダウンとか考えてはいけない」

出典：『キャリアカウンセリング入門―人と仕事の橋渡し』渡辺三枝子・E.L.ハー著（ナカニシヤ出版）

なお、**サビカスはスーパーに師事**していました。そのキャリア構築理論はスーパーの職業発達理論を拡張したという論点での出題があります。

逆に、「サビカスは、スーパーの理論を否定し……（誤り）」という出題も過去にありました。

2-9. ロジャーズ

ロジャーズの理論は、カウンセリングのアプローチのすべてにおいて基本とされています。このため、設問に名前がなくとも、来談者中心アプローチやグループエンカウンター、面談技法なども含めると、相当数が出題されていると思われます。

本試験では素直な論点も多いので、ここではロジャーズが提唱しているものの中から、出題論点を整理します。

①指示的なアプローチではなく、非指示的なアプローチを提唱

②クライエント中心（来談者中心）のアプローチを提唱

③「受容・無条件の肯定的配慮」、「共感的理解」、「自己一致」

④過程尺度（体験過程尺度）とはロジャーズが示した相談者が変化していく過程

のこと

⑤ロジャーズの「人格と行動についての理論」の19の命題

この「命題」は過去問では一度出題された程度であり、本書では割愛します。

なお、ほかにロジャーズは、「学習によって形成された不適応行動を改善しようとした（誤り）」という論点が出題されたこともありました。

2-10. ホール

ホールの**「プロティアン・キャリア」**は、ギリシャ神話のプロテウスから名付けており、「**変幻自在**である」ことを意味しています。

出題論点としては、従来の伝統的なキャリアとの対比でプロティアン・キャリアを捉えています。例えば、「私は何をすべきか（組織における気づき）」よりは「自分は何がしたいのか（自己への気づき）」の重視や、キャリアとは「成功や失敗」や「早い昇進や遅い昇進」を意味するものではないという論点が過去に問われています。

項　目	プロティアン・キャリア	伝統的キャリア
主体者 核となる価値観 移動の程度	個人 自由・成長 高い	組織 昇進・権力 低い
重要な パフォーマンス側面 重要な態度側面	心理的成功 仕事満足感 専門的コミットメント 自分を尊敬できるか （＝自尊心）	地位・給料 組織コミットメント この組織から自分は尊敬されているか （＝他者からの尊敬）
重要な アイデンティティ側面	自分は何がしたいのか （＝自己への気づき）	私は何をすべきか （＝組織における気づき）
重要な アダプタビリティ側面	仕事関連の柔軟性 現在のコンピテンシー （測度：市場価値）	組織関連の柔軟性 （測度：組織で生き残ることができるか）

出典：『新版 キャリアの心理学［第２版］』渡辺三枝子編著（ナカニシヤ出版）

2-11. ハンセン

ハンセンは**キャリアをキルト（パッチワーク）に例えました**。それぞれの人生役割がキルトのように組み合わされ、「全体として意味ある人生」になると提唱しています。

出題論点は以下の２つです。

(1) ４つのL（人生の４つの要素）

それは４つの要素からなる“人生の役割”で構成されているとし、ハンセンの「４つのL」と呼ばれます。仕事だけを考えるのではなく、そのほかの生活上の役割も含めて、これら４つの要素が絡み合ってこそ人生が意味あるものと考えたのです。

［４つのL］

Labor（仕事）、Love（愛）、Leisure（余暇）、Learning（学習）

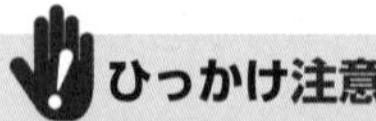

ひっかけ注意

ハンセンは「４つのL」です。シュロスバーグの「４つのS」と混同しないようにしてください。

(2) 統合的生涯設計（ILP：Integrative Life Planning)

ハンセンの出題論点のもうひとつが**統合的生涯設計（ILP：Integrative Life Planning）**です。人生全体でキャリアの開発について全般的なプランニングを行うもので、仕事を人生の中で捉えます。

次に挙げる重要な課題の中から、各ライフステージで必要なものに取り組むことが大切であるとしています。

①グローバルな状況を変化させるためになすべき仕事を探す。

②人生を意味ある全体像の中に織り込む。

③家庭と仕事の間を結ぶ。

④多元性と包括性を大切にする。

⑤個人の転機（transition）と組織の変革にともに対処する。

⑥精神性（Spirituality）、人生の目的、意味を探求する。

出典：『新版 キャリアの心理学［第2版］』渡辺三枝子編著（ナカニシヤ出版）

2-12. バンデューラ（自己効力感）

「自己効力感」はバンデューラが提唱したものとして有名です。出題論点のひとつに、自己効力感を高めるための「**4つの情報源**」があります。

自己効力は自然発生的に生じるものではなく、情報源として4つが挙げられるとされています。

情報源の4つ	解説
1.遂行行動の達成	自分で必要な行動を実際に達成することができたという成功体験を持つこと。
2.代理経験	他人の行動を観察することから、自分にもできそうだという効力予期を形成すること。
3.言語的説得	自己強化や他者からの説得的な暗示により、自己効力が高まる。
4.情動喚起	自己の生理的な反応の変化を体験してみることが自己効力の変動につながる。

出典：『働くひとの心理学』岡田昌毅著（ナカニシヤ出版）

2-13. ジェラット

キャリア意思決定のプロセスを研究したジェラットの理論は次の2つがあり、その中でも『連続的意思決定システム』のほうが比較的よく出題されています。

(1) 連続的意思決定システム

（予測システム、価値システム、決定基準）

ジェラットにより、人が行う意思決定の合理的なモデルとして提唱されました。

職業選択の過程を分析し、各過程にありがちなつまずきの原因を整理しておく必要があることから「集めるべき情報が十分か、検討や判断が偏っていないか、可能性を自ら狭める判断をしていないか」などから、職業選択を一連の意思決定の過程と捉えて、課題を整理したというものです。

システム	解説
1. 予測システム	可能な選択肢を見出したり、それぞれの結果について検討したりする。
2. 価値システム	予測される結果の望ましさや価値を比較検討する。
3. 決定基準	いずれかを選択し、他を捨てる決定をする。

これらの意思決定の過程をもとに、「合理的に、かつ、ぬかりなく意思決定をすることを支援する」としました。

出典：『個と組織を生かすキャリア発達の心理学』二村英幸著（金子書房）

(2) 積極的不確実性（肯定的不確実性）

連続的意思決定システムののち、後年、ジェラットは環境のあいまいさや予測の難しさを考慮すべきであろうとして「積極的不確実性」を提唱しています。

「**情報は限られているし、変化するものであり、かつ主観的に捉えられたものである**こと、さらに、意思決定は目標達成に向けて近づくものであると同時に、目標を創り出す過程でもあること、などに留意すべきである」としています。

これについては、ここでは「**直感の効用や柔軟なものの見方の大切さが強調**されている」、「彼の来日公演の際には、『夢見ることを忘れずに』という言葉を残している」とされています。キャリアの理論を学ぶ際に含蓄深いコトバであると考え、引用いたしました。

引用 『個と組織を生かすキャリア発達の心理学』二村英行著（金子書房）

2-14. デシ（内発的動機づけと外発的動機づけ）

モチベーションの理論を研究したデシの論点は多く出題はされていませんが、主な論点である内発的／外発的動機づけを整理します。

	内発的動機づけ	外発的動機づけ
行動の目的	その行動自体が報酬となるような動機づけ	外的な要因がもととなる、報酬を得ることが行動の目的となるもの
具体例	いわゆる転職	給料や昇進のために働くこと
伴う感情	面白いとか楽しいといった正の感情	つまらないとか仕方がないといった負の感情

出典：『働くひとの心理学』岡田昌毅著（ナカニシヤ出版）

なお、これらは幼児期から個人に備わっているものではなく、また動機づけには必ずしも金銭的なものだけではない知的な側面の報酬も含まれるのだといえます。

2-15. アイビィ（マイクロカウンセリング）

アイビィ（Ivey, A. E.）のマイクロカウンセリングは、どのようなアプローチにも共通している技能を抜き出して階層化し、その技能をマイクロスキルと呼んでいます。それらは階層表にまとめられています。技法の数は30近くあり、出題の傾向としては幅広く、対策がしづらいものがあります（２級技能士試験でも同様の傾向です）。

その中でも、「積極技法」は過去問で何回か問われており、「はげまし技法」と関連づけて取り上げます。

(1) 積極技法

①指示

②論理的帰結

③解釈

④自己開示

⑤フィードバック

⑥カウンセラー発言の積極的要約

⑦助言、情報提供、教示

⑧技法の統合

⑨個人的スタイルと理論を決める

(2) はげまし技法

- <はげまし>技法は、「ええ」、「それで？」といったものや、クライエントの言葉を短く繰り返すものなど「言語」によるものと、うなずきのような「非言語」によるものがあります。

出典：『マイクロカウンセリング技法』福原眞知子監修（風間書房）

- 過去問では、「はげまし」には「相談者を勇気づける言葉が含まれる（誤り）」や、積極技法では「『はげまし』など相談者が積極的に行動できるように働きかける（誤り）」などが問われたことがあります。
- 積極技法と、はげまし技法は、別ものです。

2-16. 國分康孝（こくぶ　やすたか）

(1) コーヒーカップ方式

「リレーションづくり」、「問題の把握」、「処置・問題の解決」の3本柱から構成されています。そのプロセスがコーヒーカップの形に似ており、命名されたものです。

(2) 構成的グループエンカウンター

「Step 3 速習テキスト」の「5 グループアプローチ」を参照ください。

2-17. 吉本伊信（よしもと　いしん）の内観療法

浄土真宗の「身調べ」に着想を得て創始された療法です。

部屋の片隅に屏風（びょうぶ）を立てて、その中に端座して「内観」を進めます。一週間程度、外界との交流を絶ってこもり、一定時間ごとに巡回してくる指導者に、身近な人（母親や父親など）との関係を思い出して報告します。

「**①してもらったこと、②して返したこと、③迷惑をかけたこと**」の3つが内観のテーマです。

2-18. 森田正馬（もりた　まさたけ）の森田療法

入院してはじめの一週間は、食事と洗面、排せつ以外は横になって過ごす**「絶対臥辱（がじょく）期」**を経て、「作業期」に入っていくという療法です。

森田療法はその進め方が具体的に問われるのではなく、吉本伊信の内観療法と混同させての組み合わせ問題（カウンセリングの理論や心理療法の名称とその提唱者、関連する用語の組み合わせの正誤を問う）に出題される傾向があります。

2-19. フロイト（防衛機制）

フロイトの出題論点は研究者と理論の組み合わせ問題にも散見されます。例えば、「フロイト」と「無意識や自我、イド（エス）、超自我」などの用語の組み合わせを問うものです。その論点は次の「研究者と理論の組み合わせ表」に記しました。

精神分析や精神分析的アプローチについて問う論点も出題されていますが、頻出といえるものではないため割愛します。

ここでは「防衛機制」について取り上げます。防衛機制は誰しもに、心理的な安定のために認められるものです。

紙面の都合上、ここでは出題上位の３つに絞って挙げておきます。

防衛機制	内容
昇華	・自分の認められない欲求を、例えばスポーツで頑張るなど、社会的にも受け入れられる、価値のある行動へおきかえる。 ・（引っ掛け注意）「ある分野での劣等感がある場合、その緊張を打ち消すために、他での優越感を高めること（誤り）」
反動形成	・自分が受け入れられないことがある場合、本心とは反対の他の態度をとるなど。 ・（引っ掛け注意）「相手へ責任転嫁すること（誤り）」
合理化	もっともな理由をつけて自分を正当化すること。

第3編　理論

Stp 3 速習テキスト

2-20. ナラティブ・アプローチ

ナラティブ・アプローチは、国家資格キャリアコンサルタント試験では第３回試験から時折、出題されています。時に「社会構成主義」という用語とともに出題されますが、設問も難解であることが多く、アプローチしにくい問題といえます。

ここでは試験対策用として、誤解を恐れずに要所を平易に記載します。

わたしたちが自分を語ること、自らの物語（ナラティブ）を通して未来を考えることがナラティブ・アプローチです。

わたしたちは、今いる世界観や、周囲から与えられた意味づけに従って行動をすると考えます。例えば、「女の子なんだから○○しなさい」、「長男だから○○しなさい」などです。それらは当人の行動に影響を与えてしまうものです。

社会構成主義とはこのようなものです。すなわち、わたしたちは「客観的な事実の世界に生きている」のではなくて、自分自身や周囲から「意味づけられた世界に生きており」、それら自分自身の**経験や意味づけを捉え直して新たな物語につなげていこう**というものが社会構成主義の考え方です。

それでは、過去に問われた論点からいくつか解釈をして、正誤を見てみます。

- 「過去の客観的な事実に基づいた真実の追求を重視」（誤り）：過去の事実は取り払って新たな物語を作り上げます。
- 「自身を取り巻く社会や文化を絶対視しない（適切）」
- 「クライエントが新たな自信の物語を紡ぐことを重視する（適切）」
- 「クライエントの原型的な物語を見出し、多様な物語へと再構成（適切）」
- 「相談者の今もっているストーリーを、望ましい未来へのストーリーに書き換える（適切）」

以上です。設問に問われている語句は一見難しく見えますが、意味を捉えて読んでみると、わたしたち自身を振り返ってみる上でも考えさせられるものがあるのではないでしょうか。

3◆研究者と理論の組み合わせ表

過去問では、研究者の名前と理論およびそのキーワードを対比させて、どれが正しいかという論点が出題されています。本試験はマークシート方式です。したがって、「フロイト＝論理療法（誤り。論理療法はエリス）」を覚えておくことで、明らかに誤っている肢を見つけることができれば、消去法で正解へ近づくことができます。

次の表は、過去問で問われた組み合わせを中心に整理しました。暗記用と割り切って覚えてください。本試験で、その知識のパーツが役に立つと思います。

No.	理論・療法名	研究者・提唱者・創始者	備考・キーワード
1	内観療法	吉本伊信（よしもと　いしん）	浄土真宗 身調べ（みしらべ）
2	森田療法	森田正馬（もりた　まさたけ）	絶対臥辱（がじょく）
3	来談者中心療法 非構成的グループエンカウンター（ベーシックエンカウンターグループ）	カール・**ロジャーズ**（Rogers, C. R.）	成長への意志 過程尺度 実現傾向
4	コーヒーカップモデル 構成的グループエンカウンター	國分康孝（こくぶ　やすたか）	—
5	ゲシュタルト療法	フレデリック・**パールズ**（Perls, F. S.）	「いま、ここ」での気づき エンプティチェア 実存主義的現象学
6	マイクロカウンセリング	アレン・**アイビィ**（Ivey, A. E.）	技法の階層表
7	ナラティブセラピー	マイケル・**ホワイト**（White, M.）	社会構成主義
8	計画的偶発性理論（Planned Happenstance Theory）	ジョン・**クランボルツ**（Krumboltz, J. D.）	社会的学習理論（SLTCDM）
9	意思決定モデル	ジョン・**クランボルツ**（Krumboltz, J. D.）	ジェラット（Gelatt, H. B.）、ヒルトン（Hilton, T. J.）にも意志決定の論点出題あり
10	プロティアン・キャリア（Protean Career）	ダグラス・**ホール**（Hall, D. T.）	—

No.	理論・療法名	研究者・提唱者・創始者	備考・キーワード
11	精神分析	ジークムント・**フロイト**（Freud, S.）	自由連想、ヒステリー研究、催眠、自我、超自我エス（イド）リビドー、夢判断、無意識
12	論理療法／理性感情行動療法（改名後の名称）	アルバート・**エリス**（Ellis, A.）	不合理な信念
13	交流分析	エリック・**バーン**（Berne, E.）	エゴグラム
14	選択理論	ウィリアム・**グラッサー**（Glasser, W.）	—
15	認知療法	アーロン・**ベック**（Beck, A. T.）	認知のゆがみ
16	実存分析（ロゴセラピー）	ヴィクトール・**フランクル**（Frankl, V. E.）	人生の意味、『意味への意思』『夜と霧』（著書）
17	欲求５段階説	アブラハム・**マズロー**（Maslow, A. H.）	—
18	オペラント条件付け	バラス・**スキナー**（Skinner, B. F.）	—
19	ヘルピング（技法）	ロバート・**カーカフ**（Carkhuff, R. R.）	かかわり技法、意識化技法　ほか
20	特性因子理論（Trait and Factor Theory）	フランク・**パーソンズ**（Parsons, F.）	—
21	統合的生涯設計　ILP（Integrative Life Planning）	サニィ・**ハンセン**（Hansen, L. S.）	４つのL（４L）キルト、パッチワーク
22	サイコドラマ（心理劇）ソシオメトリー	ヤコブ・**モレノ**（Moreno, J. L.）	—
23	Tグループ（トレーニンググループ）グループ・ダイナミクス（集団力学）	クルト・**レヴィン**（Lewin, K.）	—
24	自律訓練法	ヨハネス・**シュルツ**（Schultz, J. H.）	身体の弛緩（しかん）受動的注意集中
25	フォーカシング	ユージン・**ジェンドリン**（Eugene, T. Gendlin）	フェルトセンス
26	意思決定モデル	**ヒルトン**（Hilton, T. J.）	認知的不協和
27	連続的意思決定システム積極的（肯定的）不確実性	ハリイ・**ジェラット**（Gelatt, H. B.）	予測システム、価値システム、決定基準
28	親の養育態度	アン・**ロー**（Roe, A.）	親の養育態度の「情緒型、拒否型、受容型」

暗記用として作成しているため、「理論・療法名」と「備考・キーワード」は、理論上で関連していないものがあります。

4◆心理検査・アセスメントツール

心理検査やツール類は、一般には入手が困難なものが多いです。心理職であることを確認できないと販売してくれないものもあります。しかし、本試験問題では、その特徴が問われます。

実際に、その検査を受けたり、ツールを使用した経験があれば、その特徴をイメージすることができますが、未経験だとイメージがわきません。そこに、この種の問題の難しさがあります。

加えて、本書のような問題解説書では、検査内容をむやみに公表するのを避けることにも配慮しなくてはなりません。

そこで、可能な範囲で過去問に問われた論点を太字で強調し、ポイントとして押さえていただきたい点を整理しました。

※解説は、**本試験対策用にわかりやすさを優先し、出題論点に絞りました。割愛した情報もあります。実際の活用にあたっては専門家による研修を受講するなどしてください。**

(1) 職業レディネス・テスト（VRT）とVRTカード

(a) 職業レディネス・テスト（ＶＲＴ）

中学校や高等学校での進路指導に広く活用されてきた紙と鉛筆で実施する「職業レディネス」のテストです。レディネスとは準備（用意）ができているという意味で用いられています。個別実施も集団実施もできます。

テストの構成は次のようになっています。

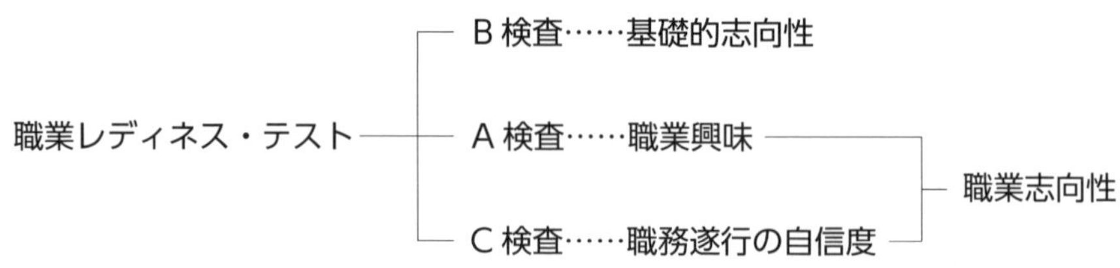

《図3》職業レディネス・テストの構成

引用 『職業レディネス・テスト［第３版］手引』（独立行政法人 労働政策研究・研修機構）

ＶＲＴの質問紙面は、検査ごとに以下の構成になっています。

	質問内容	答え方
B検査	日常の生活行動や意識	あてはまる・あてはまらない（2段階）
A検査	職業・仕事の内容	やりたい・どちらともいえない・やりたくない（3段階）
C検査	〃	自信がある・どちらともいえない・自信がない（3段階）

例えばA検査の場合、職業･仕事の内容として「部品を組み立てて機械を作る」という文章をみて「やりたい」、「どちらともいえない」、「やりたくない」を答えていきます。C検査はそれに自信があるのかどうかという答え方になります。

結果はワークシートに自身で記入して完成させます。検査の実施は40 ～45分とされており、学校授業の１時限程度で行えるようになっています。

実施に要する時間は中学校の低学年と高等学校の学生では、回答や自己採点で時間に差が出ることがあり、余裕をみておくことも必要とされています。

目安の時間を知らせて実施する方法（目安時間提示式）や、受検者が自由なペースで行う（自由回答提示式）のほかに、実施者が各項目を1つずつ読み上げながら実施する（読み上げ式）があります。読み上げ式は集団実施の場合、回答に要する時間のばらつきを抑えることができます。

なお、A検査とC検査の質問は54項目で、これは後述の「ＶＲＴカード」の枚数と同じです。B検査は64項目です。

(b) VRTカード

職業レディネス・テスト（紙と鉛筆で実施）をもとに作られたカードで、**ホランドの理論**に基づいています。

54枚のカード（過去問で枚数の出題あり）からなり、**文字のみ**で写真や絵は**ありません**。

カードの表に「部品を組み立てて機械を作る」、裏に「機械組立工」などと記載されており、カードを分類することで対象者の特性を調べる「カードソート法」を用いるものです。

職業が書かれた54枚の「興味（自信）カード」が６枚の分類カードごとに分類されています。

６枚の分類カードの内容は、「やりたい・やりたくない・どちらともいえない」と、その仕事への自信について「自信がある・自信がない・どちらともいえない」です。カードにはホランドの職業興味の６つの領域（RIASEC）の情報なども書かれています。

(2) VPI職業興味検査

160の具体的な職業を提示して、それぞれの職業に対する興味・関心の有無を回答させるものです（160という数値は過去問で出題がありました）。

紙に印刷された160の職業（ジャーナリスト、医師、消防士など）について「Y・N」欄があり、興味を持ったり関心を引く職業は「Y」に「○」を、興味がないものには「N」に「○」をつけていく検査です。

対象は、短大生・大学生とされています。

６種の興味領域尺度と**５種の傾向尺度**に対する個人の特性を測定します。何度かこの部分が出題論点になっています。

ここは正確に、６つの「**興味（領域）尺度**」と５つの「**傾向尺度**」を覚えてください。過去問では、５つの傾向尺度が「能力尺度（誤り）」や「適職領域（誤り）」などと出題されたことがあります。

※参考（以下の尺度のそれぞれは出題論点として扱われたことはありません）

第3編 理論
Stp 3 速習テキスト

６種類の興味領域尺度：現実的、研究的、芸術的、社会的、企業的、慣習的
５種類の傾向尺度：自己統制、男性－女性傾向、地位志向、稀有反応、黙従反応

(3) OHBYカード（オービィカード）

表面に「絵と写真」、裏面に「職業名と職業情報ほか」が書かれています。

職業の絵や写真を見て自分の職業興味を知り、職業に対する価値観を知ることができるツールです。

源流は、若年者向け職業情報ツールのOccupational Handbook for Youthですが、OHBYカードの対象者は「若者を中心に小学生から中高年まで」が活用可能とされています。

48枚のカード（参考。過去問では枚数は問われていません）からなり、今まで知らなかった職業情報の理解を深めることもできるというものです。

カードにはホランドコード（職業興味分類）が記載されています（例：I＝研究・調査タイプ〈研究的領域〉）。そして、６色（ホランドのRIASECの６つ）に塗り分けられています。

(4) GATB　厚生労働省編 一般職業適性検査

General（一般的）、Aptitude（適性能）、Test（テスト）、Battery（組み合わせ）の頭文字をとった**職業適性検査**です。その名前の通り、General（一般的）な職業を対象としているため、「芸術家に向いているか」というような検査には不向きですが、職業としてのイラストレーターへの適性は評価ができます。以下に特徴を列挙します。

①**１１の紙筆検査と４つの器具を用いた検査**を行います。
②**時間を制限**して行う、最大能力検査です。
③**代表的な９種の適性能**を測定することができます。

その９種の適性能は、**「認知機能、知覚機能、運動機能」の３つの機能群に大別**されます。

参照 （過去問論点で９つの適性能の個々が問われたことはありません）

a. 認知機能：G知的能力、V言語能力、N数理能力、Q書記的知覚

b. 知覚機能：S空間判断力、P形態知覚

c. 運動機能：K運動共応、F指先の器用さ、M手腕の器用さ

④個人の職業適性を測定するものです。

⑤**将来の職業の探索を行う場合にも有効**に活用できるとされています。

⑥対象年齢は**原則13歳（中学２年生）～45歳未満**であり、**学歴は関係ない**とされています。

（**スピードを要する検査のため、45歳以上は適用外**とされています）

⑦個別検査としても集団検査としても実施ができます。

なお、集団実施の場合は、検査補助者を含め検査実施者１人につき、**50人以下**であることが望ましいとされています。

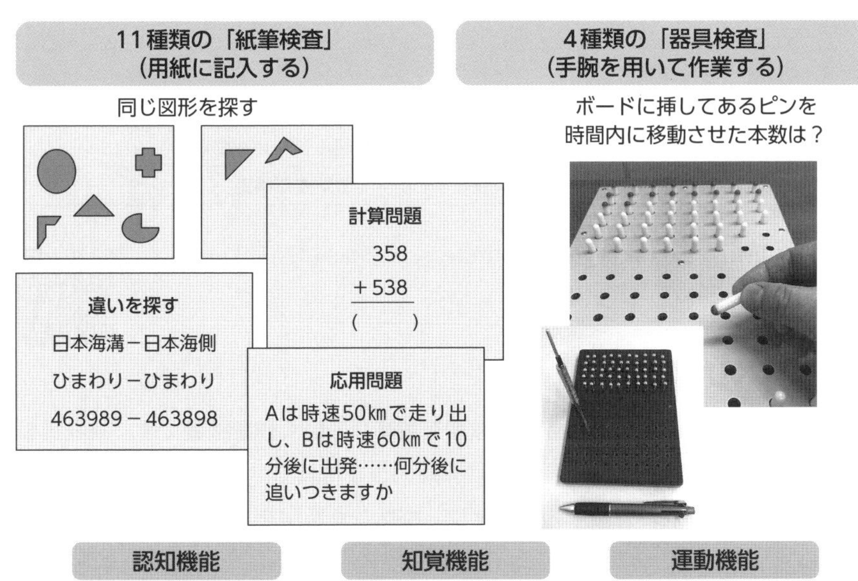

※紙筆検査は検査内容をむやみに公表するのを避ける観点で、一般社団法人 雇用問題研究会作成の手引書を参考にイメージとして作成しています。

（参考）GATB器具検査

２級技能士試験での過去出題論点になりますが、器具検査のイメージを持っていただくために解説を加えました。

ペグボード／手腕作業検査盤
（検査1,2）

エフ・ディー・ボード／指先器用検査盤
（検査3,4）

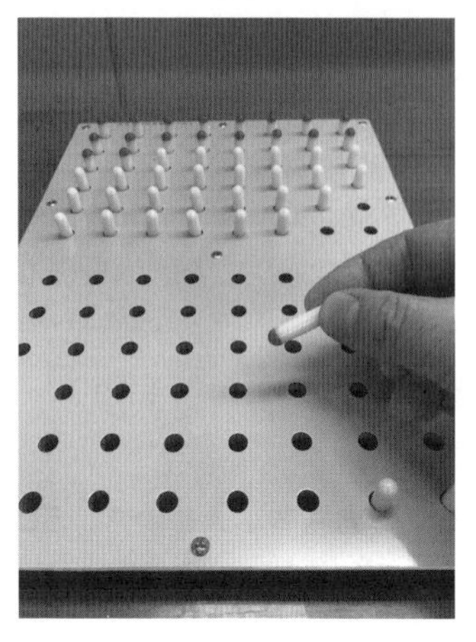

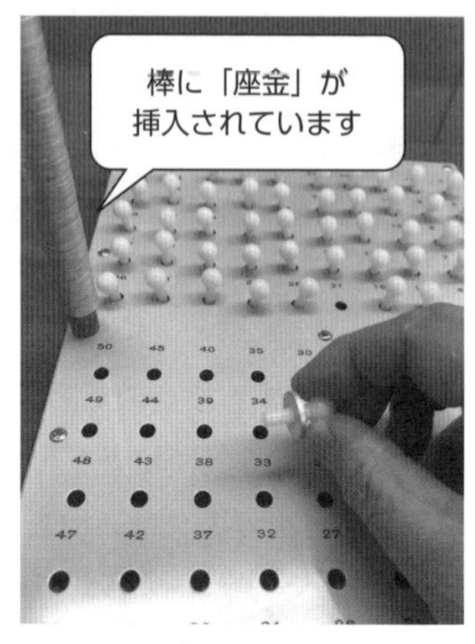

器具検査	名称	内容
検査１	さし込み検査	棒（ペグ）をさし込む検査
検査２	さし替え検査	棒（ペグ）を上下逆にさし替える検査
検査３	組み合わせ検査	丸びょうと座金を組み合わせる検査
検査４	分解検査	丸びょうと座金を分解する検査

引用 https://www.jil.go.jp/institute/seika/tools/GATB.html

(5) クレペリン検査

この検査は、**横にずらっと並んだ数字を加算していく作業検査**です。検査用紙はタテ約25㎝×ヨコ約72㎝という横に長い大きな用紙です。

以下のように、並んだ数字のすぐ下に、加算した数字をひたすら書いていきます。

例 3　5　2　7　5……

　8　7　9　2（例：7＋5＝12の一の位の2を書く）

本検査は**「性格検査」**であり、受検者に**連続加算という作業**をしてもらい、その結果から性格を理解するというものです。計算能力を見るものではありません。それでは、なぜ連続加算という作業で、性格を見ることができるのでしょうか。

それは、定められた秒数で「次の行」に移るように指示されますので、“のっている”ときは数をこなせても、疲れてくると数をこなせないことと関係があります。すなわち、行ごとに到達したレベルが（ジグザグの）**「作業曲線」**になって現れます。この**作業曲線を見ることで**、作業のはじまりから終わりのどこのタイミングで努力をするタイプか、あるいはモチベーションがどう続くのかなどを読み取ることにより、いわゆる**仕事ぶりや性格を理解する**というものです。採用の際にも用いられています。

なお、「KN式クレペリン検査」と「内田クレペリン検査」が知られていますが、本試験では「クレペリン検査」と出題されていることが多いです。

（**KN式のNはnumerical：数字**を表しており、数字加算であると覚えてください。また、Kは本検査を考案した「一般社団法人 雇用問題研究会」の頭文字Kです）

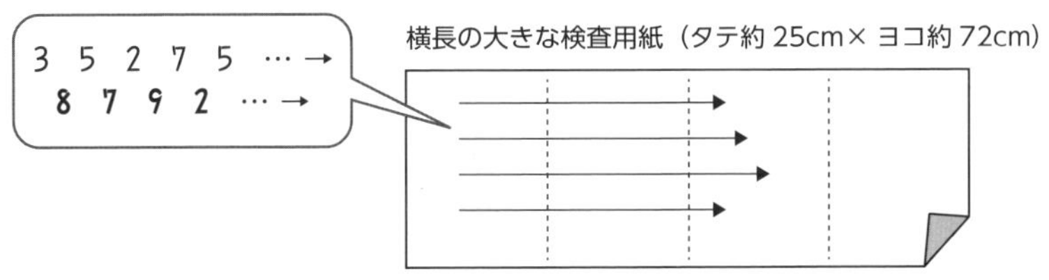

(6) キャリア・インサイト

PCを自分で操作しながら、自身の適性をもとに職業を考えるしくみです。適性診断や職業情報などのコーナーがあり、キャリアプランを作成していく画面も用意されています。候補となる職業が示されますが、個人と職業の（コンピュータ判定による）マッチングが目的ではないため、キャリアコンサルタントがサポートすることが必要とされています。

このソフトウェアは、パソコンに“インストール”して単独で用いるものです。過去問で「ウェブ上で実行できる（誤り）」と出題されたことがありますが、**本ソフトはインターネットと接続しません**。すなわち、ソフトウェアにあらかじめ組み込まれている情報とアルゴリズムによって、コンピュータが判断を行っていくしくみです。

キャリア・インサイトは**以下の４つの機能から構成**されています。（過去に「３つの機能（誤り）」などの出題あり）

①適職診断コーナー（能力・興味・価値観・行動特性）

a.能力の評価

b.興味の評価（ホランドの職業興味の６領域・RIASECの枠組みで表示される）

c.価値観の評価

d.行動特性の評価

②総合評価コーナー

③職業情報コーナー

④キャリアプランニングコーナー

（ECコース：短期キャリアプラン・長期キャリアプラン）

（MCコース：希望する職業との相性診断・キャリアプラン）

なお、概要と画面イメージが、以下のサイトにあります。参照して、イメージを焼き付けておいてください。本試験で役に立つことがあるかもしれません。

https://www.jil.go.jp/institute/seika/careerinsites/index.html

なお、現在は統合版が販売されていますが、本試験では以下の「EC（Early Career）」と「MC（Mid Career）」の２つのコースの特徴から出題されることがありましたので、参考に記します。

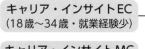

(7) キャリアシミュレーションプログラム

就業経験がない者を対象にした双六（すごろく）のゲームで、サイコロを振ってコマを進め、就業生活をイメージするものです（いわゆる「人生ゲーム」）。

“電話が鳴った。あなたはどうする？”や“社員旅行に行く”などの双六を体験していきます。これは「若年者に就職後の**就業イメージを伝え、困難時の対処法**

を考えてもらう」ためのグループで行うゲームとされています。

対象年齢は就職後から30歳までとされており、ホームページからゲームをダウンロードすることができます。

https://www.jil.go.jp/institute/seika/csp/index.html

(8) YG性格検査(矢田部ギルフォード性格検査)

120項目の質問に「はい」、「いいえ」、「わからない/どちらでもない」で答えます。

結果は**12の尺度**に示され、それらから**「情緒特性」「人間関係特性」「行動特性」「知覚特性」の4つの特性**について、受検者の特徴を判断します。

中学校用、高校用、一般用がありますが、社会人一般向けには次のように活用されています。労働者の就業場面において、例えば人命に関わる仕事では精神面での安定度合いについて捉えたり、チームワークが必要な仕事における協調性などをみるのにも用いられています。

過去問での出題頻度は少ないです。

(9) 東大式エゴグラム(TEG)

交流分析理論(エリック・バーン)に基づいて考案された性格検査です。質問紙式のテストにより、自我状態を以下のように分類し、対人交流の改善などに役立てられています。

親(Parent:P)、成人(Adult:A)、子ども(Child:C)の3つに分類され、PとCはさらに分けられています。

批判的親(Critical Parent:CP)と養育的親(Nurturing Parent:NP)

自由な子ども(Free Child:FC)と順応した子ども(Adapted Child:AC)

過去問での出題は少なく、以下のように検査そのものの目的が何であるかが問われています。

・「自身の価値観・興味・関心を確認」する検査である(誤り)。

・「職業選択力を身につけるためのツール」である(誤り)。

本検査は、パーソナリティ理論をもとにした**「性格検査」**です。

5◆グループアプローチ

(1) 2つのグループエンカウンター

グループエンカウンターからの出題論点は、以下の２つであり、その相違を押さえてください。エンカウンターとは「出会い」「心と心の触れ合い」のことです。

①構成的グループエンカウンター：國分康孝による

②非構成的グループエンカウンター（ベーシックエンカウンターグループ）：ロジャーズによる

論点としては**圧倒的に「構成的グループエンカウンター（國分康孝)」からの出題が多く**、ロジャーズのベーシック・エンカウンターグループは、構成的グループエンカウンターと対比されて、次のように逆の記述として出題される傾向があります。

例えば、ベーシック・エンカウンターグループは「エクササイズが決まっている（誤り)」や「構成的グループエンカウンターはロジャーズが開発した（誤り)」などです。

したがって、「構成的」のほうをしっかりと押さえることが重要です。

(2) 構成的グループエンカウンター（SGE：Structured Group Encounter）の出題論点

構成的グループエンカウンター（SGE）は学校の教育現場などで活用されます。はじめに「インストラクション」でやり方やルールなどを説明し、「エクササイズ」を通じて参加を促していきます。エクササイズには、例えば、じゃんけんをして勝ったほうが相手に質問できるものや、しゃべらずに皆でひとつの絵を描いていくものなどがあり、SGEのリーダーが関わりながら進行していきます。

出題論点として、覚えておいていただきたい点を挙げます。

▶構成的グループエンカウンター

目　的	自己発見とふれあい
原　理	本音に気づくこと、自己開示の促進、シェアリングの3つ
ルール 4つ	・守秘義務の遵守 ・批判的・評価的発言をしない ・発言を強要しない ・エクササイズを強要しない
定型 4つ	・インストラクション ・エクササイズ ・インターベンション（介入） ・シェアリング

構成的グループエンカウンターでは、ほかに過去問で「対人関係に苦手意識を持つクライエントに対して対人関係のスキルを身につけてもらう（誤り）」と問われたことがありますが、治療的な目的はありませんので誤りです。

ちなみに「構成」とは、条件設定（場面設定）などの「枠を与える」ことにより、参加者を心的外傷から守る目的もあるとされています。

(3) レヴィンの「Tグループ」とモレノの「サイコドラマ」

グループアプローチの論点では、Tグループとサイコドラマのそれぞれの特徴を押さえてください。

	Tグループ	サイコドラマ
提唱者	クルト・**レヴィン**（Lewin, K.）	ヤコブ・**モレノ**（Moreno, J.L.）
特徴	・**10名前後**のメンバーで**車座** ・**90分**ほど自由に話し合う中で、気づきをより適切な行動へ ・**今ここ**で生じていることを扱う	・**即興劇** ・**非言語のアクション**を媒介に自己理解や自己洞察をもたらす

- Tグループはレヴィンが創始した「グループ・ダイナミックス（集団力学）※」の着想から生まれたとされています。そして、以下のような論点（いずれも誤り）も問われています。
- 「Tグループはロジャーズにより提唱（誤り）」：ロジャーズはベーシック・エンカウンターグループを創始しています。
- 「Tグループはうつ病や統合失調症などの治療を目的とする（誤り）」：治療の

目的はありません。

※グループ・ダイナミックス：集団における人々の思考や行動を研究するもの。

6◆面談技法とシステマティック・アプローチ

「Step1 傾向分析」では、個々の問題を見ると基本的な内容であり、奇をてらったものはなく、決して落としてはならない問題が多いと触れました。

過去問を見てみると、不適切と判断できる選択肢があることで、消去法で正解を絞り込みやすい出題がされています。いくつかの例を見てみます。

(1) 不適切なシステマティック・アプローチの例

①相談者に対して現実性に欠けるアプローチ

「目標は抽象的でもよい。理想的なものにする。決めたら変えてはならない(誤り)」

「意思決定はキャリアコンサルタントから促して早めに決めさせる（誤り)」

「解決策はひとつに絞らなくてはならない（誤り)」

「相談の終了はキャリアコンサルタントが判断して行う（誤り)」

これらは、学習を始めている方であれば、キャリアコンサルタントの常識的な知識で解ける選択肢であるといえます。

②極端で安易な決めつけをしているもの

「相談者が家族のことを話してくれたら、関係構築ができたと判断（誤り)」

「メリットだけを考えて、デメリットは考えない（誤り)」

「(相談者の) あなたの話はよくわかったと、とにかく伝えることが最も大切（誤り)」

これらのように、キャリアコンサルタントが相談者の話をよく伺うことなく一方的に決めつけている姿勢も誤りです。

③キャリアコンサルタントの常識に照らして明らかに不適切なもの

「ラポールが形成されたら、それは永続するものだ（誤り)」

「自分の技量に不安があっても、相談者のために相談は続けるべきだ（誤り)」

いずれも、学習が進んだ受験者であれば、これらもすぐに、ありえない選択肢であると気づくものでしょう。

なお、試験出題範囲である「キャリアコンサルタント試験の試験科目及びその範囲並びにその細目」に、正誤の判断のよりどころとなる情報が示されています。例えば、相談を終了するに際しては、次のようになっています。

「キャリアコンサルティングの成果や目標達成具合を勘案し、適正だと判断できる時点において、相談を終了することを相談者に伝えて**納得を得た上で相談を終了すること**」

その点を知識として受験者が持っていることが問われていますから、例えば「相談の終了はキャリアコンサルタントが判断して行う」と出題されたら、明らかに誤りであることが判断できるわけです。

(2) 正誤判断に迷う論点

システマティック・アプローチには正誤判断をつけやすい素直な問題が多いものの、一見して判断に迷う選択肢が出題されることもあります。本試験会場の雰囲気の中で正誤判断を誤らないようにしなくてはなりません。いくつか出題の論点を挙げておきます。

①相談を受けている段階はどのステップかを確認する

例えば「相談者に対して具体的な職業を挙げて、相談者と一緒に考えていくこと」が誤りの肢であることがあります。これは相談の段階によっては正しい対応ですが、設問に「面談初期において」などと書かれていると誤りになることがあります。

つまり、**面談の初期において**相談者が自己理解や仕事理解が進んでない段階で、いきなり具体的な職業選択をキャリアコンサルタントが一緒に考えることはしません。このように、設問の問いの中に場面が設定されていることがあると注意が必要です。問題文をよく読んでください。

設問は「最も適切（不適切）なものはどれか」と聞かれますから、４つの肢を総合的に見て判断することが必要になります。

②相談者と「契約」を結ぶ必要の有無について

過去に相談者との間で目標を設定して合意が得られたら「契約は必ず結ばなくてはならない」「契約を書面で結ばなくてはならない」などと問われたことがあります（２級技能士試験でも問われています）。

この点について、**契約は文書で交わす必要はありませんが、「はっきりしない、意志が弱い、努力を続けるのが困難な人」には書面で行ってもよい**といえます。

③その他

他の論点を挙げておきます。

- 方策の実行は必ずしも「ひとつに絞る」ことは必要とされておらず、相談者にとって可能性のある方策をいくつか考えて、その中から選ぶとよい（適切）。
- 情報提供は、キャリアコンサルタントがすべてお膳立てして提供するよりも、相談者が「自ら情報を得る方法」について、キャリアコンサルタントから教えたほうがよい（適切）。
- 相談者に、相談の終了を宣言したら、その後は延々と相談を継続することは望ましくはない（適切）。これは多重関係や相談者からの過度の依存を避けることが背景にあるといえます。

7◆その他

7-1. メンタルヘルスケア（3段階の予防と4つのケア）

メンタルヘルスの問題に対処する3つの段階的な取り組みと、4つのメンタルヘルスケアについて出題されています。特に4つのメンタルヘルスケアが頻出論点です。

(1) 一次予防から三次予防

予防の観点は、次の「3段階」が論点として過去問に頻出です。

一次予防：メンタルヘルス不調を未然に防止する。

二次予防：メンタルヘルス不調を早期に発見し、適切な措置を行う。

三次予防：メンタルヘルス不調となった労働者の職場復帰の支援等を行う。

(2) 4つのメンタルヘルスケア

①セルフケア

②ラインによるケア

③事業場内産業保健スタッフ等によるケア

④事業場外資源によるケア

ここで労働者を支援する３つ（ライン、事業場内産業保健スタッフ、事業場外資源）は独立して活動するのではなく、相互に関連して機能することを念頭に役割を押さえてください。

参照 職場における心の健康づくり ～労働者の心の健康の保持増進のための指針～

https://www.mhlw.go.jp/file/06-Seisakujouhou-11300000-Roudoukijunkyokuanzeneiseibu/0000153859.pdf

7-2. ストレス

(1) ストレッサーによるストレス反応の症状

①身体的には頭痛や腹痛、不眠や食欲不振、円形脱毛症など。

②心理的には不安や恐怖、抑うつなど。

一般に、ストレス反応が生じた場合に「３つのR」が必要といわれています。

①Rest（休養、睡眠）

②Relaxation（リラックス）

③Recreation（趣味、旅行、運動）

(2) ストレスチェック制度

- **従業員数50人以上の事業場　「義務」**
- **従業員数50人未満の事業場　「努力義務」**

※事業場とは会社の単位ではなく、**支店や営業所など、働く場所の単位**を指します。**実施頻度は年に１回**です。

「ストレスチェックの結果」は、「検査を実施した医師、保健師等から直接本人に通知」をすることとされており、**本人の同意なく「事業者に通知」をしてはな**

らない（事業者は結果を知ってはならない）とされています。

参照 厚生労働省「労働安全衛生法に基づくストレスチェック制度実施マニュアル」

http://www.mhlw.go.jp/bunya/roudoukijun/anzeneisei12/pdf/150507-1.pdf

7-3. 精神的疾病

本試験では、うつ病や発達障害、統合失調症などの精神的な疾病について問われます。ここでは出題論点に照らして特徴を挙げていきます。なお、解説の切り口は過去問論点をベースにしており、国際疾病分類等によるものではありません。

(1) うつ病

- **一日中気分が落ち込んでいる**。何をしても楽しめない。
- **眠れない**。熟睡感がない。夜中に何度も目が覚める。
- 食欲がない。疲れやすいなどの身体的症状がある。
- 物事に集中できない。ミスも目立つ。
- 仕事をしなくてはならないけれども、何をするにも億劫で体がついてこない。
- 症状に日内変動がある場合は、**苦痛が夕方に軽減していても、朝には増悪する**ことが多い。
- うつ病の治療には、「休養」、「薬物療法」、「精神療法・カウンセリング」がある。
- **女性は男性の２倍程度、うつ病になりやすい**とされている。
- うつ病は様々な理由から脳の機能障害が起きている状態といえる。
- 自殺企図がある場合は、自殺をしないよう医療者と約束をしてもらうことも必要。
- 症状が**悪化した際に重要な決断（退職）などはしない**こと。

(2) 適応障害

- 何かのストレスが原因となって心身のバランスが崩れて社会生活に支障が生じ

る。

- **ストレスとなる状況や出来事がはっきりしており、その原因から離れると症状は次第に改善することが多い。**
- ストレスとなる出来事から**3か月以内に出現し、6か月以上続くことはない。**
- 治療には、まず原因となっているストレスを軽減し、心理的に回復させる。場合によっては薬物療法が必要なこともある。

(3) 統合失調症

- 自分の悪口を誰かがテレパシーや電波を使って飛ばしてきている、誰かが自分を見張っている、といった被害妄想がみられる。
- **幻覚**（実際にはないものが見えたり、存在しない音や人の声が聞こえてくる）が現れる。
- 抑うつ気分が認められることもある。

※かつては「精神分裂病」と呼ばれていましたが、現在は「統合失調症」で統一されています。

(4) アルコール使用障害

- 幻聴や被害妄想などを生じることがある。
- うつ病などの精神疾患を併発することがある。
- 治療には**「断酒」が原則**である。
（アルコール使用障害の患者は、飲酒をやめる意志や意欲が強いとはいえない。飲酒量を徐々に減らす等ではなく、専門機関の援助も受けるなどしながらの断酒が必要）

※一般にアルコール依存症やアルコール中毒などと呼ばれますが、「アルコール使用障害」で出題されています。

(5) その他

- **パニック障害**

なんの前触れもなく、めまい、動悸、呼吸困難、ふるえなどの自律神経症状に加え、激しい不安に襲われる「パニック発作」を繰り返し起こすものです。

- **双極性障害**

うつ状態と躁状態をある期間ごとに繰り返すものです。うつ状態とは楽しいことがあっても気分が晴れない「抑うつ状態」と、何をしても楽しいと感じない、興味がわかないなど「興味喜びの喪失状態」の２つの精神状態があります。

※かつては「躁うつ病」と呼ばれていました。また、双極性障害にはⅠ型とⅡ型がありますが、そこまで深堀した論点は出題はされていないようです。

- ほかに、「ICD-10（世界保健機構の診断ガイドライン）によると、どれが適切か（不適切か）」というように問われたことがあります。ICD-10は疾患の分類であり、わたしたちキャリアコンサルタントが診断に用いることはありません。
  そのように出題されても慌てずに、それぞれの疾病の症状をもとに肢を絞り込んでいけばよいと思います。
  （なお、“診断”が行えるのは医師のみです。キャリアコンサルタントも公認心理師も、保健師・看護師も診断はできません）

7-4. 発達障害

発達障害に関しては、診断面での論点以外に、職場でのサポート方法や制度面での支援など、論点が広く問われる傾向があります。

自閉スペクトラム症（ASD）や学習障害などの具体的な名称を挙げての出題もありますが、個々人の相違があることから「定型的・一律的な対応が適さない」ことを踏まえて、どのように支援するかを考えるのがポイントです。

以下に過去の出題論点を整理しました。

(1) 発達障害

- 一人ひとり特性は異なり、診断名に対応した画一的な配慮ではなく、当事者それぞれの困難を踏まえた個別の支援が求められています。
- 環境面への配慮として、音や光などに対して過剰な敏感さを持っている人には、居室の環境面を整えることや、不注意傾向や注意散漫傾向のある人には、誰にも邪魔されない一人だけの時間と空間を一定時間持てるようにするなどの配慮が挙げられます。

(2) 自閉スペクトラム症（ASD）

- 原因：環境要因が原因なのかについては「自閉スペクトラム症の原因はまだ特定されていませんが、多くの遺伝的な要因が複雑に関与して起こる、生まれつきの脳の機能障害が原因と考えられています。胎内環境や周産期のトラブルなども、関係している可能性があります。親の育て方が原因ではありません」とされています。
- 治療：薬による治療については「現代の医学では自閉スペクトラム症の根本的な原因を治療することはまだ不可能です」とされています。

引用　厚生労働省　e-ヘルスネット

https://www.e-healthnet.mhlw.go.jp/information/heart/k-03-005.html

なお、「スペクトラム」とは、症状の程度が人それぞれに、その傾向が多い人から少ない人まで、連続しているという意味です。このことからも、定型的・一律的な対応が適さないというイメージで捉えてください。

(3) 学習障害

全般的な知的発達には問題がありませんが、読む、書く、計算するなど特定の学習のみに困難が認められます。

(4) 発達障害者への支援機関

- 発達障害者支援センター：発達障害の早期発見や就労支援。企業や医療、福祉、教育などの関係機関との連絡調整を実施しています。
- 同センターで支援が受けられるのは「障害者手帳を取得している人のみ（誤り）」という論点が問われたことがあります。手帳がなくとも受けられる支援があります。

なお、障害者手帳に関しては、自らの判断で手帳を持たない方もおられます。

※参考：「発達障害」とは、自閉症、アスペルガー症候群その他の広汎性発達障害、学習障害、注意欠陥多動性障害その他これに類する脳機能の障害であってその症状が通常低年齢において発現するものとして政令で定めるものをいう。

（発達障害者支援法　第２条　定義）

ひっかけ注意

- **幻覚**が感じられる場合は「**統合失調症**」（うつ病ではない）。
- 「適応障害」は長期にわたって継続はしない（3か月以内に出現し、6か月以上続くことはない）。

参照 厚生労働省　e-ヘルスネット

https://www.e-healthnet.mhlw.go.jp/

参照 ICD-10　精神および行動の障害
臨床記述と診断ガイドライン　新訂版

MEMO

第3編 理論

Step4 練習問題

問36 キャリアに関する理論

重要度 A

キャリアに関する理論を述べた次の記述のうち、最も適切なものはどれか。

1 シャイン（Schein, E. H.）は個人が最も手放したくない欲求、価値観や能力としてキャリア・アンカーを提唱し、4つのパターンを示した。

2 ジェラット（Gelatt, H. B.）は、意思決定とは個人がある方向に向かって行動を明確化するために、情報を整理し活用するものだと述べ、意思決定プロセスを、「予測システム」「評価システム」「決定システム」の3段階のシステムに分けて捉えた。

3 「キャリア発達段階説」を唱えたスーパー（Super, D. E.）は、ライフ・キャリア・レインボーを示した。これは、徐々に出世していく人生のキャリアの様子を表したものである。

4 クランボルツ（Krumboltz, J. D.）は計画された偶然性（Planned Happenstance）の概念を提唱し、「大半のキャリアは、計画された偶然の上に成り立っている」とした。偶然予期せぬことからもキャリアは形成・開発されるものであり、自らの進路の判断に迷うときには、幸運が訪れるまで待つという気持ちの余裕の大切さを説いた。

	1回目	2回目	3回目
学習日	/	/	/
手応え			

◎：完全に分かってきた
○：だいたい分かってきた
△：少し分かってきた
×：全く分からなかった

正解 2

1 不適切な記述内容です。

シャインの**キャリア・アンカーは、4つではなく「8つ」**です。これは個人が何らかの選択を行うよう求められた際に、最も放棄したくない欲求や価値観、能力、行動特性です。

2 適切な記述内容です。

個人がある方向に向かって行動を明確化するために、情報を整理し活用するという意思決定の理論で有名なジェラットは、意思決定プロセスを、「予測システム」「評価システム」「決定システム」の3段階のシステムに分けて捉えました。

そして、これらの各ステップの過程で、①情報収集、②評価を変えるための結果を出す、③目標達成、が繰り返されながら意思決定がなされるとしました。

3 不適切な記述内容です。

「ライフ・キャリア・レインボー」のスーパーは、「キャリア」というものを、単に職業や職務の連続としてではなく、ある年齢や場面における職業を含む様々な役割の組み合わせであると定義しました。また、その役割を演じる舞台（環境）として、家庭、地域社会、教育機関、職場の4つを挙げています。

ライフ・キャリア・レインボーは、生涯のキャリアの変化を虹に見立てて視覚化したものであり、出世をする様子を表現したものではありません。

4 不適切な記述内容です。

「計画された偶然性（Planned Happenstance）」の概念を提唱した**クランボルツの理論は、「社会的学習理論」**に分類されます。

また、クランボルツは「人は自分の環境との相互作用の中で、長期にわたって積み重ねられた経験を通して自分の好み（Preference）を学習する」と考え、「学習」を重視しました。

個人のキャリアは、生涯にわたる学習の連続であり、何度も意思決定を行い、数々の予期せぬ出来事を乗り越えながらキャリア形成を行うものです。**偶然を生かす（必然化する）ためにも、方向づけ（目標）やアクション（行動）が必要**であり、進路の判断に迷うときは幸運が訪れるまで待つということではありません。

問37 キャリアに関する理論

重要度 A

ホランド(Holland, J. L.)の理論に関する次の記述のうち、不適切なものはどれか。

1 ホランドは、性格を6つの基本的タイプに分け、それを6角形で表現した。6角形で表された6つの基本的タイプとは、①現実型（的）、②研究型（的）、③芸術型（的）、④社会型（的）、⑤企業型（的）、⑥個人主義型（的）である。

2 ホランドは、個人の行動は、その人の性格とその人を取り巻く環境との相互作用によって決められると考えた。

3 ホランドは、人は自分の持っている技能や能力が活かされ、価値観や態度を表すことができ、納得できる役割や問題を引き受けさせてくれるような環境を求めると考えた。

4 ホランドは、個人が、ある事柄を好きになったり嫌ったり、興味を持ったり持たなかったりすることは、その人の生活歴と深く関係していると考えた。

全問◎を
目指そう！

	1回目	2回目	3回目
学習日	/	/	/
手応え			

◎：完全に分かってきた
○：だいたい分かってきた
△：少し分かってきた
×：全く分からなかった

正解 1

1 不適切な記述内容です。

問題文中の、⑥個人主義型（的）が間違っています。正しくは、⑥慣習型（的）です。

R-I-A-S-E-C（リアセック）を押さえておきましょう。

2，3 ともに適切な記述内容です。

問題文は、ホランドの理論より出題しています。

①人の行動は、その人のパーソナリティと環境との相互作用によって決められる。

②大多数の人は、「現実型」「研究型」「芸術型」「社会型」「企業型」「慣習型」の6つのパーソナリティ・タイプのうちのひとつに分類される。

③われわれの生活環境は、6つのパーソナリティ・タイプに支配されており、したがって、環境の特徴もまた、同様に6つの環境モデルで説明され得る。
（現実的・研究的・芸術的・社会的・企業的・慣習的）

④人は自分の持っている技能や能力が活かされ、価値観や態度を表すことができ、納得できる役割や問題を引き受けさせてくれるような環境を求める。

4 適切な記述内容です。

「個人が、ある事柄を好きになったり嫌ったり、興味を持ったり持たなかったりすることは、その人の生活歴と深く関係している」というのもまた、ホランドが、それまでの職業興味に関する膨大な研究データや結果から導き出した仮説です。

問38 キャリアに関する理論

重要度 **A**

スーパー（Super, D. E.）の理論に関する次の記述のうち、不適切なものの組み合わせはどれか。

A スーパーは、キャリアの発達に“役割”と“時間”の考え方を取り入れ、生涯を通じて個人がどのようなキャリアの段階を踏んでいくのかを論じた。その前提には、キャリアを単なる職業だけでなく、個人が経験する多様な役割とその取り組み方によって構成されるという考えがある。

B スーパーは、生涯の晩年である老年期を「下降期（解放期）」とし、その年代になると心身ともに活動機能が低下するため、現役を引退して、次の世代に活動の軸をシフトしていくことが望ましいと考えた。

C スーパーは、様々な発達理論や発達課題説を取り入れ、キャリア発達段階説（ライフステージ論）を構築した。そのひとつが、誕生から死に至るまでのキャリア発達段階をミニサイクルと呼び、①成長期、②探索期、③確立期、④維持期、⑤衰退期（解放期）の５段階に分けたものである。さらに、ミニサイクルを構成する各段階の間の意思決定過程のサイクルをマキシサイクルと呼んだ。

D スーパーは、人がその一生を通じて演じる主な役割として、９つの役割（ライフロール）を挙げ、また、その役割を演じる舞台（環境）として、家庭、地域社会、教育機関、職場の４つを挙げている。

1 AとB　　**2** BとC

3 AとD　　**4** CとD

	1回目	2回目	3回目
学習日	／	／	／
手応え			

◎：完全に分かってきた
○：だいたい分かってきた
△：少し分かってきた
×：全く分からなかった

正解 2

A 適切な記述内容です。

スーパーは、「ライフ・キャリア・レインボー」を提唱し、「キャリアの生涯発達」について説明しています。さらにスーパーは、以下のようにキャリアを「長さ」と「幅」の2つの観点から俯瞰しました。

「長さ」＝キャリアの段階を表す「ライフスパン　ライフステージ」

「幅」＝キャリアの役割を表す「ライフスペース　ライフロール」

B 不適切な記述内容です。

スーパーは、65歳からを下降期（解放期）として、様々な活動の終息と退職を発達課題として挙げました。ここでは、退職後の新しいライフキャリアについて考えることが課題であり、いち早く引退して次世代にバトンを渡すということではありません。

C 不適切な記述内容です。

問題文中の「ミニサイクル」と「マキシサイクル」が逆に記述されています。

各段階の間の意思決定過程であるミニサイクルには、「新成長、新探索、新確立」という再循環が含まれています。

スーパーは、生涯続くキャリアの発達は直線的な変化ではなく、ミニサイクルを経て、らせん状に繰り返されるとしました。

D 適切な記述内容です。

スーパーは、人がその一生を通じて演じる主な役割として、以下の「9つの役割（ライフロール）」を挙げています。

①子ども、②学ぶ者、③余暇人、④市民、⑤働く者、⑥配偶者、⑦家庭保持者、⑧親、⑨年金受給者

また、その役割を演じる舞台（環境）として、①家庭、②地域社会、③教育機関、④職場、の4つを挙げました。

キャリアに関する理論

キャリア発達理論とキャリアの転機に関する次の記述のうち、適切なものはどれか。

1 シュロスバーグ（Schlossberg, N. K.）は、キャリア・アダプタビリティの４つの次元を提唱した。そのうちのひとつであるキャリア好奇心（Career Curiosity）とは、自分と職業をマッチさせるために好奇心をもって職業を探すこととされている。

2 ハンセン（Hansen, L. S.）は、「アイデンティティ」という言葉で有名である。そのライフサイクル論は、人間の生涯の発達を社会的な関わりから捉えた点に特徴がある。人は社会性を持った存在であり、一人で生きるのではなく相互に関係しあって生きるということである。また、人間の発達段階を８つに分け、自我が達成しなければならない課題とその課題が達成されなかった場合の心理的危機について論じている。

3 シャイン（Schein, E. H.）は、生涯を通じキャリアが組織でどのように発達するかというキャリアサイクルをまとめた。また、組織内での人とキャリアの発達段階とそのステージについて職業発達理論を展開し、「組織の３次元モデル」を発表した。

4 ニコルソン（Nicholson, N.）によるキャリア・トランジションのプロセスは、「準備」→「遭遇」→「変化」のサイクルからなるとした。

	1回目	2回目	3回目
学習日	/	/	/
手応え			

◎：完全に分かってきた
○：だいたい分かってきた
△：少し分かってきた
×：全く分からなかった

正解 3

1 不適切な記述内容です。

本肢は、**サビカスの「キャリア・アダプタビリティ（キャリア適合性）の４次元」**に関するものです。設問の記述は適切なものですが、提唱者がシュロスバーグであるとしている点が誤りです。

2 不適切な記述内容です。

アイデンティティ（自我同一性）はエリクソンが提唱したものです。それ以外の記述は適切です。

エリクソンの８つの発達課題については、それぞれの段階ごとに達成すべき課題が何で、その対極にある危機が何であるかについて押さえておいてください。

すなわち、青年期の発達課題であれば「アイデンティティの確立」と、自分がどうなりたいのかわからなくなってしまう「アイデンティティの拡散」という組み合わせで論点を押さえてください。

3 適切な記述内容です。

シャインは、**生涯を通じキャリアが組織でどのように発達するかというキャリアサイクル**をまとめました。

また、組織内での人とキャリアの発達段階とそのステージについて職業発達理論を展開し、**「組織の３次元モデル」**を提唱しています。

4 不適切な記述内容です。

ニコルソンのキャリア・トランジション・モデルは、以下の４つのサイクルからなっています。

準備→遭遇→順応（適応）→安定化

例を挙げると、わたしたちが就職しようと活動を始め（「準備」）、その後、内定通知書をもらい、内定式などに「遭遇」することを経て入社します。入社してから職場に「順応（適応）」していくことを経て、その仕事が日常のものとして「安定化」していくというサイクルを説明しています。

ニコルソンといえば「準備→遭遇→順応（適応）→安定化」という論点は頻出論点ですので押さえてください。

問40 キャリアに関する理論

キャリア発達における意思決定に関する臨床的研究を続けてきたジェラット（Gelatt, H. B.）が提唱した、意思決定のプロセスとして適切なものは、次のうちどれか。

1 「終焉」「中立圏」「開始」

2 「予測」「評価」「決定」

3 「機能（職能）」「地位（階層・職位）」「中心性（中枢度）」

4 「コンピテンシー」「モチベーション」「バリュー」

	1回目	2回目	3回目
学習日	/	/	/
手応え			

◎：完全に分かってきた
○：だいたい分かってきた
△：少し分かってきた
×：全く分からなかった

正解 2

1 不適切な記述内容です。

「終焉」「中立圏」「開始」は、ブリッジズのトランジション（転機）の3段階です。

2 適切な記述内容です。

ジェラットは意思決定プロセスを、**「予測システム」「評価システム」「決定システム」**の3段階に分けました。

当初は「客観的・合理的な最終決定」を目指していたところが、後に、社会変化が激しくなっていく中で**「積極的（肯定的）不確実性」**の概念を導入して「フレキシブルさ」を取り入れたとされています。

ジェラット「意思決定理論」の「3つのシステム」

①**予測システム**：選択可能な行動とその結果の予測を行う。自分の客観的な評価と選択肢が合致するかどうか予測する。

②**評価システム**：予測される結果がどの程度自分にとって好ましいかを評価する（「自分の興味・価値観などに合致しているか」など）。

③**決定システム**：評価基準にあてはめ、自分に合うものを選択する。①②のシステムの結果に基づいて、目的に適合する選択を行う。

3 不適切な記述内容です。

「機能（職能）」「地位（階層・職位）」「中心性（中枢度）」は、シャインの「組織の3次元モデル」です。

4 不適切な記述内容です。

「コンピテンシー」「モチベーション」「バリュー」は、シャインのキャリア・アンカーです。

問41 キャリアに関する理論

重要度 **B**

キャリア理論の記述の中で、適切なものの組み合わせはどれか。

A バンデューラ（Bandura, A.）は、計画された偶発性（Planned Happenstance）の概念を提唱した。

B スーパー（Super, D. E.）は、時間と役割を取り込んだキャリア発達に影響を与える決定要因とその２つの相互作用を含む概念として「ライフスパン」「ライフスペース」の理論的アプローチを提唱した。

C ホランド（Holland, J. L.）は６角形モデルを提唱した。彼は個人のパーソナリティ（性格）は６つのタイプに分けることができ、われわれが働く環境も６つのタイプに分けることができるとした。彼はまた職業興味検査（VPI）などのキャリア・ガイダンス支援ツールを開発した。

D 組織心理学者であるシャイン（Schein, E. H.）は、「キャリア・アンカー」を提唱した。当初は９つのタイプが示され、後年に12タイプに拡張された。

1 AとC
2 BとC
3 BとD
4 CとD

全問◎を目指そう！

	1回目	2回目	3回目
学習日	/	/	/
手応え			

◎：完全に分かってきた
○：だいたい分かってきた
△：少し分かってきた
×：全く分からなかった

正解 2

A 不適切な記述内容です。

計画された偶発性（Planned Happenstance）を提唱したのは、クランボルツです。

なお、**バンデューラは、「自己効力感（self-efficacy）」の概念を提唱**した研究者です。

B 適切な記述内容です。

スーパーの提唱した有名な「ライフ・キャリア・レインボー」は、「ライフスパン（ライフステージ）」と「ライフスペース（ライフロール）」の2つの次元を持っているものです。

「ライフスパン（ライフステージ）」は、キャリア発達を"時間"の観点から捉え、「ライフスペース（ライフロール）」は、"役割"の観点から捉えたものです。人は、この2つの交差点で生きているとスーパーは考えました。

C 適切な記述内容です。

ホランドは、**個人も環境も6類型に分類**され、自分の性格特性と一致する環境で仕事をすることによって、その後もより安定した職業選択をすることができ、高い"職業的満足"を得ることができると考えました。

隣り合ったタイプは、類似した心理特性のタイプであるとされ、**対角線上にあるタイプは、最も離れた心理特性を持つタイプ**であるとされています。

D 不適切な記述内容です。

シャインが提唱した「キャリア・アンカー**（8つ）**」は、個人が選択を迫られたときに、その人が最も放棄したがらない「欲求」「価値観」「能力」「行動特性」などのことで、その個人の自己概念を示すものとしました（キャリアの錨（いかり）＝アンカー）。

ひっかけ注意

シャインのキャリア・アンカーは"8つ"のタイプです。同じく彼が提唱した「キャリア・サイクルの段階」は発達の段階を9つに分類しています。後者が過去問では2級の論点で何度か出題されており、注意論点として記しておきます。

問42 キャリアに関する理論

計画された偶然性理論に関する記述の中で、適切なものはどれか。

1 従来のキャリア理論でも、偶然の及ぼす影響力は研究対象として注目されていた。

2 この理論を提唱した研究者は、ほかにも生態学的システム理論を提唱した。

3 どのような偶然にも対処できるようあらかじめ計画的目標を定めておくべきである、という理論である。

4 好奇心、持続性、柔軟性、楽観性、冒険心が「偶然の出来事」を「計画された偶然」に変える。

	1回目	2回目	3回目
学習日	／	／	／
手応え			

◎：完全に分かってきた
○：だいたい分かってきた
△：少し分かってきた
×：全く分からなかった

正解 4

1 不適切な記述内容です。

「計画された偶発性理論」は、クランボルツが1999年に発表しました。従来、偶然性を対象にした研究は、注目を浴びていなかったため、斬新な理論といわれています。彼は、「偶然の出来事は人のキャリアに大きな影響を及ぼし、かつ望ましいものである」と述べ、「予期せぬ出来事をキャリアの機会と捉えたとき、その出来事は“計画された偶発性”である」と述べました。

2 不適切な記述内容です。

生態学的システム理論は、ブロンフェンブレンナーが提唱した理論です。

クランボルツの理論は**社会的学習理論**によるアプローチとして出題論点になっています。

3 不適切な記述内容です。

「計画された偶然性理論」の意義は、計画的な目標設定がなくても、行動を起こすことが大切であり、その行動の結果、遭遇した“予期せぬ出来事”がキャリア形成に貢献するとした点にあります。

4 適切な記述内容です。

クランボルツは、「偶然の出来事」を「計画された偶発性」に変えるには選択肢にある5つのスキルが必要と述べています。

〈Planned Happenstance（計画された偶然）に変える「5つのスキル」〉

「好奇心 Curiosity」…………新しい学びの機会を模索せよ
「持続性 Persistence」……失敗に負けずに努力し続けよ
「柔軟性 Flexibility」…………姿勢や状況を変えよ
「楽観性 Optimism」…………新しい機会は必ず到来し自分のものにできると考えよ
「冒険心 Risk-Taking」………結果がどうなるか見えない場合でも行動を起こせ

問43 キャリアに関する理論

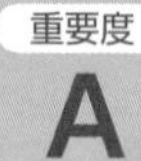

以下の理論において、最も不適切なものはどれか。

1 ハーズバーグ（Herzberg, F.）による動機づけ理論では、動機づけ要因と衛生要因があり、職務満足を高めるのは動機づけ要因である。

2 マズロー（Maslow, A. H.）による欲求５段階説では、人間の欲求は、生理的欲求、安全の欲求、所属と愛の欲求、承認欲求、自己実現の欲求の５段階から構成される。

3 パーソンズ（Parsons, F.）の特性因子理論では個人の能力や職業要件の一致度合いが高いほど、その人の仕事の満足度は高くなると唱えた。

4 シャイン（Schein, E. H.）は、転機の理論において、「予期していた転機」、「予期していなかった転機」、「期待していたものが起こらなかった転機」の３つのタイプがあることを唱えた。

	1回目	2回目	3回目	◎：完全に分かってきた ○：だいたい分かってきた △：少し分かってきた ×：全く分からなかった
学習日	/	/	/	
手応え				

正解 4

1 適切な記述内容です。

記述の通りです。

動機づけ要因には挑戦しがいのある仕事や、その達成感があり、衛生要因は給料や会社の管理などが挙げられます。

「ハーズバーグ＝動機づけ要因と衛生要因」のキーワードを押さえてください。

2 適切な記述内容です。

記述の通りです。

マズローは、人間の欲求は低次から高次へと階層をなしていると考え、下の階層が満たされると次に上の階層を欲するものであるとしました。

以下の５段階の欲求の名称を押さえてください。

生理的欲求→安全欲求→所属と愛情の欲求（社会的欲求）→承認欲求→自己実現の欲求です。

なお、過去問では「権力欲求（誤り）」を含めたひっかけ出題や、５つの欲求の順序を入れ替えての出題がされています。

3 適切な記述内容です。

記述の通りです。

パーソンズは「丸いクギは丸い穴に」という労働者と職業とのマッチングで有名です。**「パーソンズ＝特性因子理論」**を押さえてください。

4 不適切な記述内容です。

以下の転機の３つのタイプを唱えたのはシュロスバーグです。シュロスバーグの４つのSなど転機の理論は頻出です。

本問のまとめとして。理論問題の出題範囲は広範にわたるため、用語を押さえておくことが試験対策として有用です。

「研究者」と「理論名」を組み合わせて覚えておき、組み合わせの一部でも記憶に残っていれば、選択肢を絞り込むのに消去法を用いることができるからです。

問44 キャリアに関する理論

重要度 B

サビカス（Savickas, M. L.）のキャリア構築理論に関する次の記述のうち、適切なものはどれか。

1 キャリア・アダプタビリティの次元は「キャリア関心（Career Concern）」、「キャリア統制（Career Control）」、「キャリア好奇心（Career Curiosity）」、「キャリア自信（Career Confidence）」から構成されている。

2 キャリア関心（Career Concern）とは、自分がいま経験をしている課題や過去の体験に目を向けることが重要であるということを意味している。

3 キャリア・アダプタビリティの次元は「地位・職位」、「部門・職能」、「中枢度」から構成されている。

4 キャリア・アダプタビリティはホランド（Holland, J. L.）の6つのパーソナリティタイプ（RIASEC）の理論をもとに構成されている。

	1回目	2回目	3回目
学習日	/	/	/
手応え			

◎：完全に分かってきた
○：だいたい分かってきた
△：少し分かってきた
×：全く分からなかった

正解 1

1 適切な記述内容です。

キャリア・アダプタビリティの４つの次元は、設問の記述の通りです。本書の「Step 3 速習テキスト」で解説しています。

なお、過去問では「キャリア冒険心（Career Risk-taking）」という誤りの出題もされています。４つの次元について押さえておいてください。

2 不適切な記述内容です。

キャリア関心（Career Concern）とは、「未来志向、つまり未来に備えることが重要である、という感覚を意味する。この『キャリア関心』によって、個人は職業に関する過去を回顧し、未来を展望することができるようになり、未来が現実になると感じるようになっていく」とされています。

なお、ほかに、「キャリア自信（Career Confidence）」は進路選択や職業選択を行う際の「自己効力感」といえますが、過去問では「意思決定**能力**（誤り）」であると出題されたこともあります。４つの次元がそれぞれの意味するところも押さえてください。

3 不適切な記述内容です。

「地位・職位」、「部門・職能」、「中枢度」は、「シャインの組織の３次元モデル」です。

4 不適切な記述内容です。

キャリア・アダプタビリティが、ホランドの理論に基づくということはありません。

問45 キャリアに関する理論

キャリアに関する記述の中で、不適切なものの組み合わせはどれか。

Ａ 生きていく本質は内的キャリアではなく、外的キャリアである。

Ｂ その人の持つ価値観、人生観、職業観、動機などの心理的側面を内的キャリアという。

Ｃ 外的キャリアは内的キャリアの基礎となるものである。

Ｄ 内的キャリアを知る方法のひとつにキャリア・アンカーが挙げられる。

1 ＡとＣ
2 ＡとＢ
3 ＣとＤ
4 ＢとＣ

	1回目	2回目	3回目
学習日	/	/	/
手応え			

◎：完全に分かってきた
○：だいたい分かってきた
△：少し分かってきた
×：全く分からなかった

正解 1

A 不適切な記述内容です。

シャインは、キャリアを以下の2つで説明しています。

①職業的側面である「外的キャリア」

②心理的側面である「内的キャリア」

そして、人が生きていく本質は、「外的キャリア」を仕上げることではなく、「内的キャリア」を確立することにある、と述べています。

B 適切な記述内容です。

「外的キャリア」は、職業的側面を意味するもので、経歴、所属、役職、年収など、「肩書き」ともいえるものです。

C 不適切な記述内容です。

正しくは、「内的キャリアは外的キャリアの基礎となるものである」となります。

D 適切な記述内容です。

「キャリア・アンカー」は、キャリアの定着を促進する要因であり、人がキャリア選択を迫られたときに一番譲りたくない欲求や能力、価値観などを意味し、その人の自己概念の柱となるものです。

問46 キャリアに関する理論

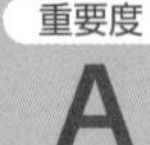

シュロスバーグ（Schlossberg, N. K.）の理論に関する次の記述のうち、適切なものはどれか。

1 転機には、事故や病気などの予測していなかったことが起こることも含まれる。

2 転機には、昇格できなかったなどの、期待していたことが起こらなかったことは含まれない。

3 転機や変化は予測できるものであると、その研究から結論づけている。

4 転機に対処する資源として、４つの「愛 、労働 、学習、余暇」が大切であるとした。

	1回目	2回目	3回目
学習日	／	／	／
手応え			

◎：完全に分かってきた
○：だいたい分かってきた
△：少し分かってきた
×：全く分からなかった

正解 1

1 適切な記述内容です。

転機のタイプは3つあります。

- **イベント・予測していたことが起こる**：結婚、子どもの誕生、転居など
- **イベント・予測していなかったことが起こる**：失業、病気、事故、死など
- **ノンイベント・予測していたことが起こらない**：卒業できない、就職できない、昇進できないなど

2 不適切な記述内容です。

1の解説の通り、**予測していたことが起こらなかったことも転機**に含まれます。

3 不適切な記述内容です。

「転機や変化は決して予測できるものでも、人生途上で誰もが共通して遭遇する出来事でもない。人それぞれがその人独自の転機を経験している」としています。転機が予測できるものであるとは論じていません。

この論点は過去問でも出題されました。

4 不適切な記述内容です。

「愛（Love）、労働（Labor）、学習（Learning）、余暇（Leisure）」の**4つのLは、ハンセンの理論**です。

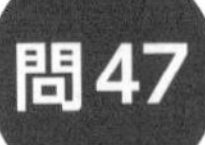

キャリアに関する理論

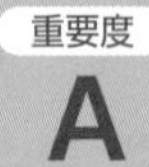

シャイン（Schein, E. H.）のキャリア・アンカーに関して、その中に含まれず不適切なものは次のうちどれか。

1 保障・安定（Security ／Stability）

2 自律・独立（Autonomy ／Independence）

3 純粋な挑戦（Pure Challenge）

4 科学と技術（Science ／Technology）

全問◎を
目指そう！

	1回目	2回目	3回目
学習日	／	／	／
手応え			

◎：完全に分かってきた
○：だいたい分かってきた
△：少し分かってきた
×：全く分からなかった

正解 4

1 適切な記述内容です。

2 適切な記述内容です。

3 適切な記述内容です。

4 不適切な記述内容です。

キャリア・アンカーに「科学と技術」は含まれません。過去問では次のものが問われたこともあります。

- 現実／慣習（reality ／costom）
- 革新／創造性（innovation ／creativity）

以上はいずれも含まれません。

▶シャインの8つのキャリア・アンカー

専門・職能別コンピタンス　TF (Technical/Functional Competence)	・企画、販売、人事、エンジニアリングなど特定分野で能力を発揮することに幸せを感じる
全般管理コンピタンス　GM (General Managerial Competence)	・組織内の機能を相互に結びつけ、対人関係を処理し、集団を統率する能力や権限を行使する能力を発揮し、組織の期待に応えることに幸せを感じる
保障・安定　SE (Security/Stability)	・仕事の満足感、雇用保障、年金、退職手当など経済的安定を得る ・ひとつの組織に勤務し、組織への忠誠や献身などがみられる
起業家的創造性　EC (Entrepreneurial Creativity)	・新しいものを作り出すこと、障害を乗り越える能力と意気込み、リスクをおそれず何かを達成すること、達成したものが自分の努力によるものだという欲求が原動力だと考える
自律・独立　AU (Autonomy/Independence)	・組織のルールや規則に縛られず、自分のやり方で仕事を進めていく ・組織に属している場合、仕事のペースを自分の裁量で自由に決めることを望む
奉仕・社会貢献　SV (Service/Dedication to a Cause)	・暮らしやすい社会の実現、他者の救済、教育など価値あることを成し遂げる ・転職してでも自分の関心ある分野で仕事をする機会を求める
純粋な挑戦　CH (Pure Challenge)	・解決困難に見える問題や解決の手ごわい相手に打ち勝とうとする知力、人との競争にやりがいを感じ、目新しさ、変化、難しさが目的になる
生活様式　LS (Life Style)	・個人的な欲求、家族の願望、自分の仕事のバランスや調整に力を入れる ・自分のライフワークをまとめたいと考え、それができるような仕事を考える

問48 キャリアに関する理論

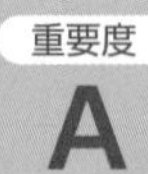

シュロスバーグ（Schlossberg, N. K.）の「成人の発達を考える際の視点」として、適切なものは次のうちどれか。

1 「文脈的・文化的」、「発達的」、「ライフスパン」、「転機（トランジション）」

2 「注意」、「保持」、「運動再生」、「動機づけ」

3 「成長期」、「探索期」、「確立期」、「維持期」、「解放期」

4 「関心」、「統制」、「好奇心」、「自信」

全問◎を目指そう！

	1回目	2回目	3回目
学習日	/	/	/
手応え			

◎：完全に分かってきた
○：だいたい分かってきた
△：少し分かってきた
×：全く分からなかった

正解 1

1 適切な記述内容です。

シュロスバーグの「成人の発達を考える際の**4つの視点**」そのものを問う過去問も、4つのSと同様に出題されていますので、押さえておきましょう。

「文脈的・文化的」、「発達的」、「ライフスパン」、「転機（トランジション）」です。

2 不適切な記述内容です。

「注意過程 → 保持過程 → 運動再生過程 → 動機づけ過程」は、バンデューラのモデリングによる学習の過程です。

3 不適切な記述内容です。

「成長期」、「探索期」、「確立期」、「維持期」、「解放期」は、スーパーのライフステージです。

4 不適切な記述内容です。

「関心」、「統制」、「好奇心」、「自信」は、サビカスのキャリア・アダプタビリティの4次元です。

※本問のように、研究者とその理論のキーワードを照合する論点を問うものは、自信があるものがどれかひとつ、ふたつあるだけで消去法でのアプローチが可能になります。暗記をいとわず繰り返して記憶に定着させてください。

問49 キャリアに関する理論

重要度 **B**

ホール（Hall, D. T.）の理論に関する次の記述のうち、不適切なものの組み合わせはどれか。

A キャリアとは「成功」や「失敗」を意味するものではなく、「早い」昇進や「遅い」昇進もないとした。

B 伝統的キャリアにおいて重要な態度側面は組織コミットメントであり、プロティアン・キャリアにおいては仕事満足感である。

C プロティアン・キャリアでは、キャリアは組織に所属することによって形成され、その組織に応じて個人のキャリアが方向転換されることにより変幻自在であるとした。

D 伝統的キャリアにおいて核となる価値観は自由、成長であり、プロティアン・キャリアにおいては昇進、権力である。

1 AとB
2 AとD
3 BとC
4 CとD

	1回目	2回目	3回目
学習日	／	／	／
手応え			

◎：完全に分かってきた
○：だいたい分かってきた
△：少し分かってきた
×：全く分からなかった

正解 4

A 適切な記述内容です。

記述の通りです。

B 適切な記述内容です。

記述の通りです。

「重要な態度側面」としてホールは次のように対比をしています。

- プロティアン・キャリア：仕事満足感。自分を尊敬できるか（＝自尊心）
- 伝統的キャリア：組織コミットメント。この組織から自分は尊敬されているか（＝他者からの尊敬）

C 不適切な記述内容です。

ホールの理論では、プロティアン・キャリアの主体は組織ではなく個人であると唱えました。

また、ホールは「キャリア発達を促す人間関係」を「発達的関係」と呼びました。

「プロジェクト・チームやタスク・フォースのメンバーとのやりとりによってキャリアを発達させる例などは発達的関係のひとつである」としています。

D 不適切な記述内容です。

伝統的キャリアとプロティアン・キャリアで記述が逆になっています。

「核となる価値観」は次の通りです。

- プロティアン・キャリア：自由、成長
- 伝統的キャリア：昇進、権力

参照 『新版 キャリアの心理学［第２版］』渡辺三枝子編著（ナカニシヤ出版）

心理療法・行動療法に関する理論

重要度 **B**

心理療法・行動療法の記述の中で、適切なものはどれか。

1 ロジャーズ（Rogers, C. R.）の来談者中心療法は、クライエントの行動を観察し、学習によって形成された不適応行動を改善しようとする。

2 エリス（Ellis, A.）が提唱したゲシュタルト療法は、「いま、ここ」での気づきを大切にしている。

3 行動療法では学習理論に基づいて、個人の抱える問題は、不適切な行動の学習や適切な行動を学習していないこと、また個人を取り巻く周囲の環境からの刺激などによって起こると考える。

4 精神分析の口語版ともいわれている交流分析は、自己分析の方法として4つの方法を使用するが、その中に「脚本分析」は含まれていない。

	1回目	2回目	3回目
学習日	/	/	/
手応え			

◎：完全に分かってきた
○：だいたい分かってきた
△：少し分かってきた
×：全く分からなかった

1 不適切な記述内容です。

学習によって形成された不適応行動の改善は、行動療法です。

ロジャーズの来談者中心療法は、積極的傾聴をベースとして、カウンセラーがクライエントに接することです。

2 不適切な記述内容です。

1950年代にパールズによってゲシュタルト療法は提唱されました。ゲシュタルトとは、「まとまった全体の形」という意味のドイツ語で、その理論は「図」と「地」という概念で構成されています。「いま、ここ」に生きている自分に気づく体験を重視することが、ゲシュタルト療法の特徴です。

「パールズ」「いま、ここ」といえばゲシュタルト療法。頻出の論点です。

3 適切な記述内容です。

行動療法は、学習理論という行動科学を積極的に活用する方法です。心理学のテキストの多くには、学習とは「経験の結果生じる、比較的永続的な行動の変化・変容」と定義されています。

そして、行動療法では、「現在の反応や行動のパターンは、経験（学習）によって作られたのだから、すべて経験によって変えられる」と考えます。

ひっかけ注意

行動療法は、問題を起こしている**本人にアプローチをするのが特徴**です。**過去問では、「個人よりも、周囲との関係の改善によって行動を変容させようとする（誤り）」**と問われたことがあります。

4 不適切な記述内容です。

交流分析は、アメリカの精神科医バーンによって提唱され、英語のTransactional Analysisの頭文字から**「TA」**ともいわれます。

交流分析では自己分析に次の４種類の方法を使用します。

①自我状態の分析、②対話分析、③ゲーム分析、④脚本分析

過去問では、**「エゴグラム、自我状態、ストローク、人生脚本」**などのキーワードで出題されています。

問51 認知行動療法に関する理解

認知行動療法について述べた次の記述で、（ ア ）から（ ウ ）の空欄に入る適切な語句の組み合わせはどれか。

認知行動療法は、相談者の（ ア ）に関連する行動的、情緒的、認知的な問題を、治療標的とする。具体的な進め方は、（ イ ）をはじめとする行動科学に基づく理論や行動変容に基づく技法を用いて、不適応な反応を軽減するとともに、適応的な反応を（ ウ ）させていく治療法の総称である。

1 （ア）不適応状態　（イ）学習理論　（ウ）学習

2 （ア）日常生活　（イ）発達理論　（ウ）納得

3 （ア）生活習慣　（イ）特性因子論　（ウ）意識づけ

4 （ア）生活態度　（イ）組織心理学　（ウ）条件づけ

	1回目	2回目	3回目
学習日	／	／	／
手応え			

◎：完全に分かってきた
○：だいたい分かってきた
△：少し分かってきた
×：全く分からなかった

正解 1

正しい文章は、次の通りです。

認知行動療法は、相談者の（ア 不適応状態）に関連する行動的、情緒的、認知的な問題を、治療標的とする。具体的な進め方は、（イ 学習理論）をはじめとする行動科学に基づく理論や行動変容に基づく技法を用いて、不適応な反応を軽減するとともに、適応的な反応を（ウ 学習）させていく治療法の総称である。

相談者が訴える問題は、不安や落ち込みといった情緒的な問題、動悸や頭痛といった身体的な問題、あるいは、不登校や登社拒否をはじめとする生活上の問題など様々です。これらの「不適応反応」の発生や維持には、個人の予測や判断、信念や価値観といった考え方（認知）の問題が関連していると捉えます。

そして、治療においては、情緒や行動に直接的に介入するだけでなく、情緒や行動に影響を及ぼしている認知的要因を積極的に治療標的として扱います。また、それらを適応的な認知へと変容していくことによって、情緒の安定や行動の修正を効果的に行っていくことを目的としています。

さらに、考え方が変わることによって、気分や行動は変わるということを相談者自身が繰り返し経験することを通して、「自分の考え方を変容していくことで情緒や行動をコントロールすることができる」ということを自覚できるように促していくのです。

つまり、認知行動療法とは、セルフコントロールの獲得を狙った治療法です。

キャリアコンサルティングは治療ではありませんが、認知行動アプローチの技法を使うことで、相談者の自立・自律を促すことができるのです。

※本試験ではこのような穴埋め形式で出題されることは少ないのですが、認知行動療法の理解のために、練習問題として取り上げています。

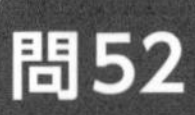

発達理論に関する理解

ライフステージと発達課題に関する次の記述のうち、適切なものはどれか。

1 レヴィン（Lewin, K.）は、青年が社会で安定的な立場を持たない存在として、周辺人、境界人（マージナル・マン）と呼んだ。

2 ハヴィガースト（Havighurst, R. J.）は、青年期の発達課題を挙げたが、そのうちのひとつに「両親や他の大人と人間として結びつくこと」がある。

3 レヴィンソン（Levinson, D. J.）は人生を四季に例えたが、人生半ばの過渡期は、最も充実した創造的な季節であり、安定した時期であるとした。

4 ブリッジズ（Bridges, W.）によると、トランジションのプロセスでは、終焉（Ending）に始まり、中立圏（Neutral Zone）を経て、再生（Rebirth）へ至る。

	1回目	2回目	3回目
学習日	/	/	/
手応え			

◎：完全に分かってきた
○：だいたい分かってきた
△：少し分かってきた
×：全く分からなかった

正解 1

1 適切な記述内容です。

大人でも子どもでもない（青年から成人になりきれていない）存在を、レヴィンは周辺人・境界人と呼びました。

2 不適切な記述内容です。

発達課題という概念を初めて使用したハヴィガーストは、青年期の発達課題で、「両親や他の大人と人間として“結びつくこと”」ではなく、逆に「情緒的独立・経済的独立に関する自信の確立」を挙げています。

- 本試験では青年期、壮年期、老年期から出題されており、**紙面の都合上、過去の出題論点のみ**を記しておきます。

ハヴィガーストが提唱する発達段階と発達課題

①乳・幼児期

②児童期

③**青年期：経済的独立に関する自信の確立、職業選択と準備**

④**壮年期：適した社会集団を選択すること（適切な社会集団の発見）**

⑤中年期

⑥**老年期：満足のいく住宅の確保**

3 不適切な記述内容です。

レヴィンソンは人生を四季に例え、「ライフサイクル」は生活構造の安定期と過渡期（変わる時期）が交互に現れて進んでいくとしました。

特に、秋にあたる中年期は、「重要な転換期である」と捉えました。

人生半ばの過渡期とは「成人前期」から「中年期」へ移行している期間（およそ40～45歳）であり、この時期は「若さと老い」などの基本的対立の解決が課題とされており、**安定しているとはいえない**としています。

4 不適切な記述内容です。

「トランジション理論」を提唱したブリッジズは、転機は次の3つの段階から成り立つとしました。

「終焉→中立圏→開始」です。

本肢は、3つ目の段階（再生）が不適切です。

発達理論に関する理解

ハヴィガースト（Havighurst, R. J.）の発達理論の記述で、不適切なものはどれか。

1 「経済的独立に関する自信の確立」や「職業選択および準備」は青年期の課題とされる。

2 「就職する」は、壮年期の発達課題である。

3 「配偶者を選択し、家庭を形成する」は、青年期の発達課題である。

4 「満足のいく住宅の確保」は、老年期の発達課題のひとつである。

	1回目	2回目	3回目
学習日	/	/	/
手応え			

◎：完全に分かってきた
○：だいたい分かってきた
△：少し分かってきた
×：全く分からなかった

正解 3

「配偶者を選択し、家庭を形成する」は、壮年期の発達課題です。
ハヴィガーストの理論は、青年期以降の論点がよく出題されています。

▶ハヴィガーストが提唱する発達段階と発達課題

発達段階	発達課題
乳・幼児期	・歩くこと・食べること・話すこと・排泄のコントロールについての学習 ・性の相違と性の慎みについての学習 ・社会や事物についての単純な概念の形成 ・善悪の区別と良心の学習 ・両親や兄弟との人間関係についての学習
児童期	・遊びを通じて必要な身体技能を学習 ・成長する生活体としての自己に対する健全な態度の形成 ・遊び仲間とつき合うことの学習 ・正しい男女の性役割の学習 ・読み・書き・計算の基礎的技能の発達 ・日常生活に必要な概念の発達 ・親と自己を区別し、独立した個人となること ・社会集団や制度に関する態度の発達
青年期	・男女両性の友人との交流および成熟した人間関係を構築すること ・男女の社会的役割の学習 ・自己の身体構造を理解し、身体を有効に使うこと ・両親や他の大人からの情緒的独立 **・経済的独立に関する自信の確立** **・職業選択と準備** ・結婚と家庭生活の準備 ・市民として必要な技能と概念の発達 ・社会人としての自覚と責任ある行動をとること ・行動の規範となる倫理体系や価値観の形成
壮年期	**・配偶者を選択すること** ・結婚相手との生活を学習すること ・第一子を家族に加えること・子どもの養育 ・家庭の管理 **・仕事に就くこと** ・市民としての責任を負うこと **・適した社会集団を選択すること（適切な社会集団の発見）**
中年期	**・大人としての市民的・社会的責任を達成すること** ・一定の経済力を確保し、維持すること ・10代の子どもたちの精神的な成長の援助 **・余暇の充実** ・配偶者と人間として結びつくこと ・中年期の生理的変化を受け入れ、適応すること **・老年の両親の世話と適応**
老年期	・肉体的な強さと健康の衰退への適応 ・引退と収入の減少への適応 ・同年代の人と明るい親密な関係を結ぶこと ・肉体的に満足な生活を送るための準備 ・やがて訪れる死への準備と受容 **・満足のいく住宅の確保**

問54 発達理論に関する理解

発達理論について述べた次の文章の空欄（ア）～（オ）にあてはまる語句の適切な組み合わせはどれか。

発達理論に大きな影響を与えた（ア）は、人の誕生から死に至るまでを①（イ）、②探索期、③確立期、④維持期、⑤衰退期に分けた５段階説を唱え、さらにマキシサイクルを構成する各段階の間に挿入される意思決定過程のサイクルをミニサイクルと呼んだ。そして、生涯にわたるキャリアの変化を「（ウ）」として視覚化した。また、統合的人生設計論（統合的キャリア発達）を提唱した（エ）は、キャリアを（オ）に例えた。それぞれの人生の役割が（オ）のように組み合わされ、「全体として意味ある人生」になるとした。

1 （ア）シャイン　（イ）成長期　（ウ）空想、探求
（エ）三次元モデル　（オ）スーパーレインボー

2 （ア）ホランド　（イ）乳・幼児期　（ウ）六角形
（エ）シャイン　（オ）アンカー

3 （ア）スーパー　（イ）成長期　（ウ）生涯経歴の虹
（エ）ハンセン　（オ）キルト

4 （ア）エリクソン　（イ）乳児期　（ウ）自我
（エ）同一性　（オ）ホランド六角形

	1回目	2回目	3回目
学習日	／	／	／
手応え			

◎：完全に分かってきた
○：だいたい分かってきた
△：少し分かってきた
×：全く分からなかった

正解 3

正しい文章は、次の通りです。

発達理論に大きな影響を与えた（ア スーパー）は、人の誕生から死に至るまでを①**（イ 成長期）**、②**探索期**、③**確立期**、④**維持期**、⑤**衰退期**に分けた**5段階説**を唱え、さらにマキシサイクルを構成する各段階の間に挿入される意思決定過程のサイクルを**ミニサイクル**と呼んだ。

そして、生涯にわたるキャリアの変化を「(ウ 生涯経歴の虹＝ライフ・キャリア・レインボー)」として視覚化した。

また、統合的人生設計論（統合的キャリア発達）を提唱した**（エ ハンセン）は、キャリアを（オ キルト）に例えた。**それぞれの人生の役割が（オ キルト）のように組み合わされ、「全体として意味ある人生」になるとした。

発達理論に関する理解

エリクソン（Erikson, E. H.）の発達段階と発達課題に関する次の記述のうち、不適切なものはどれか。

1 青年期の課題は、自我同一性 対 自我同一性の拡散である。

2 成人期の課題は、親密性 対 孤立である。

3 壮年期の課題は、資産充足 対 資産転用である。

4 老年期の課題は、統合性 対 絶望である。

全問◎を目指そう！

	1回目	2回目	3回目
学習日	/	/	/
手応え			

◎：完全に分かってきた
○：だいたい分かってきた
△：少し分かってきた
×：全く分からなかった

正解 3

1 適切な記述内容です。

2 適切な記述内容です。

3 不適切な記述内容です。

資産（財産）に触れている課題はありません。

4 適切な記述内容です。

エリクソンの８つの発達段階と発達課題は「Step3 速習テキスト」に整理していますが、改めてここでは頻出論点（青年期以降）のキーワードをまとめました。

思春期　青年期	自我同一性 対 自我同一性拡散
成人期	親密性 対 孤立
壮年期	世代性 対 停滞性
老年期	統合性 対 絶望

※自我同一性（もしくは同一性）は“アイデンティティ”のことです。
単に「アイデンティティ」と出題されることがあります。

問56 転機に関する理解

A

キャリアにおける転機に関する次の記述のうち、不適切なものはどれか。

1 シュロスバーグ（Schlossberg, N. K.）は、キャリア・ディベロップメント（キャリア発達）は転機の連続であると考え、転機のプロセスを理解して、それにうまく対処できるようになることに焦点を当てた。そして、転機への対処法として、4つのリソース（4S）の点検が重要だとしている。

2 ハンセン（Hansen, L. S.）は、1997年に発刊した著書『統合的人生設計－Integrative Life Planning－ILP』の中で、キャリア・プランの6つの重要な課題を発表した。そこでは、統合的人生設計で示した6つの課題の中から、各ライフステージで必要なものに取り組むことが大切であるとした。

3 シャイン（Schein, E. H.）は、組織内での人とキャリアの発達段階とそのステージについて職業発達理論を展開し、「組織の3次元モデル」を発表した。また、シャインは、生涯を通じキャリアが組織内でどのように発達するかをキャリアサイクルとしてまとめた。キャリアの発達を9つの段階に分け、それぞれの段階で直面する課題を提示した。

4 エリクソン（Erikson, E. H.）は、「職業選択理論」を提唱し、人間の生涯の発達を社会的な関わりから捉えた。人は社会性を持った存在であり、社会性とは、人間が一人で生きるのではなく相互に関係しあって生きる存在であると唱えた。また、人間の発達段階を8つに分け、自我が達成しなければならない課題とその課題が達成されなかった場合の心理的危機について論じている。

全問◎を目指そう！

	1回目	2回目	3回目
学習日	/	/	/
手応え			

◎：完全に分かってきた
○：だいたい分かってきた
△：少し分かってきた
×：全く分からなかった

正解 4

1 適切な記述内容です。

シュロスバーグは、転機への対処法として「4つのリソース（4S）」を用いて考えることを提唱しました。「4Sといえばシュロスバーグ」というほど頻出の論点です。確実に押さえてください。

2 適切な記述内容です。

ハンセンは、スーパーの「ライフ・キャリア・レインボー」の考え方をもとに、ライフキャリアの視点から「統合的人生設計論」を展開しました。スーパーがキャリアを虹に例えたのに対し、ハンセンはキルト（パッチワーク）に例えました。

すなわち、それぞれの人生役割がキルトのように組み合わされ、「全体として意味ある人生」になるとしたのです。ハンセンが「**統合的人生設計論**」で示した6つの重要な課題とは、次のものです。

①広い視野でキャリア選択を行う、②人生のパッチワークの創造、③男女の共同・共生、④多様性を活かす、⑤仕事に精神的な意味を見出す、⑥個人の転機と組織の変革に対処する

他の論点として、ハンセンは、キャリアを構成する人生の役割には、4つの要素が統合される必要があるとしています。そのハンセンの「4つのL」は以下になります。

「仕事 Labor」「学習 Learning」「余暇 Leisure」「愛 Love」

3 適切な記述内容です。

シャインはキャリア・アンカーで頻出ですが、ほかに「組織の3次元モデル」があります。

また、「キャリアの発達を9つの段階に分け、それぞれの段階で直面する課題を示した」ことでも知られています。

4 不適切な記述内容です。

エリクソンは、「職業選択理論」ではなく、「ライフサイクル論」を提唱し、人間の生涯の発達を社会的な関わりから捉えました。すなわち、人は社会性を持った存在であり、社会性とは、人間が一人で生きるのではなく相互に関係しあって生きる存在であると唱えたわけです。

問57 来談者中心療法

重要度 **B**

ロジャーズ（Rogers, C. R.）の来談者中心療法に関する次の記述のうち、適切なものはどれか。

1 ロジャーズは、カウンセラーと相談者の人間関係を重視し、カウンセラーと相談者の人間的な信頼関係が相談者の変容を促すと考えた。ロジャーズのカウンセリング論の特徴は、「母性的風土」とロジャーズが呼んだ相談者が安心して人生の問題に取り組める場を提供しつつも、「父性的態度」をもって、相談者に指示や指導、アドバイスをし、相談者の問題を解決していくというものである。

2 ロジャーズは、カウンセリングと心理療法を同じ意味に用いた。そして、面接内容の記録・逐語化や、心理相談の対象者を患者（patient）ではなくクライエント（来談者：client）と称したのも彼が最初である。また、ロジャーズは晩年、自己概念と経験のずれが問題行動の原因であると考え、その解決のためには問題行動の解消が重要であるとして、論理行動療法を取り入れた。

3 ロジャーズは晩年、グループエンカウンターの実践・研究に精力的に取り組み、各国の紛争地域でグループエンカウンターを実施するなど、様々な社会活動にも取り組んだ。そうした自らの立場をPCA（人間中心的アプローチ：Person Centered Approach）と説明した。

4 来談者中心療法では、カウンセラーに求められる対人態度の３つの条件があるとされる。その条件とは、①受容的態度（受容・無条件の肯定的配慮）、②共感的理解、③傾聴スキルである。

全問◎を目指そう！

	1回目	2回目	3回目
学習日	／	／	／
手応え			

◎：完全に分かってきた
○：だいたい分かってきた
△：少し分かってきた
×：全く分からなかった

正解 3

1 不適切な記述内容があります。

問題文の前半途中までは適切な記述内容ですが、「父性的態度をもって、相談者に指示や指導、アドバイスをし、相談者の問題を解決していくというものである」という部分は不適切です。

2 不適切な記述内容があります。

問題文の前半は適切で、後半は不適切です。

カウンセリングと心理療法を同じ意味に用い、面接内容の記録・逐語化や、心理相談の対象者を患者（patient）ではなくクライエント（来談者：client）と称したのもロジャーズが最初でした。

論理行動療法を取り入れたのではなく、「母性的な風土」や3つの態度を駆使して、安心して新しい自己概念を形成できる環境を提供することを重視しました。

3 適切な記述内容です。

ロジャーズは、グループカウンセリングの一形態として、エンカウンターグループを開発しました。

晩年、グループエンカウンターの実践・研究に取り組み、各国の紛争地域でグループエンカウンターを実施するなど、様々な社会活動にも取り組んでいます。

4 不適切な記述内容があります。

来談者中心療法では、カウンセラーに求められる対人態度の3つの条件があるとされます。

その条件とは、

①受容的態度（受容・無条件の肯定的配慮）

②共感的理解

③自己一致（純粋性）

それら3つの対人態度の条件を**相談者との関わり方において形にしたもののひとつが「傾聴（Active Listening）」（積極的傾聴）**です。本問では「自己一致」が抜けているかわりに、傾聴が3条件に入っているところを不適切としています。

※本問には過去問の出題傾向とは異なる論点がありますが、ロジャーズの理論はベースとして重要な位置づけにありますので、理解を深めるために掲載しています。

問58 グループアプローチ

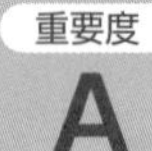

グループエンカウンターに関する次の記述のうち、適切なものはどれか。

1 ロジャーズ（Rogers, C. R.）は、パーソン・センタード・アプローチの理念と、彼の実践した体験に基づいて、構成的グループエンカウンターを開発した。

2 グループアプローチが効果を上げるためには、ルールを明確に説明し、何をしていいか、何をしてはいけないかという基準をグループメンバーにしっかりと伝えておく必要がある。また、グループアプローチを用いることで、優柔不断な人や、カウンセラーの助言を受け入れない人に対しても、効果的に指導することが可能になる。

3 非構成的グループエンカウンターのルールは、守秘義務を守ること、非難や批判的・評価的発言をしないこと、黙っている人に発言を強要しないこと、エクササイズを強要しないこと、の４点である。

4 非構成的グループエンカウンターは、リーダーが進行させるエクササイズの順番が決められている。

全問◎を目指そう！

	1回目	2回目	3回目
学習日	／	／	／
手応え			

◎：完全に分かってきた
○：だいたい分かってきた
△：少し分かってきた
×：全く分からなかった

正解 2

1 不適切な記述内容です。

ロジャーズが提唱したのは、「非構成的グループエンカウンター」です。

2 適切な記述内容です。

グループアプローチは、まったくルールのないフリーディスカッションではありません。参加した全員が何らかの成果を持ち帰るために、ルールを決め、伝えておくことが必要です。

例えば、ブレインストーミングでは、①批判厳禁（人の意見も、発言する前の自分の意見も批判禁止）、②質より量（できるだけ多くのアイデアを出す）、③自由奔放（ユニークな意見も歓迎）、④結合・便乗（他の意見をヒントに連想する）というルールを、説明の後、掲示するなどして徹底させます。また、グループアプローチは、同じ問題と関心を持つ参加者がお互いに影響を与え合う（交流・発言・情報交換）ことで、自分自身の感情や意識、行動や態度を客観視し、変容させていく効果があります。

3 不適切な記述内容です。

4つのルールは正しいのですが、これらは「構成的」グループエンカウンターのルールです。

①守秘義務を守ること
②非難や批判的・評価的発言をしないこと
③黙っている人に発言を強要しないこと
④エクササイズを強要しないこと

4 不適切な記述内容です。

「エクササイズ」を用いるものは「ベーシック（非構成）」ではなく、「構成的」のほうです。

なお、「構成する」とは、条件設定（場面設定）をするという意味で、具体的には、エクササイズによる設定などを指しています。

問59 グループアプローチ

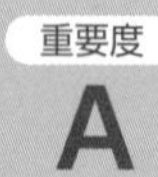

構成的グループエンカウンターに関する次の記述のうち、適切なものはどれか。

1 ベーシックエンカウンターと異なり、精神的疾病があるか、もしくは対人的な交流に遠慮がちな参加者を対象としている。

2 構成的であることにより、参加メンバーを心的外傷から守ることができる。

3 リーダーはいかなる場合でも参加者の間に介入をせず、参加者相互の気づきを待たなければならない。

4 目的には、ふれあいと自己発見を通して、自分を理解すること（自己理解）とされているが、他者を理解することについては目的とはされていない。

	1回目	2回目	3回目
学習日	/	/	/
手応え			

◎：完全に分かってきた
○：だいたい分かってきた
△：少し分かってきた
×：全く分からなかった

正解 2

1 不適切な記述内容です。

精神的疾病を持つケースをはじめとして、治療を目的に行われるものではありません。

2 適切な記述内容です。

構成する（場面設定・枠を与える）ことで、例えば、時間やトピックに制約を付与し、その結果として参加者は心的な外傷から守られるということになります。

3 不適切な記述内容です。

構成的グループエンカウンターにおいて、リーダーは必要に応じた介入を行います。示唆を与えたり、助言をしたりすることで、参加者の不安を減じたり、気づきを持ってもらうことができます。

4 不適切な記述内容です。

目的には、「ふれあいと自己発見を通して、自分を理解すること（自己理解）、自分を理解するのと同様に他者を理解すること（自他発見）、自らの防衛やとらわれから解放され他者とふれあう過程を体感できること」とされています。

参照 職業相談場面におけるキャリア理論及びカウンセリング理論の活用・普及に関する文献調査

https://www.jil.go.jp/institute/siryo/2016/documents/0165.pdf

理論と提唱者・用語の組み合わせ

カウンセリング理論や心理療法の名称とその関連する用語に関して、組み合わせとして適切なものはどれか。

1 内観療法：吉本伊信、絶対臥辱（がじょく）

2 クランボルツ（Krumboltz, J. D.）：計画的偶発性理論、社会的学習理論

3 グラッサー（Glasser, W.）：精神分析、自由連想

4 カーカフ（Carkhuff, R. R.）：マイクロカウンセリング、技法の階層表

	1回目	2回目	3回目
学習日	/	/	/
手応え			

◎：完全に分かってきた
○：だいたい分かってきた
△：少し分かってきた
×：全く分からなかった

正解 2

1 不適切な記述内容です。

「絶対臥辱（がじょく）」は、森田療法（創始者は森田正馬・まさたけ）の用語です。

正しい組み合わせは、以下です。

内観療法：吉本伊信、**身調べ**

2 適切な記述内容です。

社会的学習理論をベースに持つ研究者のクランボルツは、「計画的偶発性理論(Planned Happenstance Theory)」を提唱しました。

3 不適切な記述内容です。

グラッサーは、「選択理論」の提唱者です。

正しい組み合わせは、以下です。

フロイト：精神分析、自由連想

4 不適切な記述内容です。

カーカフは、「ヘルピング（技法）」において「かかわり技法」や「意識化技法」で知られています。

正しい組み合わせは、以下です。

アイビィ：マイクロカウンセリング、技法の階層表

※「理論と提唱者・用語の組み合わせ」は毎回1問程度は出題される傾向があります。研究者とその理論、キーワードは覚えておきましょう。

問61 理論と提唱者・用語の組み合わせ

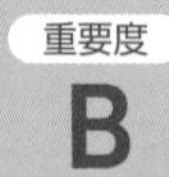

重要度 B

カウンセリング理論や心理療法の名称とその関連する用語に関して、組み合わせとして適切なものはどれか。

1 國分康孝：構成的グループエンカウンター、過程尺度

2 パールズ（Perls, F. S.）：ゲシュタルト療法、「いま、ここ」での気づき

3 マズロー（Maslow, A. H.）：交流分析、エゴグラム

4 バーン（Berne, E.）：認知療法、認知のゆがみ

全問◎を目指そう！

	1回目	2回目	3回目
学習日	/	/	/
手応え			

◎：完全に分かってきた
○：だいたい分かってきた
△：少し分かってきた
×：全く分からなかった

正解 2

1 不適切な記述内容です。

國分康孝は「構成的グループエンカウンター」の提唱者であり、前半は適切な記述です。

後半の「過程尺度」は、ロジャーズの理論です。

正しい組み合わせは、以下です。

ロジャーズ：非構成的（ベーシック）エンカウンターグループ、過程尺度

2 適切な記述内容です。

「**パールズ／ゲシュタルト療法／いま、ここ**」の組み合わせは、定番として押さえてください。

3 不適切な記述内容です。

マズローは、「欲求５段階説」です。

正しい組み合わせは、以下です。

バーン：交流分析、エゴグラム

※マズローは人間の欲求を分類し、低次から高次への階層になっているとしました。

高次のものから順に並べます。

「自己実現の欲求」

「承認欲求」

「社会的欲求（所属と愛の欲求）」

「安全の欲求」

「生理的欲求」

4 不適切な記述内容です。

バーンは、「交流分析、エゴグラム」です。

正しい組み合わせは、以下です。

ベック：認知療法、認知のゆがみ

問62 理論と提唱者・用語の組み合わせ

重要度 B

カウンセリング理論や心理療法の名称とその関連する用語に関して、組み合わせとして適切なものはどれか。

1 フランクル（Frankl, V. E.）：実存分析

2 スキナー（Skinner, B. F.）：プロティアン・キャリア

3 エリス（Ellis, A.）：ナラティブセラピー

4 ハンセン（Hansen, L. S.）：特性因子理論

全問◎を目指そう！

	1回目	2回目	3回目
学習日	/	/	/
手応え			

◎：完全に分かってきた
○：だいたい分かってきた
△：少し分かってきた
×：全く分からなかった

正解 1

1 適切な記述内容です。

フランクルは、著書『夜と霧』で著名ですが、「実存分析」のほかに「人生の意味」がキーワードです。

2 不適切な記述内容です。

スキナーは、「オペラント条件付け」です。

正しい組み合わせは、以下です。

ホール：プロティアン・キャリア

3 不適切な記述内容です。

エリスは、論理療法／理性感情行動療法（改名後の名称）です。

正しい組み合わせは、以下です。

ホワイト：ナラティブセラピー

4 不適切な記述内容です。

ハンセンは、「統合的生涯設計」です。

正しい組み合わせは、以下です。

パーソンズ：特性因子理論

キャリアコンサルティングに必要な能力

キャリアコンサルティング実施のために必要な能力体系の記述のうち、不適切なものはどれか。

1 能力体系で示すキャリアコンサルティングとは、職業を中心に置き、その対象を生きがい・働きがいまで広げた個人のキャリア形成を支援することであり、個人が自立・自律的にキャリア形成に関われるように支援することである。

2 能力体系では、活動の範囲内について誠実かつ適切な配慮を持って職務を遂行しなければならないと定めているものの、活動範囲を超えてキャリアコンサルティングが行われた場合でも個人に害を及ぼすことは少ないため、積極的に取り組んだほうが効果的であるとしている。

3 能力体系のひとつにグループカウンセリング、グループエンカウンターなど、グループを活用したキャリアカウンセリングが挙げられており、その意義や有効性、進め方の留意点等に関する理解が必要であると示されている。

4 クライエントと信頼関係を築いた上で、様々なカウンセリング理論とカウンセリングスキルを駆使し、クライエントが気づきを得て自ら成長できるようなカウンセリングを進められる力があるかを能力体系では求められている。

全問◎を目指そう！

	1回目	2回目	3回目
学習日	/	/	/
手応え			

◎：完全に分かってきた
○：だいたい分かってきた
△：少し分かってきた
×：全く分からなかった

正解 2

1 適切な記述内容です。

選択肢の記述に加えて、キャリアコンサルティングが「個人と組織との共生の関係をつくる上で重要なものであること等、その役割、意義について十分に理解しているか」を定めています。

2 不適切な記述内容です。

同能力体系の「キャリアコンサルティングを担う者の活動範囲と義務」の「活動範囲・限界の理解」に述べられている記述です。

正しくは、「活動範囲を超えてキャリアコンサルティングが行われた場合には、効果がないだけでなく個人にとって有害となる場合があることを十分に理解しているか」です。また、キャリアコンサルタントとしての活動の範囲には限界があるほか、任務上の範囲の限界や力量の限界、実践フィールドによる限界があることを理解する必要があるとも述べています。

3 適切な記述内容です。

同能力体系の「キャリアコンサルティングを行うための基本的知識」の「カウンセリングに関連する理論の理解」に示されている記述です。グループを活用したキャリアコンサルティングには、ほかにもグループワーク、グループガイダンス、グループアプローチなどがあります。

4 適切な記述内容です。

同能力体系の「キャリアコンサルティングの相談実施において必要なスキル」の「基本的スキル」で示されているカウンセリングスキルです。

記述内容のほか、カウンセリングの進め方を体系的に理解しているか、クライエントとの信頼関係を構築した上で、積極的かかわり技法といわれる情報提供や教示、フィードバック等の意義・有効性・導入時期・進め方の留意点等を十分理解するのみならず、それを展開する力を持っていることも必要とされています。

参照 厚生労働省「キャリアコンサルティング・キャリアコンサルタント」
https://www.mhlw.go.jp/stf/seisakunitsuite/bunya/koyou_roudou/jinzaikaihatsu/career_consulting.html

問64 カウンセリングスキル

重要度 **B**

カウンセリングスキルに関する次の記述のうち、適切なものはどれか。

1 相談者の言った言葉で重要なものを繰り返すことで、クライエントは、「聴いてもらえた」と感じられるほか、自分が発した言葉を繰り返し聞く機会があると、自分の感情や思考の流れを客観的に捉え直すことができる。

2 相談者に対して、不調を治して取り除こうとする姿勢はカウンセラーとして最も重要な姿勢であり、次に相談者が抱えている問題を理解しようとして寄り添う態度が大切といえる。

3 相談者が示す喜怒哀楽の感情の表出よりも、相談者が表現する言葉の意味合いをキャリアコンサルタントの価値判断に基づいて、受け止めて助言をすることが効果的である。

4 面談中にクライエントの沈黙が起こった場合、相談の場の雰囲気が気まずくなりがちなので、沈黙が起こる直前の内容のキーワードをもう一度投げかけたり、明確にしたりして相談者に返すことで、クライエントの発言を促し、会話が途切れないようにする。

全問◎を目指そう！

	1回目	2回目	3回目
学習日	/	/	/
手応え			

◎：完全に分かってきた
○：だいたい分かってきた
△：少し分かってきた
×：全く分からなかった

正解 1

1 適切な記述内容です。

「繰り返し」は、クライエントが、「聴いてもらえた」と感じられるほか、自分が発した言葉を繰り返し聞く機会にもなり、自分の感情や思考の流れを客観的に捉え直すことができる効果があります。

2 不適切な記述内容です。

相談者の不調を治そうとする姿勢は、キャリアコンサルタントに求められている、受容的・共感的な態度とは相いれないものといえます。

「治そうとするな、わかろうとせよ」という姿勢が必要でしょう。

3 不適切な記述内容です。

キャリアコンサルタント自身の価値判断だけで助言を行うことは、避けるべきといえます。傾聴と対話を通して、相談者が抱える課題に向き合う際に、必ずしも言葉には表現されていない非言語的（ノンバーバル）な相談者のメッセージにも注意を向けて面談をするべきものといえます。

4 不適切な記述内容です。

クライエントの沈黙にはいろいろな意味があります。クライエントが沈黙した場合は、その背後にある意味を理解することが必要です。沈黙が生まれたときに適切な対処をすることです。クライエントに注意を払い、なぜ沈黙しているのか、その状況に応じて考えることが大切です。無理に発言を引き出して沈黙を破ろうとすることは好ましくありません。

自己理解の支援

重要度 **B**

キャリアコンサルタントが行うクライエントへの自己理解の支援に関して、不適切なものの組み合わせはどれか。

A クライエントの自己理解を促進するために、面談を複数回に分けて行うことは、次回までにクライエントが内省する機会が得られるので有効といえる。

B クライエントが職業経験の棚卸しをしたり、自分の能力を確認し、仕事に関する希望や興味を明確にすることを支援することは、キャリアコンサルタントの役割といえる。

C クライエントが自己理解を促進する手段として最も有効なのは履歴書の作成であり、ジョブ・カードの作成よりも有効な手段である。

D クライエントが自己理解を深める中で、何よりも優先して考えなくてはならないのは、本人の価値観や希望、興味よりも、経済的事情であるとされている。

1. AとC
2. AとD
3. BとC
4. CとD

	1回目	2回目	3回目	◎：完全に分かってきた ○：だいたい分かってきた △：少し分かってきた ×：全く分からなかった
学習日	/	/	/	
手応え				

正解 4

A 適切な記述内容です。

面談はおおむね45分から1時間程度が一般的だといわれています。それも複数回に分けることで、次回までにクライエントが自身を振り返ることになるので有効といえます。

長時間の面談を1回だけ行うよりは、複数回に分けたほうが有効であるという論点が、過去に問われたことがありました。

B 適切な記述内容です。

設問の記述の通り、キャリアコンサルタントの支援でクライエントが自己洞察をして、気づいていくことが重要です。

C 不適切な記述内容です。

履歴書は、応募先への提出用書類としての体裁を有するものです。自己理解を深めるツールとして、ジョブ・カードよりも履歴書が有効とは必ずしもいえません。

ジョブ・カードは「職業能力証明」のほかに、自己理解のツールとして位置づけられています。

参照 「マイジョブ・カード」サイト
https://www.job-card.mhlw.go.jp/

D 不適切な記述内容です。

仕事をしていく上で、経済的な事情を除外することはできませんが、本人の価値観や希望、興味よりも優先するとはされていません。

過去問でも「経済事情が優先される（誤り）」が論点として出題されています。

問66 システマティック・アプローチ

重要度 A

システマティック・アプローチの各プロセスに関する次の記述のうち、最も適切なものはどれか。

1 初回面談で、クライエントの来談経緯、職歴、家族構成、健康状態（身体面・精神面）などの必要な情報を収集したが、守秘義務についてはこの段階で伝えると堅苦しくなると思い、次回説明することにした。

2 職業選択にあたっては、クライエントが、営業ならばどんな産業の企業でもよいとのことだったので、どんどん応募してみるとよいとアドバイスした。

3 クライエントが立てた目標について、設定された目標と現状の能力とに差があると感じたので、目標達成のために必要な知識やスキル、技術の習得のための能力開発について情報提供した。

4 当初は精力的に活動していたクライエントだったが、書類選考に通らず面接まで至らないことが重なり、アクションプラン通りに進まないことで、気力が低下してきた。クライエントに対し、気力が回復してから援助を再開したいから、それまでは面談を中止すると伝えた。

全問◎を目指そう！

	1回目	2回目	3回目
学習日	/	/	/
手応え			

◎：完全に分かってきた
○：だいたい分かってきた
△：少し分かってきた
×：全く分からなかった

正解 3

1 不適切な記述内容です。

守秘義務について伝えるのは、初回の面談であり、来談者との信頼関係の構築にとって、極めて重要なことです。初回面談では、守秘義務、キャリアコンサルティングの範囲、面談時間、料金、場所など、伝えるべきことを最初に伝え、来談者の同意を得ます。

2 不適切な記述内容です。

「営業」といっても、新規顧客開拓の「飛び込み営業」と、固定客を対象とした「ルート営業」とでは、仕事の進め方や求められるスキルに違いがあります。あるいは、法人を対象とした営業なのか個人や消費者を対象とした営業なのかによっても、違います。

仕事の理解の支援方法としては、不適切といえます。

3 適切な記述内容です。

キャリアコンサルタントは、相談者の設定した目標を達成するために、必要な知識やスキル、技術の修得のための能力開発をどのように行っていくかについて情報提供し、それを具体的な行動計画に盛り込んでいきます。

4 不適切な記述内容です。

むしろ、クライエントにとってモチベーションが低下しがちなこの時期に、キャリアコンサルタントとして援助することが役割です。もう一度、前のプロセスに戻ることも必要でしょう。自己理解・仕事理解・目標設定など、必要なプロセスに戻って検討し直すほか、自己効力感が低下しているクライエントに対しては、それを高める援助が必要です。

システマティック・アプローチ

キャリアコンサルティング終結にあたり、相談過程を総括するための項目に関する次の記述のうち、最も適切なものはどれか。

1 キャリアコンサルティングによる支援のプロセスと、キャリアコンサルタントとしての成長が、何よりも優先して確認できたか。

2 クライエントの短所を浮き彫りにして指摘することと、キャリアコンサルティングで不成功に終わった点がフィードバックできたか。

3 双方がキャリアコンサルティングで言いそびれたことの確認や、信頼関係と協働関係についてどの程度、構築できたか（不十分な点も含めて）。

4 クライエントがキャリアコンサルタントにいつでも会いに来たいという気持ちを抱いたまま終結できたか。

	1回目	2回目	3回目
学習日	/	/	/
手応え			

◎：完全に分かってきた
○：だいたい分かってきた
△：少し分かってきた
×：全く分からなかった

正解 3

1 不適切な記述内容です。

キャリアコンサルタントとしての振り返りも必要ですが、問題文はクライエントの視点が欠如しています。「キャリアコンサルティングによる支援のプロセスと、クライエントの立場からの支援の結果の確認」という視点が抜けています。

キャリアコンサルティング協議会「キャリアコンサルタント倫理綱領」の第3条「信頼の保持・醸成」第3項には以下の通り記述されています。

「キャリアコンサルタントは、相談者の利益をあくまでも第一義とし、研究目的や興味を優先してキャリアコンサルティングを行ってはならない。」

2 不適切な記述内容です。

短所は誰にでもありますが、モチベーションを高めて自分のキャリアの道を歩き出そうとするクライエントに対しては、長所を自覚させるほうが適切といえます。

3 適切な記述内容です。

4 不適切な記述内容です。

キャリアコンサルタントとクライエントが個人的な関係を継続させるのは禁止です。終結に際しての面談では、相談者とキャリアコンサルタントの双方にとって意義深い面談で終結できるよう、目標の達成度とその評価を実施します。

キャリアコンサルティングの原点として、クライエントが自らキャリアマネジメント（自立・自律）ができるよう支援することについては、試験の出題範囲や倫理綱領にも記載されています。

問68 システマティック・アプローチ

重要度 B

システマティック・アプローチに関する次の記述のうち、適切なものはどれか。

1 意思決定における不確実性は排除しづらいものであるが、キャリアコンサルタントが支援をしている限りにおいて、常に完璧性が求められているといえる。

2 意思決定は短期的かつ具体的な目標を実現することが相談者の支援においては最も有用であるといえる。

3 面談初期において「自己実現ができないので会社を辞めたい」と来談した会社員には、最初に自己実現ができるような職業を一緒に検討して提示することが求められる。

4 意思決定においては、メリットだけではなくデメリットについても考えることが必要である。

	1回目	2回目	3回目
学習日	/	/	/
手応え			

◎：完全に分かってきた
○：だいたい分かってきた
△：少し分かってきた
×：全く分からなかった

正解 4

1 不適切な記述内容です。

意思決定において不確実性が伴わないということはなく、いったん決定されたことについても変わることがあります。意思決定は完璧性を求めるのものではなく、複数の可能性を見いだすよう、はげますことであるとされています。

2 不適切な記述内容です。

本試験の出題範囲の細目に**「相談者のキャリア・プランをもとにした中長期的な目標や展望の設定と、それを踏まえた短期的な目標の設定を支援すること」が示されています。**システマティック・アプローチの過去問では、その正誤を試験出題範囲に照らして判断できるものがいくつか出題されています。

参照 キャリアコンサルタント試験の試験科目及びその範囲並びにその細目

https://www.career-shiken.org/wordpress/wp-content/uploads/2019/12/past-03.pdf

3 不適切な記述内容です。

相談者にとって自己実現ができるような職業を一緒に検討する支援を行うことは、キャリアコンサルタントの役割です。ただし、本肢は「面談初期」の場面設定となっています。自己実現ができないと思う相談者の苦しさやそれまでの経緯を受容することや、相談者にとって自己実現とは何かを伺うなどが先に行うことといえます。

相談者との面談時期によって「最も適切」である支援が変わることがあり、本試験でそのステップが問われたこともありますので、面談時期も読み飛ばさないようにしてください。

4 適切な記述内容です。

記述の通りです。

システマティック・アプローチの問題は素直に読んで違和感がないかどうか、違和感を覚えた場合は誤りの選択肢である可能性を検討することが重要です。

問69 システマティック・アプローチ

重要度 B

システマティック・アプローチの目標設定に関する次の記述のうち、適切なものはどれか。

1 目標は具体化しづらいものであったとしても、できるだけハイレベルなものにすることで相談者の満足が得られることが多い。挑戦しがいのあるものにすることが必要である。

2 相談者の目標達成に対する意思が確認できて、キャリアコンサルタントが行う内容について両者で確認できたら、契約を結ぶ。

3 目標達成のための契約については、書面で締結することが求められている。

4 一度決めた目標は安易に変更をしてはならず、変更したい場合はシステマティック・アプローチの一連のステップを完了し、総括を終えた後に行う。

	1回目	2回目	3回目
学習日	/	/	/
手応え			

◎：完全に分かってきた
○：だいたい分かってきた
△：少し分かってきた
×：全く分からなかった

正解 2

1 不適切な記述内容です。

具体化できない、抽象的であいまいな目標では、何をしてよいのか混乱することがあります。できるだけ具体的でかつ、実行可能な目標を立てたほうが、相談者のモチベーションも維持しやすく、実現への期待感も高まります。

2 適切な記述内容です。

ここでの契約（同意）は、キャリアコンサルティングのプロセスと、実行内容を確認するためのものです。

3 不適切な記述内容です。

2の解説に続き、契約は書面で締結するものとはされていません。

自分と相手との権利－義務の関係を記載したような法的なものではありません。

なお、「契約書は必ず必要なのではなく、はっきりしない、意志が弱い、努力を続けるのが困難な人など必要な場合に行えばよい」とされています。

4 不適切な記述内容です。

システマティック・アプローチにおいて、目標は変更可能であってよいとされています。

変化の激しい環境にあっては、自分のスキルが陳腐化していたり、今まで目標としていたこと自体が、自身の中で変化していることもありえます。

問70 環境への働きかけ

キャリアコンサルタントの環境への働きかけに関する次の記述のうち、キャリアコンサルタントの活動として、最も適切なものはどれか。

1 企業におけるキャリアコンサルティングの中で、面談を通じて、クライエントに対する支援だけでは解決できない組織に関わる問題が出てきた。守秘義務に基づいて、クライエントから聞いた話は一切他言しないとクライエントに約束することが何よりも重要である。

2 キャリアコンサルタントは、クライエント個人に対する支援だけでは解決できない環境の問題点の発見、環境への働きかけについての認識と実践が求められる。

3 組織に属するキャリアコンサルタントの活動範囲は、所属する企業内に限定されている。

4 企業内におけるキャリアコンサルティングの中で、キャリアコンサタントは従業員の意思を最大限に尊重することが求められる。企業の人材開発についての方針との整合の視点までは求められていない。

	1回目	2回目	3回目
学習日	/	/	/
手応え			

◎：完全に分かってきた
○：だいたい分かってきた
△：少し分かってきた
×：全く分からなかった

正解 2

1 不適切な記述内容です。

相談者に対する支援だけでは解決できない組織に関わる問題に対しては、「環境への働きかけ」が必要でしょう。つまり、問題の指摘や改善案の提示などを、効果的に行うスキルがキャリアコンサルタントには求められています。

守秘義務はもちろん大事です。クライエントが個人名を出すことを望まないか、自らに悪影響が出ることを心配しているなら、それを踏まえた組織への働きかけの方法を考え、それをクライエントに説明して納得し、了承してもらうべきです。後述の「キャリアコンサルタント倫理綱領」も参照してください。

2 適切な記述内容です。

キャリアコンサルタントは、クライエント個人に対する支援だけでは解決できない環境の問題点の発見や、環境への働きかけの必要性について認識し、それを実践することが求められます。その方法は自分で判断するしかない、ともいえるぐらい実際の事案は多様であり、それぞれのケースでベストと思えるやり方を選びましょう。

関係者と協力したり、環境を改善するための提案をしたりというように、幅広いスキルが求められます。

3 不適切な記述内容です。

所属企業内に限定されているわけではありません。組織に属するキャリアコンサルタントであっても積極的に社外の勉強会に出席して情報を収集したり、人脈や活動範囲を広げる努力が、日常の活動にも好影響をもたらします。

4 不適切な記述内容です。

キャリアコンサルタントが従業員の意思を尊重することはもちろん大切ですが、組織との契約関係にある場合、組織が掲げる方針も考慮した上での活動が求められます。

問71　環境への働きかけ

重要度 **B**

キャリアコンサルタントの環境への働きかけに関する次の記述のうち、キャリアコンサルタントの活動として、不適切なものの組み合わせはどれか。

A　キャリアコンサルタントは、キャリアコンサルティングを行う上で知っておかなければならないメンタルヘルスに関する知識を有していたとしても、クライエントに対して病状の診断を行ってはならない。

B　企業内の相談案件については、他の専門家と協働して支援する必要がある場合でも、支援のための資源は社内にとどめ、社外に求めるべきではない。

C　企業の経営方針や従業員教育の方針の中に、キャリア開発に対する明確な方針が盛り込まれるように、経営者や人事部に対して働きかけていくことは、重要な活動である。

D　キャリア開発や教育の必要性について企業の管理監督者が認識を持つことが、部下である労働者のキャリア形成を左右するため重要である。しかし、管理監督者層が、キャリアコンサルタントに関わる必要はない。

1　AとB
2　AとC
3　BとD
4　AとD

	1回目	2回目	3回目
学習日	／	／	／
手応え			

◎：完全に分かってきた
○：だいたい分かってきた
△：少し分かってきた
×：全く分からなかった

正解 3

A 適切な記述内容です。

「診断」や「治療」をキャリアコンサルタントが行ってはなりません。これらの行為は医師に認められるものです。

B 不適切な記述内容です。

キャリアコンサルタントの活動において、その資源は社内だけにとどめなければならないということはありません。社外の関係者とのコミュニケーションや協力体制をつくっておくことは大切なことです。キャリアコンサルタント倫理綱領にも他の専門家との協力体制の構築について触れられています（第4条第3項、第8条第3項）。

C 適切な記述内容です。

従業員一人ひとりの自立・自律とキャリア形成を支援することが、組織の生産性、創造性につながります。従業員へのキャリア形成支援は、キャリアコンサルタントだけが担えばよいというものではありません。

企業の経営方針や従業員教育の方針の中に、キャリア開発に対する明確な方針が盛り込まれることが大切です。

D 不適切な記述内容です。

キャリア開発の必要性に対する企業の管理監督者の認識の度合いは、部下である労働者のキャリア形成に大きな影響を及ぼします。そのため、キャリアコンサルタントは、企業の管理監督者層に対する教育を行うことも重要な活動です。

問72 環境への働きかけ

重要度 **B**

キャリアコンサルタントの環境への働きかけの認識と実践に関する次の記述のうち、最も適切なものはどれか。

1 キャリアコンサルタントの、相談者への支援においては、できるだけ周囲からの影響を受けないようにすることが大切である。そこで状況にかかわらず、家族や職場をはじめ周囲の人々からの影響をできるだけ排除することを考慮して、サポートしていくことが重要である。

2 ニート支援機関から研修講師を依頼されたので受諾し、当日出向くと、ニート本人ではなく、職員や保護者が集まっていた。趣旨が違うと思い、急きょ講師を断った。

3 抑うつ状態のベテランの社員が、「長年勤めてきて初めて会社に来るのが嫌になっている」と言って相談にきた。相談者の問題の解決には人事部の協力が不可欠だと思われた。そこで、本人の了解を得て、人事部に対して面談を申し入れ、相談者の状況を報告し、キャリアコンサルタントとしての見解を伝えた。

4 企業へのキャリアコンサルティングの導入や定着にあたっては、組織のトップの強い支持と理解が不可欠である。よって、キャリアコンサルタントは、トップの人材育成に関する考え方やキャリアパスについては、無条件でその内容に沿ったキャリアコンサルティングを行わなければならない。

全問◎を目指そう！

	1回目	2回目	3回目
学習日	/	/	/
手応え			

◎：完全に分かってきた
○：だいたい分かってきた
△：少し分かってきた
×：全く分からなかった

正解 3

1 不適切な記述内容です。

相談者への支援においては、相談者を取り巻く家族や職場をはじめ周囲の人々を、大切なサポート資源として捉えることができます。ただし、状況の確認をせず、むやみにサポートを開始することは避けるべきでしょう。

例えば、家族や職場との関係がうまくいっていない相談者に対しては、すぐに問題を周囲に相談させようとすることは性急であり、関係改善の可能性はあるのか、どうすれば関係がうまくいくのかなどを考えてみることも必要です。

2 不適切な記述内容です。

依頼を受ける際に、趣旨や参加者の特徴を確認した上で研修の進め方を決めるべきであり、適切とはいえないケースです。

ニートや不登校の生徒の場合、本人がそうした研修に参加しないことがあります。本人の周囲の人にも働きかけることができる機会であると捉えるほうが適切です。事前確認が不足しているケースと思われます。

3 適切な記述内容です。

「本人の了解を得て」というステップを踏んでおり、会社の人事部というネットワークを活用して、本人の不調を改善するサポートを進める姿勢は適切といえます。

なお、「抑うつ状態」が疾病の可能性があるかどうかの診断は、医師が担う領域になり、キャリアコンサルタントは行うことができません。

4 不適切な記述内容です。

トップの支持や理解は必要ですし、企業の人材育成方針やキャリアパスも知るべきです。しかし、無条件にその内容に沿った対応を行うのは過剰ともいえます。個人が尊重されず、ハラスメントを招きかねない内容などについては、キャリアコンサルタントの倫理綱領に従い対処をしていくことが求められるでしょう。

キャリアコンサルタントのネットワーク

キャリアコンサルタントによるネットワークに関する次の記述のうち、最も適切なものはどれか。

1 キャリアコンサルタントの任務の範囲、自身の能力の範囲を超えることについて、他の専門機関や専門家に相談し、紹介あっせんするのは、クライエントの様々なニーズに応えるためである。

2 求職活動中のクライエントが受けたい企業がなかなか見つからないというので、キャリアコンサルタントの知り合いの企業を受けてみるように勧めた。

3 キャリアコンサルティングは、クライエントの主体的なキャリア形成支援に関わる仕事であるから、結婚や夫婦間の悩みは別の専門機関に任せるべきである。

4 キャリアコンサルタントがクライエントをリファーする必要性を感じた場合、クライエントの同意を得なくても、速やかにリファーすることが望ましい。

	1回目	2回目	3回目	
学習日	/	/	/	◎：完全に分かってきた ○：だいたい分かってきた
手応え				△：少し分かってきた ×：全く分からなかった

正解 1

1 適切な記述内容です。

自身の能力の範囲を超えることについてリファーを行うことは、その倫理綱領からもキャリアコンサルタントに求められています。

キャリアコンサルタントの仕事は、常にクライエントに目を向けているという点でも適切な記述です。

2 不適切な記述内容です。

クライエントに、キャリアコンサルタントの知り合いの企業を受けてみるように勧めるのは、クライエントと多重関係を持つことになり、自己決定権を損なうおそれもあります。

3 不適切な記述内容です。

キャリアコンサルティングによって支援するクライエントのキャリア形成は、職業キャリアだけではありません。ライフキャリアも含めたものです。また、職業も含めたクライエントの人生を考える際に、結婚や夫婦・家族などの環境は、働くことに大きな影響を与えます。これらもキャリアコンサルティングの範囲であるといえるでしょう。

4 不適切な記述内容です。

リファーの必要性を感じた場合は、できるだけすみやかにリファーすることが適切といえます。

しかし、クライエントの自己決定権を尊重する必要があるのでクライエントの同意を得ることは必要といえます。

問74 メンタルヘルスに関する理解

メンタルヘルス不調に関する次の記述のうち、適切なものはどれか。

1 抑うつ状態はうつ病に特有の症状である。とりわけ、うつ病で懸念されるのは自殺であるが、自殺は女性に多く、自殺未遂は男性に多い。

2 相談者に精神的な病気の可能性がみられる際には、キャリアコンサルタントは、精神科医にリファーしなければならないが、その際には、原則として口頭で行うのがよい。また、職場においては、部下の健康状態を把握するために、上司が主治医に会ってその意見を聞くとき、部下である本人の同意を得る必要がない場合がある。

3 ストレス研究の先駆者であるセリエによると、生体が外部から物理的、心理的、社会的にいろいろな刺激を受ける、その刺激を「ストレッサー」と呼び、その刺激に順応、適応しようとして引き起こされる一連の心理的な反応を「ストレス（反応）」と呼ぶ。身体的な症状が現れることはない。

4 平成27年12月1日からストレスチェック及び面接指導の実施等を義務付ける制度が創設された。これは定期的に労働者のストレス状況についての検査を実施し、その結果を本人に通知して、ストレスへの気づきを促進することを目的としている。さらに、検査結果を集団単位で集計・分析するなど最終的に職場環境改善・メンタルヘルス不調者の早期発見・医師による面接指導につなげることを狙いとしている。実施頻度は1年に1回である。

全問◎を目指そう！

	1回目	2回目	3回目
学習日	/	/	/
手応え			

◎：完全に分かってきた
○：だいたい分かってきた
△：少し分かってきた
×：全く分からなかった

正解 4

1 不適切な記述内容です。

抑うつ状態は、うつ病だけにみられる症状ではありませんし、それだけをもってうつ病であると捉えるのは誤りです。

また、自殺は男性に多く発生しています。令和４年の自殺者数は**21,881人**となり、対前年比874人（約4.2%）増で、「男女別にみると、男性は13年ぶりの増加、女性は３年連続の増加となっている。また、**男性の自殺者数は、女性の約2.1倍**となっている」とされています（「令和４年中における自殺の状況」厚生労働省）。

自殺の多くは多様かつ複合的な原因および背景を有し、様々な要因が連鎖する中で起きており、また「自殺は、その多くが追い込まれた末の死である」とされています（「自殺総合対策大綱」厚生労働省）。

2 不適切な記述内容です。

リファーする際に、口頭で伝えるだけでは詳細について記録が残らず、相談者の支援にも支障が出かねません。

また、職場においては、部下の健康状態を把握するために、上司が主治医に会ってその意見を聞くとき、医師には個人情報保護および守秘義務に関する法令を遵守する義務があります。例外的に認められる場合もありますが、それは、自殺の危険性や人の生命、身体、財産の保護が必要な場合で、本人の同意を得ることが困難である場合に限られます。

3 不適切な記述内容です。

セリエのストレス学説は、ストレッサーにさらされた生体は、その有害性に適応しようとして「生化学的反応」を起こすとしています。心理的な症状だけではなく、身体的な症状も現れるとされています。

4 適切な記述内容です。

改正労働安全衛生法により、従業員数50人以上のすべての事業場にストレスチェックの実施が義務付けられ、平成27年12月１日から施行されています。その内容は選択肢の記述の通りです。

問75 メンタルヘルスに関する理解

重要度 B

心の健康問題により休業した労働者の職場復帰に関する次の記述のうち、不適切なものの組み合わせはどれか。

A 主治医による診断は、日常生活が行えるかどうかに着目して判断することがあり、職場復帰に際しては産業医の判断を加味することが望ましい。

B 職場復帰は元の慣れた職場へ復帰させることが原則である。ただし、異動や職場の人間関係等を誘因として発症したケースにおいては、配置転換や異動をしたほうがよい場合もあることも留意すべきである。

C 職場に復帰する労働者の健康情報等については、一個人の問題ではなく、すべての従業員にも起きうることであるため、社内で情報を公開し共有化することが、会社全体として取り組む上でも大切なことである。

D 休業に入る際の従業員に対して、傷病手当金などの保障制度を説明することは、休業期間中に不安を生じさせることにつながるため、情報提供は避けるべきであるとされている。

1 AとB
2 AとD
3 BとC
4 CとD

	1回目	2回目	3回目
学習日	/	/	/
手応え			

◎：完全に分かってきた
○：だいたい分かってきた
△：少し分かってきた
×：全く分からなかった

正解 4

A 適切な記述内容です。

主治医と産業医の違いは、以下のようになります。

- 主治医：日常生活における回復の度合いを判断することが多い。
- 産業医：業務内容を踏まえて、その業務を遂行できるかの度合いで判断する。

主治医には、あらかじめ職場で求められる業務遂行能力に関する情報を提供した上で見解を求めることが望ましいといえます。

B 適切な記述内容です。

職場復帰は、元の慣れた職場へ復帰させることが原則です。

ただし、異動や職場の人間関係等や役職による重圧を誘因として発症したケース、あるいは業務量の多さや勤務時間の長さが誘因となったケースなど、一人ひとり異なります。配置転換や役職を外すほうがよい場合もあれば、それがかえって本人の精神的な負担を増大させ逆効果となる場合もあることに留意すべきです。

C 不適切な記述内容です。

労働者の健康情報等は、個人情報の中でも特にデリケートな情報です。

そのため、情報の取り扱いルールの策定などが必要です。また、健康情報を取り扱う担当者に対する研修・教育も必要です。情報収集や第三者への情報提供に関しては本人の同意を得ることが必要です。

D 不適切な記述内容です。

労働者が病気休業期間中に安心して療養に専念できるよう、次のような項目については情報提供等の支援を行いましょう。

- 傷病手当金などの経済的な保障
- 不安、悩みの相談先の紹介
- 公的または民間の職場復帰支援サービス
- 休業の最長（保障）期間等　など

参照 厚生労働省「心の健康問題により休業した労働者の職場復帰支援の手引き」
https://www.mhlw.go.jp/new-info/kobetu/roudou/gyousei/anzen/dl/101004-1.pdf

第3編 理論

Stp 4 練習問題

問76 メンタルヘルスに関する理解

「労働者の心の健康の保持増進のための指針」(厚生労働省)の次の記述のうち、適切なものはどれか。

1 「セルフケア」は、労働者自身がメンタルヘルス不調にならないように気をつけるものであり、事業者の支援とは独立して推進されるものとされている。

2 「ラインによるケア」は、職場の管理監督者が、部下が「いつもと違う」ことに早く気づくようにすることや、部下からの相談への対応、休業に入った部下の職場復帰支援などがある。

3 「事業場内産業保健スタッフ等によるケア」は、産業医や保健師等が担当するものであるが、相談対応の対象は労働者本人のみであり、管理監督者は含まない。

4 「事業場外資源によるケア」は、心の健康づくり計画の実施にあたり、事業場外のスタッフが最新の知見をもって主導し、中心的な立場で進めることとされている。

	1回目	2回目	3回目
学習日	/	/	/
手応え			

◎:完全に分かってきた
○:だいたい分かってきた
△:少し分かってきた
×:全く分からなかった

正解 2

1 不適切な記述内容です。

セルフケアは、労働者個人だけの取り組みではありません。**事業者はセルフケアが行えるように、教育研修や情報提供を行うなどの支援をすることが重要**であるとされています。

あわせて、上司にあたる「管理監督者」のセルフケアもその対象に含めて取り組むことが重要です。

2 適切な記述内容です。

ラインによるケアでは、職場の管理監督者が、部下の様子に「いつもと違う」ことはないか（例えば、遅刻や欠勤が増える、仕事の能率が悪くなる、活気がない、服装の乱れなど）に気づくために、日頃から部下に関心を持っておくことが重要です。

また、部下が相談しやすいように環境や雰囲気を整えることや、長時間労働にならないように部下に対して配慮し、声かけすることも必要です。

休業に入ってしまった部下が職場復帰する際には、産業医など事業場内産業保健スタッフや事業場外のスタッフなどとも連携して復帰の支援を行います。

3 不適切な記述内容です。

事業場内産業保健スタッフは、産業医や保健師、看護師、衛生管理者など心の健康づくりに関わるスタッフですが、その支援対象は労働者本人だけではありません。**管理監督者への相談対応も含まれます。**

「セルフケア及びラインによるケアが効果的に実施されるよう、労働者及び管理監督者に対する支援を行う」とされています（出題資料「労働者の心の健康の保持増進のための指針」より引用）。

4 不適切な記述内容です。

心の健康づくり計画の策定は「事業者が労働者の意見を聴きつつ事業場の実態に即した取組を行うことが必要である」として、衛生委員会等において十分な調査審議を行うことが重要だと指針には記載されています。

もちろん、事業場外資源からの助言を受けてはならないとはされていませんが、社外の事業者などが中心的な立場になって、代わりに進めるものではありません。

問77 メンタルヘルスに関する理解

精神疾患に関する次の説明のうち、不適切なものはどれか。

1 うつ病：精神的ストレスや身体的ストレスが重なることなど、様々な理由から脳の機能障害が起きている状態である。眠れない、食欲がない、一日中気分が落ち込んでいる、何をしても楽しめないということが続く。

2 適応障害：ある特定の状況や出来事がきっかけで、体の症状と行動面に症状が現れるもの。症状は、常に不安が強く、動悸・発汗・めまいなどの身体症状や、行きすぎた飲酒や暴食・無断欠席・無謀な運転やけんかなどの攻撃的な行動がみられることもある。そうした状態が常に続いているのが特徴である。

3 パニック障害：突然理由もなく、動悸やめまい、発汗、窒息感、吐き気、手足の震えといった発作を起こし、そのために生活に支障が出ている状態。繰り返される「予期しないパニック発作」は、パニック障害の特徴的な症状である。

4 統合失調症：心や考えがまとまりづらくなってしまう病気であり、幻覚と妄想など、健康なときにはなかった状態が現れる「陽性症状」と、意欲の低下、感情表現が少なくなるなど、健康なときにあったものが失われる「陰性症状」がある。

	1回目	2回目	3回目
学習日	/	/	/
手応え			

◎：完全に分かってきた
○：だいたい分かってきた
△：少し分かってきた
×：全く分からなかった

正解 2

1 適切な記述内容です。

うつ病は、精神的ストレスや身体的ストレスが重なることなど、様々な理由から脳の機能障害が起きている状態です。眠れない、食欲がない、一日中気分が落ち込んでいる、何をしても楽しめないということが続きます。脳がうまく働いてくれないので、ものの見方が否定的になり、自分がダメな人間だと感じてしまいます。そのため、普段なら乗り越えられるストレスも、よりつらく感じられるという、悪循環が起きてしまいます。

2 不適切な記述内容です。

適応障害は、ストレスの原因がはっきりしているので、その**ストレスの原因から離れて環境が変わると、症状が改善することが多くみられる**のが特徴です。「そうした状態が常に続いている」とはいえません。

3 適切な記述内容です。

突然理由もなく、動悸やめまい、発汗、窒息感、吐き気、手足の震えといった発作を起こし、そのために生活に支障が出ている状態のパニック障害は、パニック発作から始まります。はじめは「パニック発作」だけですが、発作を繰り返すうちに、発作のないときに予期不安や広場恐怖といった症状が現れるようになります。また、うつ症状を伴うこともあります。

4 適切な記述内容です。

統合失調症の典型的な症状が、「幻覚」と「妄想」です。「幻覚」は実際にはないものをあるように感じる知覚の異常で、中でも自分の悪口や噂などが聞こえてくる「幻聴」は、しばしばみられる症状です。「妄想」は明らかに誤った内容を信じてしまい、周りが訂正しようとしても受け入れられない状態のことで、いやがらせをされているといった被害妄想、テレビやインターネットが自分に関する情報を流していると思い込んだりする関係妄想などがあります。

問78 メンタルヘルスに関する理解

ストレスチェック制度に関する次の記述のうち、適切なものはどれか。

1 すべての事業場において、人数規模に関わりなくストレスチェックを行うことが義務付けられた。

2 ストレスチェックの結果、高ストレスと判定された者は、医師から事業者へその結果と氏名を速やかに伝えるとともに、対策を講じなくてはならない。

3 実施に際して使われる調査票には「仕事のストレス要因」、「心身のストレス反応」、「周囲のサポート」の３領域を含むことが必要とされている。

4 ストレスチェック制度は、メンタルヘルス不調の三次予防の強化が目的である。

	1回目	2回目	3回目
学習日	/	/	/
手応え			

◎：完全に分かってきた
○：だいたい分かってきた
△：少し分かってきた
×：全く分からなかった

正解 3

1 不適切な記述内容です。

以下のように、事業場（会社の単位ではなく、**支店や営業所などの働く場所の単位**）ごとに実施の義務が定められています。実施頻度は年に1回です。

- **従業員数50人以上の事業場 「義務」**
- **従業員数50人未満の事業場 「努力義務」**

2 不適切な記述内容です。

ストレスチェックの結果は、“実施者”である医師（保健師）から本人へ直接伝えることとされています。

本人の同意なくして事業者に結果を伝えることはできません。

本人の同意があれば、医師から事業者（会社）へ伝えることができるというのは、労働者が不利な立場にならないようにするためです。

3 適切な記述内容です。

ストレスチェックの調査票に含まれている必要があるのは以下の3領域です。

①仕事のストレス要因：職場における当該労働者の心理的な負担の原因に関する項目。

②心身のストレス反応：心理的な負担による心身の自覚症状に関する項目。

③周囲のサポート：職場における他の労働者による当該労働者への支援に関する項目。

参照 労働安全衛生法に基づくストレスチェック制度実施マニュアル（平成27年5月 改訂 令和3年2月）

https://www.mhlw.go.jp/content/000533925.pdf

4 不適切な記述内容です。

ストレスチェックの実施は、「一次予防」（メンタルヘルス不調の未然防止）です。

誤解を招きやすい（狙われやすい）論点として、ストレスチェックが「メンタルヘルス不調の早期発見」であると問われたら、誤りです（早期発見と適切な措置は二次予防です）。

問79 ストレスに関する理解

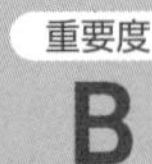

ストレスに関する次の記述のうち、適切なものはどれか。

1 うつ病になり仕事を休業したとしても、適切な治療を受けた後は、ストレスへの耐性が強くなる。

2 セリエ（Selye, H.）が提唱したストレス学説では、こころや体にかかる外部からの刺激をストレッサーと呼んでいる。

3 職場の人間関係がストレスの原因となる場合、多少の差はあるものの、みな同じ受け止め方をしており、反応もほぼ同じである。

4 身近な人の死や、上司からの叱責などがストレスの原因になっても、昇進昇格や結婚などがストレスの原因になることはないのは、本人にとって喜ばしいことだからである。

	1回目	2回目	3回目
学習日	/	/	/
手応え			

◎：完全に分かってきた
○：だいたい分かってきた
△：少し分かってきた
×：全く分からなかった

正解　2

1　不適切な記述内容です。

一度こころの病気を経験するとストレスに対して弱くなり、小さなストレスから気持ちが不安定になったり、再発や症状が出やすいといわれています。

参照　こころの耳　働く人のメンタルヘルス・ポータルサイト（厚生労働省）
https://kokoro.mhlw.go.jp/return/return-worker/

2　適切な記述内容です。

ストレスの要因となるものをストレッサーといい、正しい記述です。

一般にはボールや風船を例に説明されることが多く、以下の関係にあります。

- ストレッサー・ストレス要因（風船をへこませる力）
- ストレス耐性・レジリエンス（風船がもとに戻ろうとする力）
- ストレスコーピング（ストレッサーへの対処のやり方）
- ストレス反応（風船が変形）

3　不適切な記述内容です。

人それぞれに物事の受け止め方は様々で、同じ外的な要因に対して、強く感じる人とそうではない人がいます。同じ受け止め方であるとはいえません。

また、ストレス要因を受けての反応は「心理」「行動」「身体的」の3つといわれています。過去問では「心理と行動の2つである（誤り）」と問われたこともありました。「身体的」な反応も含めて3つありますので、押さえてください。

4　不適切な記述内容です。

「昇進うつ」という言葉があります。他者からみると喜ばしい出来事である昇進や結婚、出産などの出来事も当人にとっては変化であり、刺激となることから、ストレスの要因になるといわれています。

ほかに参考として、ホームズとレイは、ライフイベントの受け止め方にストレスの尺度を数値で表しました。結婚を50としたときに、他の様々なライフイベント（43項目）を0から100までで表しました。部分的に引用します。

「配偶者の死」：100、「離婚」：73、「結婚」：50、「上司とのトラブル」：23

問80 個人の多様な特性の理解

個人的特性に関する次の記述のうち、不適切なものの組み合わせはどれか。

A 発達障害者は、診断名が同じ場合、その人の持つ特性などは同じ傾向があるとされている。このためマニュアルに従って定型的な支援を行うことがよい。

B 発達障害の場合、子どもの頃や学生時代に発達障害を指摘されることなく、社会人となって初めて様々な困難にぶつかり、環境への適応や対人関係、コミュニケーションに苦しむ人もいる。

C 男女雇用機会均等法において、昇進の基準を満たす労働者の中から女性労働者を優先して昇進させることが、認められているケースがある。

D 男女雇用機会均等法において、性別によらないでも、実態として性別による差別となる「間接差別」について禁止はされていない。

1 AとB
2 AとD
3 BとC
4 CとD

全問◎を目指そう！

	1回目	2回目	3回目
学習日	/	/	/
手応え			

◎：完全に分かってきた
○：だいたい分かってきた
△：少し分かってきた
×：全く分からなかった

正解 2

A 不適切な記述内容です。

発達障害は、障害の種類を明確に分けて診断することが大変難しいとされています。

発達障害は、生まれつき脳の一部の機能に障害があるとされており、この点は共通ですが、個々人の差が大きいといわれています。

B 適切な記述内容です。

発達障害は、成人してから診断されることもあります。

都道府県には、社会人の発達障害者を支援する公的機関があり、キャリアコンサルタントはそうした機関との連携を図る必要があります。

C 適切な記述内容です。

職場に事実上生じている男女間の格差是正のため、こうした特例が認められています。

それを「**ポジティブアクション**」と呼びます。

厚生労働省によると、事実上生じている男女間の格差について、男性労働者と比較して、一定の雇用管理区分における職務・役職において女性労働者の割合が4割を下回っている場合、格差が存在していると判断されます。女性のみを対象とする、または、女性を有利に取り扱う措置を講じるときは、これまでの慣行や固定的な男女の役割分担意識が原因で生じている状況を改善する目的が必要です。

D 不適切な記述内容です。

間接差別とは、性別以外の事由を要件とする措置であって、他の性の構成員と比較して、一方の性の構成員に相当程度の不利益を与えるものとして省令で定めている措置（※以下の①～③）を、合理的な理由なく、講じることをいいます。

①労働者の募集または採用に当たって、労働者の身長、体重または体力を要件とするもの

②コース別雇用管理における「総合職」の労働者の募集または採用に当たって、転居を伴う転勤に応じることができることを要件とするもの（「転勤要件」）

③労働者の昇進に当たって、転勤の経験があることを要件とするもの

問81 個人の多様な特性の理解

重要度 **B**

発達障害に関する次の記述のうち、最も適切なものはどれか。

1 自閉スペクトラム症（Autism Spectrum Disorder：ASD）の原因は、家庭や学校における生育環境など、外的な環境要因が大きく関わることにある。

2 自閉スペクトラム症（Autism Spectrum Disorder：ASD）の支援では、当事者の発育の段階に応じた定型的な発達に近づけるように、関係者が連携していくことが求められる。

3 発達障害の特性は一人ひとりがそれぞれに異なることから、その支援に際しては診断名ごとに決められた配慮ではなく、当人が抱える困難さを考慮しての個別の支援が求められる。

4 自閉スペクトラム症（Autism Spectrum Disorder：ASD）は、投薬治療により完治につなげることができることから、医療機関との連携が重要である。

	1回目	2回目	3回目
学習日	／	／	／
手応え			

◎：完全に分かってきた
○：だいたい分かってきた
△：少し分かってきた
×：全く分からなかった

正解 3

1　不適切な記述内容です。

「自閉スペクトラム症の原因はまだ特定されていませんが、多くの遺伝的な要因が複雑に関与して起こる、**生まれつきの脳の機能障害が原因と考えられています**。胎内環境や周産期のトラブルなども、関係している可能性があります。親の育て方が原因ではありません。」（引用　e-ヘルスネットより）

2　不適切な記述内容です。

発育の段階ごとに定められた定型的な発達というものはありません。本肢のように定型的な発達一律に近づけるのではなく、「**個々の発達ペースに沿った療育・教育的な対応が必要**」です。（引用　e-ヘルスネットより）

3　適切な記述内容です。

「自閉スペクトラム症の人々の状態像は非常に多様であり、信頼できる専門家のアドバイスをもとに状態を正しく理解し、個々のニーズに合った適切な療育・教育的支援につなげていく必要があります。」とされています。（引用　e-ヘルスネットより）

4　不適切な記述内容です。

「個別の症状は薬によって軽減する場合が」あるとされていますが、「現代の医学では自閉スペクトラム症の根本的な原因を治療することはまだ不可能」とされており、投薬のみが選択肢ではありません。（引用　e-ヘルスネットより）

参照　厚生労働省　e-ヘルスネット
https://www.e-healthnet.mhlw.go.jp/information/heart/k-03-005.html

問82 心理検査・アセスメントツール

アセスメントツールについての次の記述のうち、適切なものはどれか。

1 コンピュータによる総合的なキャリア・ガイダンス（職業適性診断）システムである「キャリア・インサイト」は、利用者自身による自己理解の促進、職業意識の啓発を目的として開発された。誰もが自宅のパソコンからインターネットを通じてアクセスできるという特長がある。

2 職業の分類として総務省の「日本標準職業分類」があり、その構成は、大分類、中分類及び小分類の３段階に分類されている。ハローワークでの職業分類はこの分類が用いられている。

3 「職業興味検査VPI（Vocational Preference Inventory）」は、ホランド（Holland, J. L.）の理論をベースとしており、６つの職業興味領域に対する興味の程度と、５つの傾向尺度がプロフィールとして示される。

4 厚生労働省編 一般職業適性検査［進路指導・職業指導用］（GATB）は11種類の紙筆検査、4種類の器具検査から、適性能を測定するようにしており、検査実施に際しての制限時間は設けられていない。

	1回目	2回目	3回目
学習日	／	／	／
手応え			

◎：完全に分かってきた
○：だいたい分かってきた
△：少し分かってきた
×：全く分からなかった

正解 3

1 不適切な記述内容です。

キャリア・インサイトは、利用者自身による自己理解の促進、職業意識の啓発を目的として開発されたという前半の記述は、適切です。

後半の「インターネットを通じてアクセス」するシステムにはなっていません。パソコンにインストールをしてスタンドアロンの状態で利用するシステムです。

2 不適切な記述内容です。

総務省の「日本標準職業分類」の記述は、問題文の通りです。

しかし、ハローワークで用いられている職業分類は総務省のものではなく、厚生労働省の「厚生労働省編職業分類」を利用しています。

職業分類については、本書の「第4編 その他」の「Step3 速習テキスト」で解説しています。本試験では、アセスメントのツールとあわせて、職業理解の観点から出題されることがあります。

3 適切な記述内容です。

VPI職業興味検査は、以下の2点を押さえてください。

①**ホランドの理論がベース**になっていること

②「**6種類の興味領域尺度**と**5種類の傾向尺度**に対する個人の特性を測定する」ものであること

6種類：現実的、研究的、芸術的、社会的、企業的、慣習的

5種類：自己統制、男性－女性傾向、地位志向、稀有反応、黙従反応

4 不適切な記述内容です。

前半の「11種類の紙筆検査、4種類の器具検査から、適性能を測定する」は、適切な記述内容です。

しかし、「検査実施に際しての制限時間」は設定されています。**時間を制限**して行う、最大能力検査です。スピードを要する検査のため、45歳以上は適用外とされています。

問83 心理検査・アセスメントツール

アセスメントツールに関する次の記述のうち、不適切なものはどれか。

1 テストを行う目的と内容、手順をよくクライエントに説明した上で、了解を得る必要がある。ある程度、信頼関係を築いた後に実施することが望ましい。

2 何種類かのアセスメントを組み合わせることによって、より多面的にクライエントを理解することが可能であれば、組み合わせも可能である。

3 厚生労働省編 一般職業適性検査（GATB）は仕事をする上で必要とされる、9種類の適性能を11の試筆検査と4つの器具検査により測定する。

4 KN式クレペリン作業性格検査は、個人の性格特性を測定するために、行動、意欲などの観点からの質問に答える検査であり、企業の採用選考に用いられることも多い。

	1回目	2回目	3回目
学習日	／	／	／
手応え			

◎：完全に分かってきた
○：だいたい分かってきた
△：少し分かってきた
×：全く分からなかった

正解 4

1 適切な記述内容です。

相談者との信頼関係を築くこと、相談者の状態を考慮し、テストを受けることができる状態かどうか判断した上で実施すること、テストを実施する際の環境の整備にも配慮して相談者が集中してテストを受けられるようにすることなどは、アセスメントツールを使う際の基本です。

2 適切な記述内容です。

いたずらに複数のテストを実施しても相談者にとって利益はありませんが、複数のテストの情報から総合的・多面的な捉え方をするほうが効果的ならばそのようにします。

ただし、被検査者の負担にならないように、なるべく異なる検査手法で、そして、最小限の検査を実施するという原則を忘れてはいけません。

なお、複数のテストを組み合わせて実施することを「テストバッテリー」といいます。

3 適切な記述内容です。

厚生労働省編 一般職業適性検査GATBの特徴を記した文として適切な記述内容です。

GATBは過去問にも頻出であり、練習問題にも複数問を組み込んでいます。

4 不適切な記述内容です。

KN式クレペリン作業性格検査は質問に答える検査（質問紙法）ではありません。

横に並んだ数字を、ひたすら加算していきます。検査実施者の指示のもと、1分ごとに行をかえながら15分間の加算作業を行います。若干の休憩の後に再び加算作業を行う検査です。

企業の採用選考で用いられることも多く、性格特性を見るという点は、正しい記述です。

心理検査・アセスメントツール

OHBY カードの説明で、不適切なものはどれか。

1 職業カードソート技法を行うためのツールで、48枚のカードを使って、1対1のカウンセリングからグループでの活用など、様々な場面で活用することができる。

2 カードの表面には職業の名前が書かれており、裏面には簡単な解説文が書かれている。

3 カードを使って、自分の職業への興味や価値観を知るだけではなく、今まで知らなかった職業を理解することもできる。

4 カードにはホランド（Holland, J. L.）による職業興味分類（RIASEC）が記されている。

	1回目	2回目	3回目	◎：完全に分かってきた ○：だいたい分かってきた △：少し分かってきた ×：全く分からなかった
学習日	/	/	/	
手応え				

正解 2

1 適切な記述内容です。

設問の記述通り適切です。なお、OHBY（オービィ）カードの標準的な活用は、「選択する」、「選択しない」、「考え中」の3枚のカードをあらかじめ並べて置き、カードに書かれた職業を見て、分類していきます。

次に「選択しない職業」のカードを見て、どんな特徴があるのか、どうしてそう思ったのかを考えます。その次に「選択する職業」のカードを見て、同様に自分で考えます。

カードの一部分は職業ごとに、ホランドのRIASECのそれぞれに対応する色分けがされているので、自分が選んだ（選ばなかった）のは何色が多いのかも確認することができます。

（以上の解説は活用をイメージしていただくための参考です。本試験に使い方の詳細が問われたことはありません）

2 不適切な記述内容です。

①カードの表面：その職業の**「絵」と「写真」**があります。

②カードの裏面：**職業名とその職業の情報（文字）が記述**されており、ほかにホランドの職業興味分類や、その職業が属する産業（例：サービス業）が書かれています。

OHBYカードの表・裏に何があるかは、本試験でたびたび問われています。

3 適切な記述内容です。

設問の記述通り適切です。

4 適切な記述内容です。

なお、ホランドコード（職業興味分類）のそれぞれにカードの一部分が色分けされています。

心理検査・アセスメントツール

キャリア・インサイト（統合版）の特徴に関する次の記述のうち、最も適切なものはどれか。

1 キャリア・インサイトMCコースの利用対象者は、18歳から34歳程度で、就業経験が少ない人を対象としている。

2 キャリア・インサイト（統合版）は、Web上で実行ができるため、若年層のスマートフォンでの利用に適している。

3 キャリア・インサイトは職業マッチングを目的にしており、利用者の適性と能力を測定し、最もそのプロフィールに適した職業に就くことを勧めてくれる。

4 キャリア・インサイトはコンピュータにより利用者単独で利用することができるが、その利用に際してはキャリアコンサルタントなどの相談担当者が一緒に解釈をしたほうが望ましいとされている。

全問◎を目指そう！

	1回目	2回目	3回目
学習日	/	/	/
手応え			

◎：完全に分かってきた
○：だいたい分かってきた
△：少し分かってきた
×：全く分からなかった

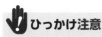

正解 4

1 不適切な記述内容です。

キャリア・インサイトは、2つのメニューで構成されており、MC（ミッド・キャリア）は35歳以上の就業経験がある利用者向けとされています。

①ECコース（Early Career）：18歳～34歳の就業経験がないか、少ない人
②MCコース（Mid Career）：35歳以上で就業経験がある人

なお、かつてはEC版とMC版の2つのシステムに分かれていましたが、2014年に統合されています。

2 不適切な記述内容です。

キャリア・インサイトは、CD-ROMで供給されてパソコンにインストールします。Webネットワーク上から利用するシステムではありません。

ひっかけ注意

「スマートフォンからWeb上で実行ができる（誤り）」という論点が過去問でも問われています。

3 不適切な記述内容です。

キャリア・インサイトは、個人の特性と職業を実際にマッチングさせるシステムではなく、実際の求人情報を検索することもありません。どんな仕事に就いたらよいかわからないなど、職業理解が十分でない人などに有効とされています。その人の興味や志向と職業の相性を診断するツールといえます。

4 適切な記述内容です。

キャリア・インサイトはひとりで利用することができますが、提供される情報があらかじめコンピュータにプログラミングされた結果の提示となります。

したがって、その**結果の解釈にあたっては、相談担当者が補うことが推奨**されています。

参考 キャリア・インサイトは、利用者が自分で職業適性を調べたり、職業情報の検索を行うなど、キャリアプランを考えるCACGS（Computer Assisted Careers Guidance System）です。

心理検査・アセスメントツール

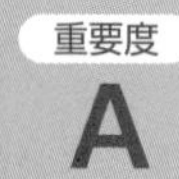

VPI職業興味検査の説明文の中で、不適切なものの組み合わせはどれか。

A　160の具体的な職業に対する興味・関心の有無を回答するものである。

B　６つの職業興味領域尺度と５つの能力尺度に対する個人の特性を測定する検査である。

C　「Vocational Preference Inventory」の略で、ホランドによりアメリカで開発された。

D　受検時間は15～20分程度で、35歳以上の職業経験が豊富で多忙な社会人を対象としている。

1. AとB
2. BとD
3. CとD
4. AとD

全問◎を目指そう！

	1回目	2回目	3回目
学習日	/	/	/
手応え			

◎：完全に分かってきた
○：だいたい分かってきた
△：少し分かってきた
×：全く分からなかった

正解 2

A 適切な記述内容です。

160個の職業名が列挙されており、それぞれにYes・Noで回答します。
Y（興味がある。関心を引く）
N（嫌い。興味がない）

B 不適切な記述内容です。

6つの興味領域尺度（現実的、研究的、芸術的、社会的、企業的、慣習的）に対する興味の程度と、5つの傾向尺度（自己統制、男性‑女性傾向、地位志向、稀有反応、黙従反応）がプロフィールで表示されものです。

ひっかけ注意

過去問では、以下のような問題が出題されました。用語を正確に覚えましょう。

正しい **6つの興味尺度　と　5つの傾向尺度**

間違い **6つのパーソナリティ・タイプ　と　5つの適職領域**
6つの興味尺度　と　5つの能力尺度

なお、"興味尺度"は"興味領域尺度"と出題されることがあります。どちらも同じです。

C 適切な記述内容です。

VPI職業興味検査は、アメリカで開発されたホランドによるVPI（Vocational Preference Inventory）の日本版で、1985年に公表されました。

D 不適切な記述内容です。

受検の所要時間は実施が15～20分ですので、前半は正しい記述です（採点は5分程度）。

後半が誤りです。**対象者は原則として「短大生・大学生」**です（大学・短期大学在学生を対象として標準化が行われたためとされています）。

心理検査・アセスメントツール

心理テストの要件に関する次の記述のうち、不適切なものはどれか。

1 十分な数の被検者に対して実施し、統計的手続きによって素点を偏差値化するなど比較可能な何らかの指数へ変換し、得点を評価することができるようにしたテストは、標準化されたテストといえる。

2 心理テストの信頼性とは、測定値が誤差の少ない安定した値であるかどうかということである。同じ対象に対して測定を繰り返したとき、同じような値が得られるならば信頼性が高いといえる。

3 心理テストの妥当性とは、測りたい属性を本当に測定しているかどうかに関する概念である。

4 相談者の自己理解を深めるために、キャリアシートに加えて心理テストを行うのがよい。また、心理テストの客観性は、異なる採点者の結果を比較することによって得られるので、できる限りたくさんのテストを実施しなければならない。

	1回目	2回目	3回目
学習日	/	/	/
手応え			

◎：完全に分かってきた
○：だいたい分かってきた
△：少し分かってきた
×：全く分からなかった

正解 4

1 適切な記述内容です。

心理テストの「**標準化**」とは、検査によって得られる情報をどのように理解すればよいのかを示す**尺度を用意**することを指します。

標準化されたテストでは、検査を受けた受検者が、全体の母集団の中で、**自分はどのような位置にあるのかを推測**することができるとされています。

2 適切な記述内容です。

心理テストの「**信頼性**」とは、心理検査で測定されているものが**正確で安定したもの**かを示す指標です。

3 適切な記述内容です。

心理テストの「**妥当性**」とは、その検査が**目的にあったものであるか**、検査によって測定しようとしている対象を正確に測定できているかということです。

例えば、数学のテストを英語で受験した結果が悪かったという場合、英語の学力が不足しているためなのか、数学の学力が不足しているためなのか判断することは難しいです。このような場合が、妥当性に問題があるといえる例です。

4 不適切な記述内容です。

たくさんのテストを実施するのではなく、相談者にとって適切な最小限のテストをすることが大事です。 キャリアコンサルティングでは、プロセス全般を通じて行われる相談者との関わりの中で絶えずアセスメント（見立て）が行われていますが、対話を通じて行われるアセスメントを補完する目的で、心理検査・適性検査などを使用する場合があります。

第4編 その他

Step1 傾向分析 ▶ 284

Step2 攻略ポイント ▶ 286

Step3 速習テキスト ▶ 288

Step4 練習問題 ▶ 304

Step 1 傾向分析

1◆はじめに

「その他」編は、法律・統計・理論に分類しづらい論点や、すべてに横断的に関わってくる論点で分類したものです。

ここには、キャリアコンサルタントとしてのあり方を定義している職業倫理の問題も含まれます。

2◆出題の傾向

傾向として多くを占めるものが、次のようにキャリアコンサルタントを業として行っていく上で、よりどころとなる領域からの出題です。

- キャリアコンサルタントの役割
- キャリアコンサルタントの活動範囲
- キャリアコンサルタントの倫理
- キャリアコンサルタントのネットワーク

これらの中でも、キャリアコンサルタントの役割や活動に関する問題は、素直な問題が多く、学習に際して混乱は少ないと思われます。

一方で、ジョブ・カード、スーパービジョン、職業分類などの個々の出題論点については、細かい論点を問うてくるものもあります。

それらの出題論点は、過去問に照らして、「Step 3 速習テキスト」に整理しました。ただし、試験制度初期の頃に出題された論点については、その後の出題傾向を判断した上で割愛しているものがあります。

MEMO

第4編 その他

Step 2 攻略ポイント

1◆キャリアコンサルタントの「職業倫理」問題のアプローチ

倫理の問題は、わたしたちが日常生活をする上での常識に照らして解いていくことができる問題であるといえます。ただし、注意しなくてはならない論点があります。

企業と相談者個人の利益が相反するような事例で、キャリアコンサルタントとしてはどちらを優先して行動すべきかという問題です。

細部の解説は「Step３ 速習テキスト」に譲りますが、倫理の問題にも試験としての正解が必ずあります。キャリアコンサルタントの倫理綱領に照らして正誤が判断されます。

いわゆる「トロッコ問題」(トロッコが暴走している。あなたが進路を切り替えるとその先にいる５名の作業者は助かる。しかし、レーンを切り替えた結果、別レーンにいる１名は死亡する。あなたはどうするか？）のように、答えに窮するような問題は出されません。

正誤の基準のひとつは**「倫理綱領」**です。社会人ですと様々な経験を積んでこられて、スタンスもそれぞれだと思います。しかし、本試験では自分が日常考えている倫理上の価値観からいったん離れる必要があります。

繰り返しになりますが、**本試験では「倫理綱領」に照らして考える**ということが大切です。

そして、**倫理綱領には必ず目を通してください。**読むときは漫然と眺めずに、後述の「Step３ 速習テキスト」と照らしあわせて読むようにして、出題論点を押さえるようにしてください。

参照 「キャリアコンサルタント倫理綱領」
特定非営利活動法人キャリアコンサルティング協議会（平成28年4月1日）
https://www.career-cc.org/files/rinrikoryo.pdf

2◆キャリアコンサルタントのプロとしてのアプローチ

初見の問題などで、最後に2つの肢が残り、いずれをとるべきか迷うことがあります。そのようなときに役立つテクニックとして、「キャリアコンサルタントはどうあるべきか」に照らして考えると有用です。キャリアコンサルタントの試験に限らず、ベースの考え方に立ち戻ることは、正誤の判断に迷う際に有効なアプローチです。

キャリアコンサルタントを業として行う際に、実務上で問題が生じたときにも、よりどころになると思います。

暗記だけではなく、ベースとなる考え方を理解しながら、過去問を解いてください。

Step 3 速習テキスト

- その他の領域は、キャリアコンサルタントの倫理綱領と、活動・役割から多く出題されます。いずれも知識として覚えるだけではなく「キャリアコンサルタントはどうあるべきか」を意識してアプローチしましょう。
- ベースとなる姿勢、考え方の基準を押さえておけば、どのように行動するかという問いに対して、その基準に照らして考えて、正誤を判断することができます。素直な問題も多いといえます。
- その上で、「Step 3 速習テキスト」記載のスーパービジョンやジョブ・カードなどの実務の論点も押さえてください。

1◆キャリアコンサルタントとしての職業倫理の論点（倫理綱領）

(1) 自身の（任務の範囲）を認識すること

端的にいえば「無理をしない」ことであり、誠実に相談者に向き合うことです。自身の力量を超える相談内容であると判断したら、専門家にリファーをすることです。

「外国語での相談のスキルがない場合や疾病が疑われる場合にあなたはどうしますか？」という論点も挙げられます。

その際、相談者に断りなく、それまでの相談内容をリファー先に開示してしまった後で相談者に報告するのではなく、事前に相談者の了解を得ることが必要です。

キャリアコンサルタントには、倫理綱領で「自己研鑽」が明示されています。しかし、自分の勉強や成長のために自分の力量を超える相談を、リファーせずに自分で対応することは認められません。

「より質の高いキャリアコンサルティングの実現に向け、他の専門家とのネットワークの構築に努めなければならない」と倫理綱領には定められています。

(2) 結論を押し付けない（相談者の自己決定権の尊重）

一般の人生相談では指示的なアドバイスが有効なことがあるかもしれません。しかし、キャリアコンサルタントには「相談者の自己決定権の尊重」をすることが義務付けられています。

これは、試験の出題範囲にも「相談者が自らの意志で取り組んでいけるように働きかけること（相談者に対する動機づけ）」として明示されています。

(3) 誰の利益を考えるのか（組織との関係）（信頼の保持・情勢）

この論点は、組織と相談者の間にあって、コンサルタントが板ばさみになるケースともいえます。

例えば、今キャリアコンサルタントとして企業組織と契約をして業務を行っているとします。その相談内容を報告するように企業の担当者から言われたときに「自分が報酬をもらっているのは組織からであるし、報告することは相談者にとっても悪くはない話だ」という考えが浮かばないでしょうか。

この対応は誤りで、相談者の了解を得てから組織側には報告しなくてはなりません。

倫理綱領には、「相談者の了解のもとに」職務の遂行に努めなければならないとされています。組織との関係で、組織への報告や指摘、提案を行う場合は、以下の条件が満たされていることが必要ということが、倫理綱領から読み取れます。箇条書きに整理してみます。

①**相談者の利益が第一**であること
②相談者ひとりでは解決できない環境の問題や相談者の利益を損なう問題を発見した場合は**事実関係を明らかに**して
③**相談者の了解**を得て
④その上で行動に移す
ということになります。

(4) 多重関係を避ける（相談者との関係）

多重関係とは、相談者とキャリアコンサルタントとの間に生じる関係で、例えば以下のことがらが挙げられます。

①**恋愛関係**になる。

②職場の部下や取引先など、**利害関係のある相手が相談者**となる。

③相談者を**個人的なパーティなどのイベントに招待**する。

④相談者に**自分の著書の購入を強く勧める**。

相談者が同意していて、**相談者の側から申し出があったとしても**、キャリアコンサルティングの**専門的な契約の関係と別個の関係性を持つことは避けなければなりません**。

多重関係の回避は、公認心理師や産業カウンセラーの倫理綱領にも記載されています（産業カウンセラーでは「二重関係」と呼称）。

(5) 守秘義務

守秘義務を扱う問題は、法律や自己研鑽と合わせて出題される傾向があります。

ここでの大前提は、**キャリアコンサルタントはまず「守秘義務を負っている」**ことです。

職業能力開発促進法が改正されて、キャリアコンサルタントが定義づけられ、守秘義務も定められました。守秘義務は、**法律で明文化されました**。

その上で、「本人の同意」があったり「相談者が他者に危害を加えようとしている」などの危険がある場合に、守秘義務を遵守することが「この限りではない」とされています。

以下に出題論点を挙げますが、実際の試験ではケースごとの前提条件が重要なので、「問題文の全体」を読んで判断してください。

①相談者に**自傷・他害の危険**がある場合は「この限りではない」。

②裁判所から**法律に基づいて面談記録の提出**を求められた場合は、「この限りではない」。

③キャリアコンサルタント同士の情報交換であっても、守秘義務は守る必要がある。

④キャリアコンサルタントでは**なくなった後も守秘義務は「継続する」**。

⑤自分が相談案件を担当できなくなるので、後任のキャリアコンサルタントに面

談記録を引き継ぎをしてから、後任者が後日説明するのは「認められない」（ただし、相談者の事前了解がある場合は「この限りではない」と考えられます）。

⑥面談終了後に「ただちにすべてのケースを破棄」することまでは要求されていない。

⑦相談者の**氏名をイニシャルにして、面談そのままの逐語記録を事例研究で発表**することは認められない。

⑧キャリアコンサルタントの**自己研鑽のためだけ**に、**相談者に気づかれないよう、**録画・録音をすることは認められない。

⑨守秘義務の対象は「その業務に関して知り得た秘密」であり、住所や氏名などの個人情報だけに限らないことに注意すること。

2◆キャリアコンサルタントのネットワーク

キャリアコンサルタント同士あるいは他の領域の専門家とネットワークをつくり、連携することが出題されています。

過去問を見る限りでは、難問はあまり見当たりません。学習を始めている方であれば、キャリアコンサルタントの常識的な知識で解ける問題が多いように見受けられます。

①地域産業保健センター（ちさんぽ）

- ここでは主として従業員が50人に満たない企業を対象に、産業保健サービスの取り組み支援を行っています。従業員が50人以上の企業（事業所）は産業医の選任義務がありますが、49人以下の企業では産業医の選任が義務ではないため、産業医に相談できないケースがあります。
- そのような事業所では、メンタルヘルスの問題や、健康診断などについて同センターの医師（産業医）の相談を受けることができます。

②その他の出題例

- キャリアコンサルタント同士「のみ」のネットワーク活用が望ましい（誤り）。
- 社内よりも社外の法律の専門家とのネットワークが重要である（誤り）。

・相談者との守秘義務が最も重要であるから、社内の各部門とのネットワークを持つことは避けるべきである（誤り）。
・人事とのネットワークを構築して、人事異動の情報を事前に相談者に伝えるとよい（誤り）。
・キャリアコンサルタントが組織において「教育訓練の推進」を行う場合は、「地方行政の生涯学習部門とのネットワーク活用が最も有効」である（誤り）。

これらはいずれも誤りで、実際に過去問で出題されたものです。キャリアコンサルタント資格取得の学習者であれば、一見しておかしいと感じるのではないでしょうか。

3◆スーパービジョンと事例検討

(1) スーパービジョン

スーパービジョンの論点は、スーパーバイジー（指導を受ける側）とスーパーバイザー（指導する側）における、スーパービジョンのあり方を問う問題が多いです。

一般にキャリアコンサルタントは、熟練者であっても、スーパービジョンを受けることが望ましいとされています。初心者のときだけ必要でベテランになったら不要ということはありません。つまり、**スーパービジョンを受けることが望ましい**とされているスタンスで問題を読んでいきます。

なお、**スーパービジョンを受けなくても、資格の更新ができないということはなく、倫理綱領に反してしまうということはありません**。

出題論点を見てみます。

①スーパーバイザーをいったん選んだら、他の方に変更することはできない（誤り。変更できないとはされていません）
②相談内容が自身の能力を超えるときは、スーパービジョンを受けながら、自身が責任をもって最後までやりきる（誤り。「任務の範囲」で解説の通り、適切なリファーが必要です）
③スーパーバイザーは実践経験がある実務家よりも特定の理論に詳しい学識者が望ましい（誤り。全体の設問文脈の中で解釈すると、実務家よりも特定の理論

に詳しい学識者が望ましいとは必ずしもいえないと解釈できます）

④スーパーバイザーとスーパーバイジーの間には**役割関係を通した**上下関係が存在する（適切。“役割関係を通した上下の関係”なので適切です）

(2) 事例検討

主として２級論点になりますが、スーパービジョンと対比して「事例検討（会）」が出題されることがありますので、触れておきます。

事例検討は、クライエントとの間で行われた面接記録から作成された資料に沿って相談過程の振り返りを行うものです。キャリアコンサルタントの見立てや支援の有効性などについて意見を交換します。

活動の種類	特徴・異同
スーパービジョン	**スーパービジョン関係**に基づいて、スーパーバイジーが自らのカウンセラーとしての課題を適切に自己評価し、その課題に主体的に取り組み、解決できるように援助するための継続的な援助関係であり、その過程を通してカウンセラーとしての発達を促進する活動。（三川，2021より）
事例検討	**アセスメントや面接等の記録をもとに作成された資料に沿って意見交換**し、その事例の見立てや援助方法の有効性を検討する。すでに終結または中断によって終了した事例について行われる事例報告（casereport）のほか、専門誌や研究機関の紀要等に公開された事例報告を活用した「事例検討会」が行われることもある。（三川，2021より）

引用　令和２年度 キャリアコンサルタントの実践力強化に関する調査研究事業報告書（厚生労働省）

https://www.mhlw.go.jp/content/000768592.pdf

4◆ジョブ・カード

ジョブ・カードに関しては、運用の実務に関する論点が問われる傾向があります。ジョブ・カードは、キャリアコンサルティングや求職、職業能力の開発の際に活用するもので、以下に論点を整理します。

(1) ジョブ・カードの概要

①「生涯を通じたキャリア・プランニング」および「職業能力証明」の機能を担うツールです。

②その様式は、キャリア・プランシート、職務経歴シート、職業能力証明シートの３種類です。

(2)「マイジョブ・カード」サイトの活用

求職活動やキャリア形成を支援するツールをオンライン化したサイトが厚生労働省から提供されています。このようなサイトはその特徴が本試験で出題されることもありますので、本試験までには必ず目を通して操作をしてみてください。

以下にサイトの特徴を厚生労働省ホームページから引用します。

- オンライン上でジョブ・カードを作成・保存・更新
- キャリア形成に役立つ情報の取得
- マイナポータルの「もっとつながる」からシングルサインオン
  (マイナポータル経由で「マイジョブ・カード」を利用できます)
- ハローワークインターネットサービスに登録した求職情報を活用したジョブ・カード作成
- 職業情報提供サイトjobtag（日本版O-NET）との連携による職業情報の取得

参照 「マイジョブ・カード」サイト
https://www.job-card.mhlw.go.jp/

(3) ジョブ・カードの論点

ジョブ・カードの目的を踏まえれば、明らかに誤りであるとわかることができる過去問が多くあります。以下は、いずれも誤りの選択肢です。

①企業が従業員個々人の履歴を管理し、人事考課のために活用する（誤り）

②産業医が従業員の健康管理のために活用する（誤り）

③自治体がジョブ・カードの情報を蓄積しておいて、活用する（誤り）

④企業よりも求職者や学生のメリットを優先してつくられている（誤り）

一方で、いかにも存在しそうな制度運用として、以下の論点が問われたことがあります。

①ジョブ・カードの作成支援を行うことができるのは、キャリアコンサルタントだけである（誤り。求職者本人が自分で作成することができます。キャリアコンサルタントがジョブ・カードの作成代行を行える業務独占資格であるという定めはありません）

②企業では、求人の際に履歴書とともにジョブ・カードの提出を義務付けることが推奨される（誤り。応募書類は履歴書や職務経歴書、エントリーシートが一般的です）

③ジョブ・カード制度総合サイト※では「心理検査」を行うことができ、自己理解を支援するページがある（誤り。心理検査サイトは用意されていません）

④ジョブ・カードの保管はキャリアコンサルタントが行う（誤り。ジョブ・カードの管理は本人が行います）

⑤「ジョブ・カード制度紹介サイト」※には企業の求人情報が掲載されている（誤り。求人情報は掲載されていません。求人情報を検索することができるのはハローワークインターネットサービスです）

※「マイジョブ・カード」サイトが提供される以前の「ジョブ・カード制度総合サイト」について出題されていた論点です。参考に記しています。

(4)「専門実践教育訓練給付金」とジョブ・カード

この給付金は、ジョブ・カードを活用した「訓練前キャリアコンサルティング」を受けることが給付の要件とされています。168万円が上限として給付される、中長期のキャリア形成支援の制度です。

同じく給付金で「**一般教育訓練給付金**」がありますが、こちらはジョブ・カードを活用した訓練前キャリアコンサルティングは要件とはされていません。

両者を混同させる論点が問われたことがありますので、注意してください。

5◆職業分類／産業分類

職業分類／産業分類は、統計の問題や、仕事理解（理論）などでも扱われます。横断的な論点でもあり、その他に分類し、本編で扱うこととしました。

(1) 職業分類

職業分類には、厚生労働省のものと総務省のものがあります。

キャリアコンサルティングの領域では、厚生労働省のものが利用されています。

設問では厚生労働省のものは「**厚生労働省編職業分類**」として出題され、総務省のものは「**日本標準職業分類**」として、正式な名称で出題されています。

	厚生労働省	総務省
名称	厚生労働省編職業分類	日本標準職業分類
目的	**ハローワークで用いられ**、厚生労働省の労働・雇用の施策や統計などの基準である。	**統計の結果を表示するための分類**であり、個々の職業を認定するものではない。
分類	「大・中・小」の3段階※	「大・中・小」の3段階

※厚生労働省編職業分類は、従来「大・中・小・細」の4段階でしたが、2022年4月14日に改訂がされました。改訂により「細分類が原則廃止」されました。過去問では厚生労働省編職業分類と総務省の日本標準職業分類それぞれの「段階数」が問われたことがあります。過去問学習において、改訂前の問題を解く際の留意点として記しておきます（段階数は同じ3段階となりました）。

(2) 日本標準産業分類

総務省のものです。「職業分類」に関連づけて出題されています。論点を挙げます。

①日本標準産業分類の分類項目と厚生労働省編職業分類の区分は独立しており、別の分類です。

②日本標準産業分類における**産業の定義**は「事業所において社会的な分業として行われる財貨及びサービスの生産又は提供に係るすべての経済活動をいう」とされています。

※日本標準職業分類の「**職業とは**個人が行う仕事で、報酬を伴うか又は報酬を目的とするもの」と対比して問われたことがあります。

(3) 分類に関する厚生労働省－総務省の分類の違い（参考）

厚生労働省編職業分類の日本標準職業分類との違いをハローワークインターネットサービスのホームページから引用します。

「日本標準職業分類は統計法に基づく統計基準として設定されており、公的統計において職業別統計をまとめるときはこれを使用しなければならないものです。

一方、厚生労働省編職業分類は、職業紹介事業等に利用されるものですが、大分類、中分類、小分類は日本標準職業分類に準拠して設定されています。

参照　厚生労働省編職業分類

https://www.hellowork.mhlw.go.jp/info/mhlw_job_exposition.html

6◆キャリアコンサルティングの役割

(1) 出題数は多いものの、難問は少ない。

キャリアコンサルタントが担う役割と、その活動に関する設問は、比較的に理解しやすいものであり、難問に類するものは少ないです。

過去のいくつかの設問肢を挙げますが、以下のように、正誤を判断しやすい問題が出されています。

①個人の職業生活上の課題だけを扱う（誤り）

②キャリアコンサルティングは、その教育・普及活動と切り離して行うもの（誤り）

③個人に対する相談支援だけを行う（誤り）

④従業員のメンタルヘルス不調には関わる必要がない（誤り）

⑤傾聴に徹して、相談者への助言や指導は行わない（誤り）

(2)「試験の出題範囲」そのものを試験対策として押さえる。

キャリアコンサルタントの役割や活動に関しては、「試験の出題範囲」そのものからの出題もあります。

例えば、「個人と組織の共生の関係」の理解が過去問でも問われています。この論点は、以下のように試験範囲にも明示されているものです。

過去問の論点を太字に示しました。

「キャリアコンサルタント試験の試験科目及びその範囲並びにその細目」より

2. キャリアコンサルティングの役割の理解

キャリアコンサルティングの役割と意義に関し、次に掲げる事項について詳細な知識を有すること。

①キャリアコンサルティングは、**職業を中心にしながらも個人の生き甲斐、働き甲斐まで含めた**キャリア形成を支援するものであること。

②個人が自らキャリアマネジメントをすることにより**自立・自律できるように**支援するものであること。

③キャリアコンサルティングは、**個人と組織との共生の関係**をつくる上で重要なものであること。

④キャリアコンサルティングは、個人に対する相談支援だけでなく、キャリア形成やキャリアコンサルティングに関する**教育・普及活動、組織（企業）・環境への働きかけ等も含む**ものであること。

引用

- 特定非営利活動法人 キャリアコンサルティング協議会
  https://www.career-shiken.org/wordpress/wp-content/uploads/2019/12/past-03.pdf

- 特定非営利活動法人 日本キャリア開発協会
  https://www.jcda-careerex.org/files/news/260attachment_15706700101.pdf

7◆両立支援

がんなどの疾病を抱えながら就業する労働者が治療と仕事を両立させる「治療と仕事の両立支援」は、頻出です。アプローチのポイントを整理します。

①安全と健康の確保

職場は**就業上の配慮**（例：労働時間の短縮や作業転換など）を行うこと。

②労働者本人による取組（注：**本人の意識も大切**とされている）

労働者本人が、主治医の指示等に基づいて、治療を受け、適切な生活習慣を守ること。

③労働者本人の申し出

労働者**本人から支援を求める申し出がなされてから**取り組むこと。

相談窓口の整備など申し出が行いやすい環境を整備すること。

④治療と仕事の両立支援の特徴を踏まえた対応

育児や介護と仕事の両立支援と異なり、時間的制約に対する配慮だけでなく、労働者**本人の健康状態や業務遂行能力も踏まえた就業上の措置**等が必要。

⑤個別事例の特性に応じた配慮

症状や治療方法などは個人ごとに大きく異なるため、個人ごとに取るべき対応やその時期等は異なるものであり、**個別事例の特性に応じた配慮が必要**。

参照　厚生労働省　事業場における治療と仕事の両立支援のためのガイドライン

https://www.mhlw.go.jp/content/11200000/001088186.pdf

8◆その他

(1) ハローワークインターネットサービス

Webで容易に閲覧可能です。一度アクセスして触れてみることをお勧めします。以下の特徴があります。

①**誰でもがアクセスできる**インターネットサイトです。

（離職者のみに限りません）

②**動画は提供されていません**。

③公的機関としてのハローワークの情報以外の、**民間の求人情報はありません**。

④**約400の職業**の、それぞれ仕事の内容、労働条件の特徴等を解説しています。

(2) 公的職業訓練（ハロートレーニング）

職業訓練を扱う過去問は、厚生労働省の紹介パンフレットで出題論点をほぼカバーしています。パンフレットの内容をご紹介します。

https://www.mhlw.go.jp/file/06-Seisakujouhou-11800000-Shokugyounouryokukaihatsukyoku/0000169449.pdf

公共職業訓練の出題論点を以下に挙げます。なお、本試験対策用に整理したものであり、受講申請の実務などは別途確認をしてください。

出題論点	正解（例）
受講料	無料（在職者などに有料の場合あり）
受講料（テキスト）	実費負担
受講対象者	ハローワークの求職者
訓練期間	3か月〜1年
受講の申し込み	ハローワーク経由（面接も行われる）
訓練分野	IT、建設、製造、サービス……理美容、CAD、資格の取得など多種多様
コースの検索	インターネットで検索可能（コース詳細も掲載している）
受講者	7割以上が女性

(3) キャリア・パスポート

小学校から高等学校までのキャリア教育に関する学習・活動を児童や生徒が記録していくもので、**2020年（令和2年）4月からすべての小学校、中学校、高等学校で実施**されることになりました。

- 特別活動の学級活動（ホームルーム活動）で用いられます。
- 障害のある子供が学ぶ特別支援学校や、特別支援学級でも用いられます。
- 小中高の校種間で受け継いでいく「キャリア教育の記録（ポートフォリオ）」です。
- 「引き継ぎ」は以下のようになっています。
  ①学年間：原則、教師間で行う。
  ②校種間：原則、児童生徒を通じて行う。
- **記入は児童生徒自身**が行います。

- 内容や様式は地域や学校で**カスタマイズができる**とされています。
- 入試や就職試験等でそのまま活用することを考えて作られてはいません。

参照　文部科学省「キャリア・パスポートって何だろう？」
https://www.mext.go.jp/b_menu/shingi/chousa/shotou/143/shiryo/__icsFiles/afieldfile/2018/10/03/1409581_013_2.pdf

(4) 職業情報提供サイト jobtag（日本版 O-NET）

労働市場の「見える化」を目指して厚生労働省が2020年（令和２年）３月に開設したサイトです。2022年３月にjobtag（じょぶたぐ）としてリニューアルし、適職探索機能が充実しました。

その「当サイトについて」というページに以下のように記されています。

「職業情報提供サイト（日本版O-NET）（愛称:job tag（じょぶたぐ））は、『ジョブ』（職業、仕事）、『タスク』（仕事の内容を細かく分解したもの、作業）、『スキル』（仕事をするのに必要な技術･技能）等の観点から職業情報を『見える化』し、求職者等の就職活動や企業の採用活動等を支援するWebサイトです。

まだ就業経験のない方や再就職先を探している方が、どんな職業があるのかいろいろな切り口から探したり、その職業ではどんな仕事内容・作業が一般的に行われ、どんなスキルや知識を持った方が働いているのか調べたりすることができます。

また、学生のキャリア形成を支援する方、求職者への職業相談・職業紹介を行う方、企業内の人材活用に取り組む方に活用していただける様々な機能も搭載されています。」

いくつかの機能を紹介します。

①約500の職業について、仕事内容,就労する方法、労働条件、必要な「学歴・資格・スキル・知識・実務経験など」を提供しています。

②企業向けには人材募集から採用までの流れを説明し､求める人材の職務要件（仕

事内容、必要なスキルや知識等）を明確化し、まとめることができます。求人を受け付ける際のツールとして活用ができます。

③「適職を知る」の項目には以下のようなメニューがあります。

- 価値観検査、職業適性テスト（Gテスト）、しごと能力プロフィール、ポータブルスキル見える化ツール、キャリア分析、職業能力チェック

④例えば「しごと能力プロフィール」のメニューでは、自身の職歴からスキルなどの自分の「しごと能力」プロフィールを作成して、自身が希望する職業との適合度を見ることができます。

ひっかけ注意

過去問では「しごと経験プロフィール（誤り。正しくは“能力”プロフィール）」といった出題もされています。

⑤ポータブルスキル見える化ツール

「ポータブルスキル」とは、「職種の専門性以外に、業種や職種が変わっても持ち運びができる職務遂行上のスキル」です。ポータブルスキルの要素は、**「仕事のし方（対課題）」と「人との関わり方（対人）」**において、**9要素**があるとされています。

そのポータブルスキルを測定し、それを活かせる職務、職位を提示するツールが、「ポータブルスキル見える化ツール（職業能力診断ツール）」です。特に、**ミドルシニア層**の**ホワイトカラー職種**の方がキャリアチェンジ、キャリア形成を進める際に使用することが想定されています。（過去に「技能系職種向けである（誤り）」という論点も問われています。

以上、出題論点も含めて概要を記しましたが、実際にWebサイトに触れてみることをお勧めします。本試験ではサイトの提供メニューや機能が「文章」で出題されるため、実際に触れた体験と過去問の出題を重ね合わせることで、試験対策としての理解が深まるはずです。

参照　職業情報提供サイトjobtag（日本版O-NET）
https://shigoto.mhlw.go.jp/User/

(5) 労働者への支援（えるぼし、くるみん、トモニン）

女性の活躍や子育て、介護への支援などの取り組みがなされている事業者に認定を付与する制度です。企業のイメージアップや人材確保などで有利となるとされており、公共の調達では加点評価の対象になることもあります。

制度	ねらい	備考
えるぼし	女性の活躍	https://www.mhlw.go.jp/stf/seisakunitsuite/bunya/0000091025.html
くるみん	子育てサポート	https://www.mhlw.go.jp/stf/seisakunitsuite/bunya/kodomo/shokuba_kosodate/index.html
トモニン	仕事と介護の両立	https://www.mhlw.go.jp/stf/seisakunitsuite/bunya/koyou_roudou/koyoukintou/ryouritsu/index.html

第4編 その他

Stp 3 速習テキスト

Step4 練習問題

問88 キャリアコンサルタントの職業倫理

重要度 A

キャリアコンサルタントの活動と職業倫理に関する次の記述のうち、適切なものはどれか。

1 キャリアコンサルタントが集まる勉強会で、事例発表を行うにあたり、相談者との面談の逐語記録を用いるときは、名前をイニシャルにするだけで利用することができる。

2 キャリアコンサルタントの事情で、相談者との次回面談を他の人に代わってもらう場合、その人が国家資格キャリアコンサルタントの有資格者であれば、本人の同意がなくとも今までの面談内容をそのまま引き継ぐことができる。

3 相談者から、「面談を有意義に感じているので、もう少し時間がほしい。気楽に会話をしたいのでお酒でも飲みながら食事をしたい」と面談の続きの希望を受けたが、断わることにした。

4 相談者との面談予定時間を変更したいが、直接の連絡先がわからない場合、企業契約の相談者であれば、職場あてにFAXで連絡することは問題ない。

	1回目	2回目	3回目	
学習日	/	/	/	◎：完全に分かってきた ○：だいたい分かってきた
手応え				△：少し分かってきた ×：全く分からなかった

正解 3

1 不適切な記述内容です。

名前をイニシャル化しただけでは逐語部分は原文そのままのため、面談の個人的な内容を保護することができません。逐語記録の作成、活用にあたっては、相談者へ了解を求め、個人が特定されない配慮が必要になります。また、「相談者の利益をあくまでも第一義とし、研究目的や興味を優先してキャリアコンサルティングを行ってはならない」（キャリアコンサルタント倫理綱領 第3条第3項）ことはいうまでもありません。

2 不適切な記述内容です。

相談者の同意なく相談内容を開示することにつながり、守秘義務に反して不適切といえます。その相手がキャリアコンサルタントの有資格者であっても同じことです。

3 適切な記述内容です。

相談者との間で、面談の継続を別の場所で行うことは不適切であり、それを断ったことは適切な判断です。ひとつには、多重関係に発展していくおそれがあるからです。

4 不適切な記述内容です。

職場にFAXを入れることは、たとえ相談内容がオープンにならなくても、相談している事実は周囲にわかってしまいます。相談内容だけでなく相談していること自体も、守秘義務に含まれることに注意しなくてはなりません。

キャリアコンサルタントの職業倫理

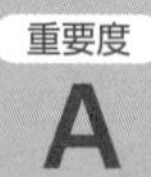

キャリアコンサルタントの職業倫理に関する次の記述のうち、不適切なものの組み合わせはどれか。

A　キャリアコンサルタントは、キャリアコンサルティングが相談者の生涯にわたる生きがい・働きがいに影響を与える、つまり人の人生に深く関わる責任ある立場であることを視野に入れ、そのことを自覚して業務を遂行しなければならない。

B　キャリアコンサルタントは、相談者との間に、モラルハラスメント、パワーハラスメント、セクシャルハラスメント、ジェンダーハラスメントなど、様々なハラスメントが起こらないように配慮しなければならない。また、相談者に対しては、キャリアコンサルティングにおいて想定されるこうした問題や危険性について、事前に説明し、同意を得なければならない。

C　キャリアコンサルタントは、常に自己研鑽し、自分のスキルを高める努力を続けなければならない。そのため、キャリアコンサルタントは、キャリアコンサルティングを行うにあたり、自己の能力の限界を自覚し、これを克服するために、能力以上の仕事も引き受けて挑戦してみる姿勢を持たなければならない。

D　キャリアコンサルタントは、キャリアコンサルタントとして、自己の能力や業績を過大に誇示して相談者に対して自分を権威づけたり過大な期待を抱かせたりしてはならない。また、他のキャリアコンサルタントまたは団体を、誹謗・中傷してはならない。

1　AとC　**2**　AとD　**3**　BとC　**4**　BとD

	1回目	2回目	3回目
学習日	/	/	/
手応え			

◎：完全に分かってきた
○：だいたい分かってきた
△：少し分かってきた
×：全く分からなかった

正解 3

A 適切な記述内容です。

特定非営利活動法人キャリアコンサルティング協議会の「キャリアコンサルタント倫理綱領」(以下、「倫理綱領」と記します)の「(基本的理念)第1条第2項」に基づく記述です。

B 不適切な記述内容です。

相談者との間に様々なハラスメントが起こらないように配慮するのはキャリアコンサルタントの側です。

本問の記述のように「相談者に説明して同意を得る」ことは、相談者の責任に転嫁することになる可能性があり不適切です。

倫理綱領の「(相談者との関係)第10条第1項」からの出題です。

C 不適切な記述内容です。

倫理綱領の「(自己研鑽)第4条第1項」からの出題です。

キャリアコンサルタントは絶えざる自己研鑽が必要です。しかし、相談者を実験台にしてはならないのです。

また、倫理綱領の「(任務の範囲)第8条」には、「キャリアコンサルタントは、明らかに自己の能力を超える業務の依頼を引き受けてはならない」とあります。

D 適切な記述内容です。

倫理綱領の「(誇示、誹謗・中傷の禁止)第6条」に基づく記述です。

参照 「キャリアコンサルタント倫理綱領」
特定非営利活動法人 キャリアコンサルティング協議会(平成28年4月1日)
https://www.career-cc.org/files/rinrikoryo.pdf

問90 キャリアコンサルティングの役割・活動

重要度 B

キャリアコンサルタントの活動領域や義務に関する次の記述のうち、適切なものはどれか。

1 活動範囲を超えてキャリアコンサルティングが行われた場合には、効果がないだけでなく、相談者にとって有害となる場合があることがある。しかし、相談者が面談に訪れた時間を無駄にしないために、最低限のアドバイスや傾聴だけでも続けるのがよい場合もある。

2 キャリアコンサルタントにとって相談者との信頼関係の構築は極めて重要である。そのため、キャリアコンサルティングを通じて職務上知り得た事実、資料、情報について決して口外してはならず、いかなる場合でも守秘義務を全うしなければならない。

3 キャリアコンサルタントは、キャリアコンサルティングのプロセスの中で心理テストを実施するにあたって、十分に訓練を受けていない場合はその旨クライエントに説明し、了解を得た上で実施しなければならない。

4 企業内のキャリアコンサルタントはメンタルヘルスの専門家ではないので、メンタルヘルスの問題は他の専門家にリファーすることが必要だが、長時間労働や有給休暇が取れない問題や若年期における職場の不適合などのメンタルヘルスの予防的な事柄には、積極的に関わったほうがよいといえる。

全問◎を目指そう！

	1回目	2回目	3回目
学習日	/	/	/
手応え			

◎：完全に分かってきた
○：だいたい分かってきた
△：少し分かってきた
×：全く分からなかった

正解 4

1 不適切な記述内容です。

キャリアコンサルタントは、能力以上の仕事を引き受けてはならず、活動範囲を超える業務遂行は、相談者の主体的なキャリア形成の機会を奪ってしまいます。また、信頼関係（ラポール）の構築はキャリアコンサルティングにとって不可欠ですが、依存関係を生むことは避けなければなりません。この例題の場合には、相談者の時間を無駄にしないためにも、他の専門家にリファーする必要性を丁寧に説明すべきです。

2 不適切な記述内容です。

守秘義務は、キャリアコンサルタントにとって、相談者との信頼関係の構築のために極めて重要です。また、キャリアコンサルティングを通して知り得た個人情報は、厳重に管理されなければなりません。ただし、「危機介入」の場合にはその限りではありません。つまり、事件性や命の危険などが差し迫った場合などには、必要な処置を講じる必要があります。問題文の「いかなる場合でも」は不適切です。

3 不適切な記述内容です。

十分に訓練を受けていない心理テストを相談者に対して実施することは、相談者の利益に反する結果となりかねません。心理テスト等のアセスメントツールの利用にあたっては、その妥当性や信頼性を明らかにし、訓練を受けた範囲内で実施しなければなりません。なお、アセスメントツールは、相談者の自己決定権を尊重する意味でも、相談者に趣旨を伝えて同意を得てから使用します。

4 適切な記述内容です。

キャリアコンサルタントは、メンタルヘルスや精神的な疾患の専門家ではありません。一方で、心の問題に起因する職場や業務への不適合等の阻害要因を排除するために、専門家と連携し、メンタルヘルスの保持・増進や快適な職場環境の形成に寄与することが期待されています。つまり、「予防的な事項」という取り組みは、メンタルヘルスの知識も含めて理解しておく必要があります。

問91 キャリアコンサルティングの役割・活動

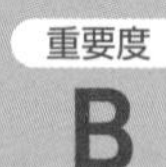

キャリアコンサルティングの役割の理解に関する次の記述のうち、最も適切なものはどれか。

1 キャリアコンサルティングの進め方は、主にカウンセリング技法を用いるものであることから、助言ではなく傾聴と受容に徹するべきである。キャリアコンサルタントがそうした対応を続けることによって、相談者が自らの判断と意思決定につなげていくべきである。

2 キャリアコンサルティングの対象には、企業内労働者や求職者のみならず、将来的に労働市場に参入する層である学生や主婦、子どもたちも含まれる。労働市場を引退している高齢者等は、キャリアコンサルティングの対象に含まれることはない。

3 働き方改革が進められているが、キャリアコンサルタントには、個人の生産性を組織の中で最大限に高めることが期待されている。キャリアコンサルタントの活動領域は仕事に関わることに限定されており、介護や育児などの個人の事情は企業人事が対応することが、その関連法に定められた。

4 キャリアコンサルティングは、個人を対象とした支援以外に、組織との共生の関係を築くことを念頭に、企業内外への働きかけを行うことも活動範囲に含まれている。

	1回目	2回目	3回目
学習日	/	/	/
手応え			

◎：完全に分かってきた
○：だいたい分かってきた
△：少し分かってきた
×：全く分からなかった

正解 4

1 不適切な記述内容です。

「助言ではなく傾聴と受容に徹する」という部分が不適切です。傾聴と受容はカウンセリングの基本的態度であり、極めて重要だといえますが、キャリアコンサルティングは、相談者の話の聞き役だけに徹するわけではありません。

相談者のキャリア形成支援のために、システマティック・アプローチ（自己理解に始まる6つのステップ）を踏まえて支援を行うものです。そして、相談者が抱えるキャリアを形成する上での問題点を指摘し、解決に向けて支援します。単なる聞き役ではありません。

2 不適切な記述内容です。

「労働市場を引退している高齢者等は、キャリアコンサルティングの対象に含まれることはない」という部分が不適切です。キャリアを狭い意味の職業キャリアだけで捉えるのではなく、広い意味で相談者のライフキャリア、つまり個人の生き方に対しても支援をするのがキャリアコンサルティングです。そうした支援により、労働市場を引退した高齢者が、ボランティア活動や文化活動などの社会的活動に参加する契機になります。高齢化・長寿化の中で、豊かな人生を歩むことに結びつくものでもあります。

3 不適切な記述内容です。

働き方改革では、個々の事情（育児や介護との両立など）に応じて、多様な働き方の選択ができることを目指しています。

キャリアコンサルタントに求められているのは、個々の事情を踏まえた上で、必要に応じて組織にも働きかける活動です。個人の事情には企業人事が対応するとは定められていません。

4 適切な記述内容です。

キャリアコンサルティングには、個人に対する相談支援だけでなく、キャリア形成やキャリアコンサルティングに関する教育・普及活動、環境への働きかけ等も含まれます。また、個人の主体的なキャリア形成は、個人と環境（地域、組織、教育機関、家族等、個人を取り巻く環境）との相互作用によって培われるものです。

問92 キャリアコンサルティングの役割・活動

キャリア形成支援者としての姿勢に関する次の記述のうち、不適切なものの組み合わせはどれか。

A　キャリアコンサルティングの役割は、一人ひとりが主体的にキャリアを築いていけるように支援することであり、一方的に指導をすることではない。

B　職業紹介機関や教育機関で働くキャリアコンサルタントは、その業務が職業斡旋に限られるのは仕方がない。

C　キャリアコンサルタントの役割は、個人の生きがい・働きがいまで含めたキャリア形成支援をすることであり、その役割は、労働市場動向の情報提供がメインである。

D　キャリアコンサルタントは、自己理解を深め、キャリアプランを明確にすることの必要性を自分自身のこととして理解し、実践する必要がある。

1　AとC
2　AとD
3　BとC
4　BとD

	1回目	2回目	3回目
学習日	/	/	/
手応え			

◎：完全に分かってきた
○：だいたい分かってきた
△：少し分かってきた
×：全く分からなかった

正解 3

A 適切な記述内容です。

キャリアコンサルタントであることの存在意義がここにあります。キャリアコンサルタントは、クライエントに対する情報提供を行う際にも、クライエントの自己決定権を尊重し、一方的な指導をするのではなく、最終的な自己決定ができるようにクライエントを支援していくことが必要です。

B 不適切な記述内容です。

キャリアコンサルタントの業務が職業斡旋に限られるということはありません。

近年では、キャリアコンサルタントの有資格者が求められるようになってきました。キャリアコンサルタントは様々な機関で働きながら、キャリアコンサルタントの特性を日々周りに示し、社会的な認知度を高める必要があります。キャリア形成、キャリアコンサルティングに関する教育、啓蒙、環境への働きかけの実践を忘れてはいけません。

C 不適切な記述内容です。

キャリアコンサルタントは、キャリアコンサルティングの専門家であり、単純な就職相談員というわけではありません。キャリアコンサルタントは、個人が主体的に自らの希望・適性・能力に応じてキャリア形成を行うことで、個人の生きがい・働きがいにつながるだけではなく、組織と社会をも発展させる役割を持っています。

D 適切な記述内容です。

キャリアコンサルティングは、個人の人生に関する重要な役割、責任を担うものであることを自覚し、キャリア形成支援者としての自身のあるべき姿を明確にすることが大切です。そして、キャリア形成支援者として自己理解を深め、キャリアプランを明確にすることの必要性を自分自身のこととして理解し、実践していることが必要です。

問93 キャリアコンサルティングの役割・活動

キャリア形成支援者としての姿勢に関する次の記述のうち、最も不適切なものはどれか。

1 キャリアコンサルタントが、常に自らの質の向上を図ることが必要なのは、適正なキャリアコンサルティングを行うことによって、相談者個人、組織及び社会の発展に寄与することができるからである。

2 キャリアコンサルタントは、キャリアコンサルティングが相談者の生涯にわたる充実したキャリア形成に影響を与えることを自覚して誠実に職務を遂行しなければならない。

3 キャリアコンサルタントは、組織を取り巻く社会、経済、環境の動向や、教育、生活の場にも常に関心をはらい、専門家としての専門性の維持向上に努めなければならない。

4 キャリアコンサルタントは相談者との間で、特別な親密性を保ち、相談者から頼りにされる立場を維持できるよう努めなければならない。

	1回目	2回目	3回目
学習日	/	/	/
手応え			

◎：完全に分かってきた
○：だいたい分かってきた
△：少し分かってきた
×：全く分からなかった

正解 4

1 適切な記述内容です。

この問題は、特定非営利活動法人キャリアコンサルティング協議会の「キャリアコンサルタント倫理綱領」(以下、「倫理綱領」と記します)からの出題です。

倫理綱領の前文に以下のようにあります。

「キャリアコンサルタントは、(中略)相談者のキャリア形成上の問題・課題の解決とキャリアの発達を支援し、もって組織および社会の発展に寄与することである。その使命を果たすための基本的な事項を『キャリアコンサルタント倫理綱領』として定める。」

2 適切な記述内容です。

倫理綱領の「(基本的理念)第1条第2項」に以下のようにあります。

「キャリアコンサルタントは、キャリアコンサルティングが、相談者の生涯にわたる充実したキャリア形成に影響を与えることを自覚して誠実に職務を遂行しなければならない。」

3 適切な記述内容です。

倫理綱領の「(自己研鑽)第4条第2項」に以下のようにあります。

「キャリアコンサルタントは、組織を取り巻く社会、経済、環境の動向や、教育、生活の場にも常に関心をはらい、専門家としての専門性の維持向上に努めなければならない。」

4 不適切な記述内容です。

倫理綱領の「(相談者との関係)第10条」に以下のようにあります。

「1 キャリアコンサルタントは相談者との間において想定される問題や危険性について十分配慮してキャリアコンサルティングを行わなければならない。

2 キャリアコンサルタントは、キャリアコンサルティングを行うにあたり、相談者との多重関係を避けるよう努めなければならない。」

つまり、「特別な親密性」は不適切です。相談者との「多重関係」に相当します。

問94 教育・普及活動

重要度 B

キャリア形成、キャリアコンサルティングに関する教育、普及活動について述べた次の記述のうち、最も適切なものはどれか。

1 事業所におけるキャリアコンサルティングを行う場合、キャリアコンサルティングの対象者に、メンタルヘルスの問題を抱える従業員も含まれている。

2 キャリアコンサルティングを行う場合、母子家庭の母親、生活保護受給者、障害者や、就職が困難とされる人々への支援をするには、同じ立場のキャリアコンサルタントが担当しなければ成果が期待できない。

3 雇用形態や雇用管理が多様化し、人材の流動化が激しくなってきた昨今、企業で求められるキャリアコンサルティングには、企業の業績向上のため、従業員を選別する役割があるといえる。

4 キャリアコンサルタントは、組織が行う教育・研修プログラムや人事制度と連動して社員に対するキャリア教育を行う。部下に対するキャリア面接の進め方がわからない管理者の代わりに面接を担当する役割も期待されている。

全問◎を目指そう！

	1回目	2回目	3回目
学習日	/	/	/
手応え			

◎：完全に分かってきた
○：だいたい分かってきた
△：少し分かってきた
×：全く分からなかった

正解 1

1 適切な記述内容です。

キャリアコンサルティングとメンタルヘルスは切り離せません。働く人にとって、仕事によるストレスやモチベーションが下がる出来事に遭遇することなどは日常的といえるでしょう。また、メンタルヘルス不調（精神的な疾患）による休職からの職場復帰の過程にある人も、従業員の中にはいるでしょう。そのため、キャリアコンサルタントには、メンタルヘルスに関する知識を有することが求められています。

2 不適切な記述内容です。

確かに、クライエントの中には同じ立場のキャリアコンサルタントから支援を受けるほうが安心だという人もいるでしょう。その場合には、そうした要望は尊重されるべきです。ただ、そもそも人は、それぞれの特性や個人を取り巻く環境に違いがあります。キャリアコンサルタントは、クライエントがどのような特性や環境の人であっても、キャリア形成支援を行います。母子家庭の母親、生活保護受給者、障害者や、就職が困難とされる人々への支援は、キャリアコンサルタントの業務の領域です。

3 不適切な記述内容です。

個人のキャリア形成・能力開発はモチベーションのアップにつながり、それが企業の活性化や生産性・創造性の向上をもたらします。そのためのキャリアコンサルティングが必要です。

また、従業員に対する人材育成も依然として重要です。しかし、キャリアコンサルタントには企業業績向上のための従業員の選別をする役割はあるとはいえません。

4 不適切な記述内容です。

問題文前半の「キャリアコンサルタントは、組織が行う教育・研修プログラムや人事制度と連動して社員に対するキャリア教育」が期待されるのはその通りです。

一方で、部下のキャリア形成支援のための面接の進め方がわからない管理者の代わりに面接を担当するのは、望ましい対応とはいえません。

問95 人事考課の評価誤差

重要度 **B**

人事評価に関する次の記述のうち、最も適切なものはどれか。

1 被考課者の誰にでも平均点をつけてしまうような評価の傾向を、中心化傾向という。

2 被考課者の特性の一面に好印象があると、他の特性も同様に高い評価をする傾向のことを寛大化傾向という。

3 被考課者の特定の能力や特性について、実際よりも高い評価をしてしまうことをハロー効果という。

4 被考課者から仕事上で助けてもらうなど良好な関係が構築できている場合、気遣いをすることから実際よりも高い評価をしてしまうことを近接誤差という。

	1回目	2回目	3回目
学習日	／	／	／
手応え			

◎：完全に分かってきた
○：だいたい分かってきた
△：少し分かってきた
×：全く分からなかった

正解 1

1 適切な記述内容です。

記述の通りです。中心化傾向は評価を行うことへの苦手意識や、部下に差をつけたくない思いなどから考課を無難に済ませようとする結果であるなどといわれています。

2 不適切な記述内容です。

本肢の説明はハロー効果のものです。

ある人に優れた特徴があると、他の面も優れているだろうと受け止める現象です。必ずしもポジティブな面だけではなく、ネガティブな面でも同様で、何かが劣っていれば他も劣っているだろうというネガティブな評価も含まれます。

ハロー効果（後光効果・光背効果）は仏像や聖人の光輪に由来しています。

3 不適切な記述内容です。

本肢の説明は寛大化傾向のものです。

被評価者の業務内容をよく知らなかったり、評価者として良く思われたいといったときに評価が甘くなることをいいます。逆に、低い（厳しい）評価をする傾向を厳格化傾向と呼びます。

4 不適切な記述内容です。

近接誤差とは時間的に直近のことが評価者の印象に残り、評価に影響を及ぼしてしまうことです。例えば評価時期の近くに好成績を収めた場合に、他の期間のパフォーマンスが低くとも高い評価になることなどが事例として挙げられます。

問96 スーパービジョン

重要度 **B**

キャリアコンサルタントのスーパービジョンに関する次の記述のうち、適切なものはどれか。

1 キャリアコンサルタントにとってスーパービジョンを受けることは必要なことだが、スーパーバイザーとして指導するようなレベルに達すれば、スーパービジョンを受ける必要性はなくなる。

2 スーパービジョンを受ける意義のひとつには、キャリアコンサルタントの資質向上のために、第三者からの指摘により偏った面接のパターンに気づき、相談者へのより良い対応を発見することが挙げられる。

3 スーパービジョンは、遠隔地に住んでいる場合など指導者を見つけることが難しい場合は、これを受ける代わりに実践の中で自分自身の力量を高めれば十分だといえる。

4 スーパービジョンを受ける際には、面談の経緯や所見をまとめた面接記録（逐語記録）をもとに、面接の経過をまとめた事例報告書を提出して行うことが多い。ただし、スーパーバイジーは、相談者に対する守秘義務を意識し、支援の細部についてまでスーパーバイザーに明かすことをしてはならない。

全問◎を目指そう！

	1回目	2回目	3回目
学習日	/	/	/
手応え			

◎：完全に分かってきた
○：だいたい分かってきた
△：少し分かってきた
×：全く分からなかった

正解 2

1 不適切な記述内容です。

キャリアコンサルタントとして、キャリアコンサルティングに関する学識・技能を習得し、資質の向上を図り続け、常に自己研鑽に努めるためにも、スーパービジョンは必要です。

スーパービジョンとは、自分よりも経験豊富なキャリアコンサルタントに自分のクライエントへの対応について指導や助言を受けることです。スーパービジョンを実施する人をスーパーバイザー（指導者）と呼び、スーパービジョンを受ける人をスーパーバイジー（指導を受ける人）といいます。

2 適切な記述内容です。

スーパービジョンを受ける意義のひとつには、キャリアコンサルタントの資質向上のために、第三者からの指摘により偏った面接のパターンに気づき、相談者へのより良い対応を発見することが挙げられます。また、スーパービジョンは、キャリアコンサルティングのプロセスや相談者への関わり方を振り返る作業でもあります。

3 不適切な記述内容です。

スーパービジョンは、自分より経験豊富なキャリアコンサルタントに指導を受けることが望ましいのですが、遠隔地に住んでいる場合など指導者を見つけることが難しいこともあります。

このような場合は、ピア・スーパービジョンといって、仲間同士でスーパービジョンをすることも考えられます。「ピア」は英語で「peer（仲間）」のことです。

本書ではピア・スーパービジョンの進め方には触れませんが、「実践の中で自分自身の力量を高めれば十分」とは言い切れません。

4 不適切な記述内容です。

スーパーバイジーの、相談者に対する支援の仕方が適切かどうか判断し、問題解決を促す観点から、支援の詳細を開示する必要があります。ただし、スーパーバイザーには守秘義務がありますので、住所や氏名などの、本人が特定できるような個人情報は明かさないようにします。

問97 ジョブ・カード制度

重要度 B

ジョブ・カードの活用に関する次の記述のうち、適切なものはどれか。

1 ジョブ・カードの作成は、インターネット上から行うこともできる。なお、スマートフォンでも利用することができる。

2 企業が、従業員の業務上の業績評価に利用してもよいとされており、健康管理の資料として産業保健スタッフが利用することもある。

3 履歴書と一緒に提出する場合、ジョブ・カードの作成に際しては、国家資格キャリアコンサルタントだけが作成支援を行うことができる。

4 利用者は就業中の労働者が想定されており、新規に就職活動をする学生は対象とされていない。

	1回目	2回目	3回目
学習日	/	/	/
手応え			

◎：完全に分かってきた
○：だいたい分かってきた
△：少し分かってきた
×：全く分からなかった

正解 1

1 適切な記述内容です。

ジョブ･カードに関する啓発情報の入手や作成は、厚生労働省の「マイジョブ･カード」サイトで行うことができます。

参照 「マイジョブ・カード」サイト
https://www.job-card.mhlw.go.jp/

2 不適切な記述内容です。

ジョブ・カードは「生涯を通じたキャリア・プランニング」および「職業能力証明」の機能を担うツールであり、企業が従業員の業績評価に利用したり、産業医や保健師・看護師が健康管理の資料として用いたりするものではありません。

3 不適切な記述内容です。

ジョブ・カードの作成支援にはキャリアコンサルタントが関わることもありますが、支援業務がキャリアコンサルタントだけに限定されているものではありません。

なお、ジョブ･カード作成支援のソフトには履歴書の出力機能がついています。

4 不適切な記述内容です。

就職活動中の学生がジョブ・カードの利用対象外とはされていません。

むしろ、キャリア教育を受けた状況や、自身の目標をジョブ・カードに記入をして、キャリアプラン作成のために使うことが想定されています。

問98 ハローワークインターネットサービス

重要度 B

「ハローワークインターネットサービス」に関する記述の中で、適切なものはどれか。

1 求人情報検索サイトであり、ハローワークで失業手当の受給申請をした人のみが利用できる。

2 求人情報のほかに助成金や雇用保険などの情報も提供している。

3 動画による情報提供がされており、求人情報を視覚的に理解して申し込みができるようになっている。

4 ハローワークの求人情報のほかに、民間の会社の求人情報もリンクして検索ができるようになっている。

	1回目	2回目	3回目
学習日	/	/	/
手応え			

◎：完全に分かってきた
○：だいたい分かってきた
△：少し分かってきた
×：全く分からなかった

正解 2

1 不適切な記述内容です。

「ハローワークインターネットサービス」は、誰もが、どこからでも一覧、検索できます。

2 適切な記述内容です。

「関連情報・リンク集」のページに公的機関の助成金やジョブ・カード制度の情報などが掲載されています。また、「仕事をお探しの方へのサービスのご案内」のページに雇用保険などの情報も掲載されています。

3 不適切な記述内容です。

ハローワークインターネットサービスでは、動画による求人情報の提供はされていません。

4 不適切な記述内容です。

閲覧できる求人情報はハローワークが取り扱うものであり、民間の求人情報は掲載されていません。

問99 職業能力開発・職業訓練

わが国の職業訓練についての記述の中で、適切なものの組み合わせはどれか。

A 求職者支援訓練とは、雇用保険を受給できない求職者の方などを対象として、職業訓練によるスキルアップを通じて早期の就職を目指すことを目的に、民間教育訓練機関が実施している。

B 求職者支援訓練では、ジョブ・カードを活用したキャリアコンサルティングを３回実施する必要がある。

C 在職者訓練では、ジョブ・カード作成は必須である。

D 委託訓練では、ジョブ・カード作成は必須ではないものの使用することはできる。

1 AとB
2 BとD
3 AとC
4 CとD

	1回目	2回目	3回目
学習日	／	／	／
手応え			

◎：完全に分かってきた
○：だいたい分かってきた
△：少し分かってきた
×：全く分からなかった

正解 1

A 適切な記述内容です。

求職者支援訓練は民間教育訓練機関が実施しています。

受講する際に一定の要件を満たす場合は、職業訓練受講給付金を受給することができます。

過去に以下のような誤りの論点が何回か問われています。

- ポリテクセンターや都道府県の職業能力開発校などの**公的機関が実施（誤り）**。
- 訓練期間は２か月から６か月です。**２年である（誤り）**などが問われたことがあります。

参照 厚生労働省リーフレット

https://www.mhlw.go.jp/content/001073991.pdf

B 適切な記述内容です。

ジョブ・カードを活用したキャリアコンサルティングを３回以上実施することが義務付けられています。

なお、毎回ジョブ・カードを交付する必要はありません。

また、この３回のキャリアコンサルティングを同じキャリアコンサルタントやジョブ・カード作成アドバイザーが務める必要もありません。

C 不適切な記述内容です。

在職者訓練は、ジョブ・カード交付対象訓練には該当しません。

ただし、ジョブ・カードを使ったキャリアコンサルティングが推奨されています。キャリアコンサルタントは、積極的にジョブ・カードを様々な支援の場で使うとよいでしょう。

D 不適切な記述内容です。

委託訓練では、ジョブ・カード交付が必須です。

訓練受講目標を明確化し、意欲向上と訓練効果を高めるために行います。訓練により、ジョブ・カードを使用したキャリアコンサルティングの時期が違ってきますので、その都度、確認する必要があります。

問100 職業分類

重要度 C

日本標準職業分類（総務省）の記述の中で、不適切なものはどれか。

1 職業分類において職業とは、個人が行う仕事で、報酬を伴うか又は報酬を目的とするものをいう。

2 職業分類において仕事とは、一人の人が遂行するひとまとまりの任務や作業をいう。

3 職業分類の分類表の構成は、大分類、中分類及び小分類の三段階分類になっている。

4 職業分類の中に、国会議員や地方議会議員などの議員は含まれていない。

	1回目	2回目	3回目
学習日	/	/	/
手応え			

◎：完全に分かってきた
○：だいたい分かってきた
△：少し分かってきた
×：全く分からなかった

正解 4

1 適切な記述内容です。

「総務省 日本標準職業分類 一般原則 第1項（3）職業」の記述です。

2 適切な記述内容です。

「総務省 日本標準職業分類 一般原則 第1項（1）仕事」の記述です。

3 適切な記述内容です。

「総務省 日本標準職業分類 一般原則 第3項（1）分類表の構成」の記述です。

4 不適切な記述内容です。

小分類011「議会議員」に国会議員なども含まれています。

問101 セルフ・キャリアドック

重要度 A

セルフ・キャリアドックに関する次の記述のうち、最も適切なものはどれか。

1 セルフ・キャリアドックの取り組みにおいて、キャリアコンサルタントが知った個人のキャリア形成における組織課題については、企業の人事部門に一切伝えてはならないことが定められている。

2 「キャリアコンサルタントの能力要件の見直し等に関する報告書」（厚生労働省、2018年3月）では、企業内の在職者に対してのキャリア支援として、キャリアコンサルタントに対してセルフ・キャリアドックへの関わりが求められている。

3 セルフ・キャリアドックの推進責任者は国家資格キャリアコンサルタントの有資格者から選任しなければならないとされている。

4 セルフ・キャリアドックは労働者自らの取り組みを人事部門やキャリアコンサルタントが支援するものであり、経営者や労働者の上司が関与することは望ましくないとされている。

全問◎を目指そう！

	1回目	2回目	3回目
学習日	/	/	/
手応え			

◎：完全に分かってきた
○：だいたい分かってきた
△：少し分かってきた
×：全く分からなかった

正解 2

1 不適切な記述内容です。

「セルフ・キャリアドックは、キャリアコンサルティングとキャリア研修などを組み合わせて行う、従業員のキャリア形成を促進・支援することを目的とした総合的な取組み」であるとされています。

その際、「会社への要望等を聴取した場合は、本人同意の下、会社側や上司などに伝達します」とされており、一切伝えてならないとは定められていません。

2 適切な記述内容です。

記述の通りです。

参照 「キャリアコンサルタントの能力要件の見直し等に関する報告書」
https://www.mhlw.go.jp/file/04-Houdouhappyou-11805001-Shokugyounouryokukaihatsukyoku-Carrierkeiseishienshitsu/0000199223.pdf

3 不適切な記述内容です。

推進責任者が国家資格キャリアコンサルタントの有資格者でなければならないとはされていません。「セルフ・キャリアドックが円滑に導入・推進されるよう、社内に一定の影響力を有するポストの中から適任者を選定する」とされています。

4 不適切な記述内容です。

経営者自らが制度を導入していくことにより、セルフ・キャリアドックの推進力が備わり、「従業員の上司にあたる管理職にも、セルフ・キャリアドックの目的、内容を知ってもらい、キャリアコンサルタントや人事部門と一緒になって対象従業員の支援に関わってもらうことで、セルフ・キャリアドックはより一層効果的」になるとされています。

参照 厚生労働省「セルフ・キャリアドックで会社を元気にしましょう！」
https://www.mhlw.go.jp/file/06-Seisakujouhou-11800000-Shokugyounouryokukaihatsukyoku/0000192528.pdf

両立支援

両立支援に関する次の記述のうち、最も適切なものはどれか。

1 治療と仕事の両立を求める労働者の支援を行う場合、企業の相談窓口担当者には、国家資格であるキャリアコンサルタントを置くことが定められており、守秘の観点から外部ではなく、社内でキャリアコンサルタントを育成するよう推奨されている。

2 治療と仕事の両立支援では、医療関係者や企業の人事、就労する職場のそれぞれを連携させて取り組むが、キャリアコンサルタントは本人の法定代理人として企業と就労条件の調整を担うことができる。

3 事業者は労働者に対して、就業上の措置や治療上の配慮を行うこととされているが、仕事の繁忙等の特別な理由がある場合は例外としてその配慮を行わなくてもよいとされている。

4 労働者個人の事情はそれぞれ異なるため、両立支援の取り組みに際しては、その特性や事情に応じた配慮がなされることが必要であるとされている。

全問◎を目指そう！

	1回目	2回目	3回目
学習日	/	/	/
手応え			

◎：完全に分かってきた
○：だいたい分かってきた
△：少し分かってきた
×：全く分からなかった

正解 4

1 不適切な記述内容です。

両立支援の取り組みにおいて、相談窓口に社内のキャリアコンサルタントを設置するようには求められていません。

2 不適切な記述内容です。

両立支援の取り組みに関して、キャリアコンサルタントが法定の代理人となることを定めたものはありません。

3 不適切な記述内容です。

安全と健康の確保として、職場は就業上の配慮（例：労働時間の短縮や作業転換など）を行うこととなっています。「仕事の繁忙等を理由に必要な就業上の措置や配慮を行わないことがあってはならない」とされています。

4 適切な記述内容です。

個別事例の特性に応じた配慮として「症状や治療方法などは個人ごとに大きく異なるため、個人ごとに取るべき対応やその時期等は異なるものであり、個別事例の特性に応じた配慮が必要である」とされています。

また、両立支援の推進に際しては、労働者本人からの申し出を端緒として取り組むこととされており、労働者が申し出をしやすい環境を作ることが求められます。労働者自身が主治医の指示等に基づいて治療を受けたり、適切な生活習慣を守ることはいうまでもありません。

参照　厚生労働省　事業場における治療と仕事の両立支援のためのガイドライン

https://www.mhlw.go.jp/content/11200000/001088186.pdf

問103 リカレント教育

リカレント教育に関する次の記述のうち、不適切なものの組み合わせはどれか。

Ａ　学校教育を受けた後、社会人となってからも学び直したりするなど、教育を生涯にわたって分散させることをリカレント教育と呼んでいる。

Ｂ　キャリアコンサルタントの能力要件の見直し等に関する厚生労働省令改正（平成30年7月）において、キャリアコンサルタントが担うべき役割の拡大として「職業生活設計に即した学び直しへの結びつけ、キャリア形成上の活用支援」が示された。

Ｃ　リカレント教育に関しては、教育基本法に定められている「法律に定める学校」での学びが対象であり、民間の各種スクールなどは含んでいない。

Ｄ　日本における企業の労働者向け教育投資は、諸外国に比べて高い水準で推移していることが、「平成30年度 年次経済財政報告」（内閣府）で示されている。

1　ＡとＢ
2　ＡとＤ
3　ＢとＣ
4　ＣとＤ

	1回目	2回目	3回目
学習日	/	/	/
手応え			

◎：完全に分かってきた
○：だいたい分かってきた
△：少し分かってきた
×：全く分からなかった

正解 4

A 適切な記述内容です。

記述の通りです。

B 適切な記述内容です。

記述の通りです。

参照 厚生労働省ホームページ
https://www.mhlw.go.jp/stf/seisakunitsuite/bunya/koyou_roudou/jinzaikaihatsu/sonota.html

C 不適切な記述内容です。

教育基本法（第6条）で「法律に定める学校」が定義されていることは正しい記述ですが、肢1で解説の通り、リカレント教育は学校教育を労働者の生涯にわたって分散させるという考えであり、学校以外の場での学びも含まれます。

D 不適切な記述内容です。

出典資料では「企業が行う人的資本投資額のうち直接費用に関しては90年代以降減少傾向」と記されています。このように、日本は決して高い投資をしていないことを論点として問う問題がいくつか出題されています。

過去問では、リカレント教育に関しては統計資料を示して、教育投資や自己啓発の状況を問う問題が出題されている傾向があります。

ほかに、労働者が学びに取り組んだ成果について問う論点も出題されています。例えば自己啓発を実施した２年後の効果として、仕事の質の向上、収入の増加ともにあり、満足度向上につながっていることなどです（平成30年版 労働経済の分析）。

参照 平成30年度 年次経済財政報告
https://www5.cao.go.jp/j-j/wp/wp-je18/18.html

参照 平成30年版 労働経済の分析
https://www.mhlw.go.jp/stf/newpage_01633.html

問104 社会・経済の動向

社会・経済動向に関する次の記述のうち、最も適切なものはどれか。

1 バブル崩壊や技術革新の結果、わが国の企業においては、人事制度や賃金制度の改革が進み、年齢・勤続年数とともに高まると従来は考えられてきた能力向上に対する評価を意味する「年功」から、より短期的な成果に対する評価を重視した成果主義の考え方が広がりをみせてきた。

2 “日本経営の三種の神器”と呼ばれた、終身雇用制度、年功序列制度、企業別労働組合は、日本的経営の特徴で、時代の変化に対応した普遍的な制度として日本の経済成長を支えてきた。グローバル化が進行し、素早い変化が求められる現代では、日本経済の今後の発展にはますます不可欠なものとして再び見直されてきている。

3 企業は世界的にみて「多様化経営」（ダイバーシティ・マネージメント）、つまり、性、年齢、人種、国籍、ライフスタイルなどを異にする人々が、それぞれの能力や適性に応じて経営に貢献できる組織を目指す方向にあるが、日本の企業の強みは均一性であり、それが素早い合意形成につながり組織の機動力を高めている。

4 若年者フリーターは、今日のわが国において多様化する価値観と働き方・生き方の中で、認知がされてきている。一方で、フリーターの経験が正社員への採用に際してプラスに評価されることはないとされている。

全問◎を
目指そう！

	1回目	2回目	3回目
学習日	/	/	/
手応え			

◎：完全に分かってきた
○：だいたい分かってきた
△：少し分かってきた
×：全く分からなかった

正解 1

1 適切な記述内容です。

わが国では、年齢や勤続年数によって賃金が増加する「年功賃金制度」が続いてきましたが、業績や成果に基づいて賃金が分配されるのが合理的であるとの考え方が広まり、より短期的な成果に対する評価を重視した「成果主義」の考え方が広がりをみせました。

2 不適切な記述内容です。

終身雇用制度や年功序列制度などの見直しが叫ばれて久しく、グローバル化において不可欠であるとはいえません。なお、終身雇用制度、年功序列制度、企業別労働組合を「日本経営の三種の神器」と呼んだのは、米国出身の経営・経済学者であるアベグレン（Abegglen, J.）です。

3 不適切な記述内容です。

2000年代に入って、規制緩和による企業の異業種への参入や新興国を含めた海外企業との競争の激化など、今日の日本企業は激しい生き残り競争に見舞われています。また、少子高齢化の進展と労働力人口の減少を背景として、女性・高齢者・障害者・外国人の労働市場への参入を促す法改正や、企業に対する雇用の義務化が行われた結果、「多様化経営」はむしろ促進されています。

4 不適切な記述内容です。

フリーターから正社員になる際の企業の評価として、「フリーター経験から得たことがきちんと説明できること、類似の職種であること、一つの企業で継続的に勤務していることなどが評価される傾向にあります」とされています。

参照 厚生労働省パンフレット「正社員？ フリーター？ 何が違うの??」
https://www.mhlw.go.jp/file/06-Seisakujouhou-11600000-Shokugyouanteikyoku/0000105821.pdf

問105 子育て支援

「子育てサポート企業」として、厚生労働大臣の認定を受けた際に受けることができる認定マークは、次のうちどれか。

1 えるぼし

2 くるみん

3 トモニン

4 ホワイト500

	1回目	2回目	3回目
学習日	/	/	/
手応え			

◎：完全に分かってきた
○：だいたい分かってきた
△：少し分かってきた
×：全く分からなかった

正解 2

1 不適切な記述内容です。

「えるぼし」は、女性の活躍に関する取り組みに対する認定です。

女性活躍推進法に基づき、行動計画の策定・届出を行った企業のうち、女性の活躍に関する取組の実施状況が優良な企業は、申請により、厚生労働大臣の認定を受けることができます。

2 適切な記述内容です。

「くるみん」は、子育てサポートに関する取り組みに対する認定です。

次世代育成支援対策推進法に基づき、一般事業主行動計画を策定した企業のうち、計画に定めた目標を達成し、一定の基準を満たした企業は、申請を行うことによって「子育てサポート企業」として、厚生労働大臣の認定（くるみん認定）を受けることができます。

認定基準により以下のマークがあります。

・トライくるみんマーク
・くるみんマーク
・プラチナくるみんマーク

3 不適切な記述内容です。

「トモニン」は、仕事と介護を両立できる職場環境の整備促進のためのシンボルマークです。

厚生労働大臣の認定制度ではなく、登録を行い使用規定に沿うことで企業の取組をアピールするために活用することができるシンボルマークです。

4 不適切な記述内容です。

「ホワイト500」は、健康経営の取り組みに対して認定される制度です。

大規模法人部門と中小規模法人部門の2つの部門があり、それぞれの「健康経営優良法人」の中で上位500法人に「ホワイト500（大規模法人）」、「ブライト500（中小規模法人）」が認定されます。

また、これは経済産業省が推進する取り組みです（選択肢1～3は厚生労働省が推進しています）。

MEMO

実技（論述）試験

Step1 攻略のポイント ▶ 342

Step2-1 練習問題・キャリアコンサルティング協議会（CC協議会）▶ 350

Step2-2 練習問題・日本キャリア開発協会（JCDA）▶ 358

Step3 論述試験対策 ▶ 368

論述試験

Step 1 攻略のポイント

国家資格キャリアコンサルタントの試験もキャリアコンサルティング技能士２級の試験も、実技に関しては「論述の試験」と「面接（ロールプレイ）」ともに同時に合格ラインを超えなくてはなりません。中でも国家資格キャリアコンサルタントを受験される方の多くは、養成講座を終えてからの短期間で、学科と論述、ロールプレイと立て続けに試験準備をすることが多いと思います。加えて実技の受験料は相応のコストもかかります。１回で合格できるように、学科と同様に論点を絞って攻略のポイントに触れていきたいと思います。

なお、本書活用に際しては以下についてご留意いただけますようお願いいたします。

※出題方式などは本書執筆時点で公表されている本試験情報によります。

※練習問題は国家資格キャリアコンサルタント試験の体裁を模した問題を掲載しています。

※国家資格キャリアコンサルタントの試験と技能士試験のレベルの違いはクライエントが抱える課題の違いです。

- **国家資格**：典型的なクライエント（例：同一職種転職希望者等）に対する安定的な相談等対応
- **２級技能士**：相当な課題を抱えるクライエント（例：キャリアチェンジ希望者、他の専門職へのリファーを要する者）に対する熟度の高い相談等対応
- **１級技能士**：特に複合的、困難な課題を抱えるクライエントに対する相談等対応（これを通じた好事例開発を含む）

引用　厚生労働省「キャリアコンサルタントの能力要件の見直し等に関する報告書」

「別添１　キャリアコンサルタントの能力要件の見直し概要」資料

https://www.mhlw.go.jp/file/04-Houdouhappyou-11805001-Shokugyounouryokukaihatsukyoku-Carrierkeiseishienshitsu/0000199646.pdf

以下、国家資格キャリアコンサルタント試験の模擬問題と攻略法を解説いたしますが、ベースとなる攻略のポイントについては共通することがあると考えています。２級技能士受検者の方にとっても有用と思いますので参考にしてください。

1◆論述試験のアプローチ

国家資格は、実務に際して理解し、知識として持っておかねばならないことが問われます。その内容は「試験出題範囲※」に示されます。

国家資格キャリアコンサルタント試験には２つの試験実施団体があり、学科試験は共通ですが、実技試験は問われる内容が異なります。

しかし、国家試験ですからそれぞれに何が問われるかは公開されています。国家資格キャリアコンサルタントに関しては２つの試験団体（CC協議会とJCDA）があっても、試験出題範囲が同じですのでベースは同じであるはずです。

※本書巻頭の「試験情報」ページに記した「キャリアコンサルタント試験の試験科目及びその範囲並びにその細目」が試験出題範囲に触れています。

それぞれの試験科目で何が問われているのか

論述試験は、学科試験と同じ日に受験する「記述式」の試験で、「実技試験」です。

キャリアコンサルタントとして身につけておくべきキャリアの理論や労働市場に関する知識、法令などは、「学科試験（マークシート）」で問われます。

面談の進め方は実技試験（論述・面接）で問われます。はじめに試験出題範囲（「キャリアコンサルタント試験の試験科目及びその範囲並びにその細目」）を確認してみましょう。

Ⅰ　キャリアコンサルティングを行うために必要な技能

1　基本的技能

2　相談過程において必要な技能

◆国家資格キャリアコンサルタント　（実技試験）

「キャリアコンサルティングを進めるに当たって、**次の1）から8）までの技能を用いて**、相談者との関係構築、相談者の抱えている問題を把握・整理し、当該相談の到達目標、相談を行う範囲、相談の緊要度等について、相談者との間に具体的な合意を得ることができることの応答と相談過程を意識できること。」

〔参考〕

◆キャリアコンサルティング技能検定　2級（実技試験）

キャリアコンサルティングを進めるに当たって、**次の1）から8）までの技能を用いて**、相談者との関係構築、相談者の抱えている問題の把握、その問題に対する目標設定及び具体的展開につながることができることの応答と相談過程を意識できること。

これらに記されている「1）から8）までの技能」は以下が明示されています。

1）相談場面の設定
2）**自己理解への支援**
3）**仕事理解への支援**
4）**自己啓発の支援**
5）**意思決定の支援**
6）**方策の実行の支援**
7）**新たな仕事への適応の支援**
8）相談過程の総括

この中で**2）から7）は厚生労働省が示している「キャリア形成の6ステップ」と呼ばれるものと同様**の相談過程です。つまり、相談場面の設定（ラポール形成など）から、相談を総括してクローズするまでの過程の主要部分であるといえます。

参照　厚生労働省　職業能力開発局「キャリア・コンサルティング技法等に関する調査研究報告書」2001年（平成13年）5月17日
労働者のキャリア形成支援のためのキャリア・コンサルティング・マニュアル
https://www.mhlw.go.jp/houdou/0105/h0517-3.html#3-1

もうひとつは、「キャリアコンサルティングの流れ」です。次の図のように「関係構築→問題把握→目標→具体的方策の実行」という流れを意識して、わたしたちは面談を進めていきます。

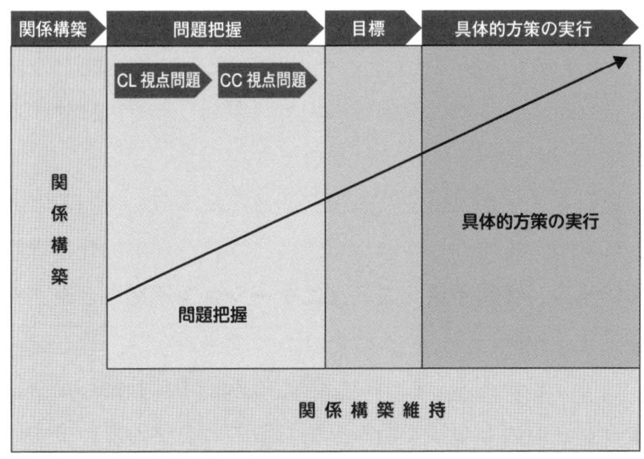

※図の中の CL、CC とは、CL：クライエント、CC：キャリアコンサルタントを表します。

本試験においては、国家資格キャリアコンサルタントも２級技能士も、何らかの基準をもとに得点（正誤）を決めるはずですから、その基準（アプローチの仕方）は「**キャリア形成の６ステップ**」及び「**キャリアコンサルティングの流れ**」（相談者との関係構築→問題把握→目標設定→［ここに至る応答と相談過程］→方策の実行）などにあるといえるでしょう。

この出題範囲は「実技」についてのものですから、論述も面接（ロールプレイ）も、級の違いによるレベル差を除いて、ベースにある考え方は同じ基準ではないかと考えられます。

2◆論述試験の攻略のポイント

(1)「論述試験」は実技の試験であることをはき違えない

論述試験は「事例記録」や「逐語記録」が示されて、それに対するキャリアコンサルタント（受験者）の「見立て」をもとにした面談の進め方が問われます。つまり、論述試験で著名な研究者の理論を引用・解説しても得点にはならないと思われます。それらは学科試験で問われるものです。

(2) キャリアの観点から客観的かつ広い視点で「相談者が気づいていない問題」などを見立て、解決につながる支援ができるかを考える

「事例記録」には相談者とキャリアコンサルタントのやりとりが示されています。CC協議会の試験は「事例記録」ですがJCDAと２級技能士の試験は「逐語記録」が提示されます。ここには相談の内容（要約）とそれに対するキャリアコンサルタントの発言（逐語）が示されています。

出題方式は異なりますが、いずれも過去問題を読み解いていると共通の出題傾向があることに気づきます。それは、相談者には自己理解・仕事理解不足、何らかの**偏った思い込み、情報不足、コミュニケーション不足**などがあり、それらが原因で悩みを抱え、相談に来ているというものです。

例えば、ここで「思い込み」について考えてみます。わたしたちは学科の学習で「認知の歪み」が原因となって悩みを生じることを学んでいます。同じ事象を目の前にして、人それぞれに受け止め方は異なりますが、その受け止め方が相談者にとって時に望ましくない結果を招いていることがあります。理想像を強く持ちすぎる「〜すべき」思考や、完璧を求めるあまりに「全か無か」思考に陥ったりすることです。

キャリアコンサルタントとして試験で問われているものは以下であると考えられます※。

①スキル：	**キャリアコンサルタントの“見立て”をもとに、キャリア形成の６ステップに従って面談を進めていく技能**
②着目点：	**相談者の「思い込み（など）」の主観的な捉え方や相談者が気づいていない問題を見つける視点。**

※“考えられます”と記す理由は、本試験の実技では「出題範囲（何が問われるか）は公表されているものの、その得点（正誤）の判断基準については公開されていないためです。

実務の面談では様々な問題が複雑に絡み合い、糸を解きほぐしていくことがあ

ります。

論述試験では、あまりに複雑な情報を設定しますと時間内の解答も困難になりますし、何より採点がしづらくなりますから、設問に隠されている問題点は多くはないと考えられます。実務では、メンタルヘルス不調や家庭問題、また仕事の問題が複雑に絡むなど様々ですが、本試験では複雑すぎる事例は出題しづらいと考えられます。

そこで、与えられている情報をもとに、「キャリアコンサルタントの“仮説”」でよいので何が相談者の問題（この面談で相談したいこと）につながっているのかを答えます。

その際、あくまでも**「与えられている情報」から解答をする**ことが必要です。こういう相談では隠れた問題として○○がありそうだとか、そのようなことは考えずに、与件から解答します。設問に「相談者の言動を通じて、具体的に記述せよ（国家資格キャリアコンサルタントの例）」とあるように、相談者が言った事実をベースに、キャリアコンサルタントの見立てとしての「あなたが考える相談者の問題」（キャリアの観点から客観的かつ広い視点で捉えた、相談者が気づいていない問題を端的に記述するわけです。

(3) ロジカル（論理的）にアプローチ

ロジカルといっても、決して難しいものではありません。論述の試験は問１から順に設問が続きます。**「キャリア形成の６ステップ」**と**「キャリアコンサルティングの流れ」**そのものがロジカルに構成されていますから、論述の解答は設問ごとに「話としてつながっていて違和感がなく、破綻をきたしていない」ことが求められます。

例えば、ある相談者へのアプローチに際して、ある問では「本人の思い込み」が原因であると指摘しておきながら、他の問の回答でその原因とは全く関係がない支援について解答するような、話として脈絡がない解答は得点がしづらくなると思われます。設問に対して一貫したストーリーをもって解答していくということです。

もうひとつ、同様に、「人生相談」的な指示的な決めつけも得点がしづらいでしょう。実務では、例えば若年者への支援などでは、ある部分は相談者の経験が少ないことから指示的な方法も考えられなくはありません。しかしながら、試験では「指示」をしてはならないことは言うまでもありません。

この点は、試験で問われることを示している文書においても、例えば「方策の実行」では「相談者が自らの意思で取り組んでいけるように働きかけること」が求められていますし、キャリアコンサルタントの倫理綱領には「相談者の自己決定権の尊重（第9条）」が記されています。

つまり、試験で評価されるところは何かを意識することが大切です。

(4) キャリアコンサルタントとしての専門用語を意識する（「自己理解」や「仕事理解」など）

プロフェッショナルとして理論を学んだことが学科試験で問われ、論述試験では実技のアプローチが問われます。例えば「自己理解」や「仕事理解」などの用語は、これを記述することで文章が冗長にならずにすむとしたら、使わない手はありません。

しかし、はじめから問題を特定するように、自己理解不足、仕事理解不足などと安易に用いることは避けるべきでしょう。論述問題の事例記録や逐語記録の内容から、具体的に記載する必要があります。

(5) 作文力を磨く（文章を書いてみる）

解答のストーリーを考えついたら、文章に起こすことです。大切なことは、実際に自分で書いてみることです。わたしたちは自分の考えや感想を文章にすることは日常的に行っています。しかし、論述試験のように事例文を読んだ上で記述をしていくことには慣れていません。

慣熟のための時間が必要です。やってみると書けないことに気づく方もおられると思います。ＰＣに慣れ親しんで漢字も書けなくなっているかもしれません。学科と異なり、論述は特に時間が不足しがちです。手を動かして時間内に書く訓練が必須です。

対策講座などの解答例の「書写」を繰り返すことも有効だと思います。学生時代に新聞のコラムの書き写しが宿題に出たことはなかったでしょうか。

(6) 客観的に自分の答案をみてもらう

記述式の解答はマークシートのように正誤がはっきりとは定まらないため、自分の答案が合否のボーダーラインよりも上にあるのか、あるいは得点できていないのか、学習していても不安になると思います。どのように書いたらよいのかがわからなくなってしまうこともあると思います。

その際にお勧めするのは、受験対策のための論述の講座（添削）です。オカネはかかりますが、客観的な視点で見てもらえます。既に合格している人に見てもらうという方法も考えられなくはありませんが、添削者は受験対策のプロとして研鑽を積んでいますから、お勧めです。

それでは、次のページから、「キャリアコンサルティング協議会（CC協議会）」と「日本キャリア開発協会（JCDA）」の出題を想定して作問した練習問題で、どのように解答アプローチをしていくかを見てみましょう。

LECの試験対策講座

国家資格キャリアコンサルタント試験対策講座

https://www.lec-jp.com/caricon/kouza/kokka/

1級技能士が教える！内藤講師の論述合格講座

＜基礎編＞オンデマンド（通信Web）

通信Web講義＋練習問題（3問・添削付き）

＜過去問編＞オンライン（Zoom）

Zoom講義＋過去問解説＋模擬問題（1問・添削付き）

※日本キャリア開発協会（JCDA）向け試験対策講座はLECでは実施していません。

2級キャリアコンサルティング技能検定対策講座

https://www.lec-jp.com/caricon/kouza/ginou/

論述試験対策講座（通信Web）

通信Web講義・過去問解説＋過去問演習（3問・添削付き）

1級技能士が教える！ 2級論述対策講座（Zoom）

Zoom講義・過去問解説＋練習問題（2問・添削付き）

練習問題・キャリアコンサルティング協議会（CC協議会）

1◆練習問題

キャリアコンサルティング協議会（CC協議会）対応

問題　次の【事例記録】を読み、以下の設問に答えなさい。解答は解答用紙の設問ごとに記述すること。

【事例記録】

＊キャリアコンサルタントが今後の研鑽にいかすための、作成途中の事例記録

相談者情報

Aさん　男性、27歳

略歴：四年制大学の工学部を卒業後、家電メーカーに就職して5年目

家族構成：入社と同時に実家から独立して一人暮らし。独身

面接日時2023年10月上旬　本人の希望で来談（初回面談）

相談の概要：

【略A】

大学では工学を学び、現在はメーカーで製品開発に携わっている。開発の仕事は充実していたが、先日上司に呼ばれて、営業部門への異動を命じられ、困惑して相談に来た。

（営業への異動を命じられて困惑し、相談にいらっしゃったのですね）

大学を卒業して５年前に現在の会社に入社した。大手の家電メーカーで入社後すぐに、かねてから希望していた新製品の開発に携わることができた。職場では上司や先輩がよくしてくれていて、技術について議論しながら学ぶことも多い。また、自分が開発に携わった製品が市場に出て、家電店に並んでいるのを見ると誇らしく思える。

上司からは、販売の現場を見てくることは大切で、顧客のニーズを探ってきてほしいと言われている。君のアイディアをさらに磨いてきてほしいと言われたが、日進月歩の技術の世界で何年か開発現場を離れることは自分にとって技術者としての道が閉ざされてしまうように感じる。

自分が一番やりたいのは製品の設計である。この機に転職をするかどうか、将来が不安になり混乱している。

（上司から営業への異動を説明されたとき、どのように思ったのですか）【下線B】

実は、同期の技術者が大学へ共同研究のための派遣が決まった。自分はいままで考案した新製品のアイディアを上司にほめられ、実際に製品に採用されるなど実績も積んできた。子供のころから機械いじりが大好きで、進路は理科系にした。誰もが知っている大手家電メーカーで技術者として将来は大きなプロジェクトを牽引して成果を上げたいと思っていた。

なぜ自分が大学への派遣に選ばれなかったのか。これから技術者として様々な経験を積んでいこうと思っていた矢先、同期とも大きな差がついてしまったと思う。悔しい・・・

営業に出たら技術者としての高い専門性も磨けなくなってしまうと思う。いっそのこと他の会社を探して、転職をしたほうが、自分にとってはこの先、充実してやっていくことができるのではないか・・・

（以下略）

所感（キャリアコンサルタントの見立てと今後の方針）

・【下線Ｂ】を質問した意図は、（以下略）

（以下略）

問１　事例記録の中の「相談の概要」【略Ａ】の記載に相当する、相談者がこの面談で相談したいことは何か。事例記録を手掛かりに記述せよ。

問２　事例記録の【下線Ｂ】について、この事例を担当したキャリアコンサルタントがどのような意図で応答したと考えるかを記述せよ。

問３　あなたが考える相談者の問題（①）とその根拠（②）について、相談者の言動を通じて、具体的に記述せよ。

①問題

②その根拠

問４　問３で答えた内容を踏まえ、今後あなたがこのケースを担当するとしたら、どのような方針でキャリアコンサルティングを進めていくか記述せよ。

注：解答用紙の裏面および行外に記述されたものは採点されません。

※過去問題の解答記入用紙を試験実施団体のHPからダウンロードして記入欄のサイズを確認してください。

2◆解答例

問1
技術者として製品開発の仕事に取り組んでいたが、営業への異動を命じられた。営業では高い専門性が磨けなくなると思い、技術者として将来が閉ざされたと受け止め、転職したほうが充実できるのではないかと悩んでいる。

問2
上司が異動を命じた意図（期待や役割）をどのように受け止めたのか、仕事の可能性を狭めてしまっていないかを確認し、今後の支援の方針や方策の見立てを行うため。

問3
①問題
1）開発の現場で働くことだけが技術者の世界だとの思い込みがあり、自分の可能性を伸ばすかもしれない営業への異動という機会に気づいていない。
2）技術者だけが専門性を求められるという偏った思い込みと仕事理解不足がある。

②その根拠
1）「新製品のアイディアをさらに磨いてきてほしい」という上司の内示について「開発現場を離れることは技術者としての道が閉ざされてしまう」としか受け止めていない。
2）「営業に出たら技術者としての価値が磨けなくなる」と決めつけてしまっている。

問4
※ここでは2つの解答例を記載します。
（解答例の1） 技術者から営業への異動を命じられて困惑している相談者の気持ちに寄り添い、1）今までに実績を上げたという製品アイディアについて何が上司に認めてもらえたのか振り返ってもらい、自身の強みを整理し、上司の期待や役割について自己理解を促す《もしくは別の記述例として ・・・

振り返ってもらい、営業職への可能性に気づいてもらう》。2）営業職で顧客のニーズを探り開発現場に活かしているロールモデルや、他部署からの情報の収集を促す。また、対話を通して、組織では商品開発が技術だけで進むものか、今回の営業への異動が相談者の新たな視点や技術者としての成長の機会になるかを慎重に評価し、納得した意思決定ができるように支援をする。

（解答例の2） 技術者から営業への異動を命じられて困惑している相談者の気持ちに寄り添い、信頼関係を維持する。中長期的なキャリア形成のための意思決定ができることを目標として共有し、1）今までに実績を上げたという製品アイディアについて何が上司に認めてもらえたのか振り返ってもらい、自身の強みを整理し、自己理解を促す《もしくは別の記述例として　・・・振り返ってもらい、上司の期待や役割、営業職への可能性に気づいてもらう。》。2）営業職で顧客のニーズを探り開発現場に活かしているロールモデルや、他部署からの情報の収集を促す。また、対話を通して、組織では商品開発が技術だけで進むものか、今回の営業への異動が相談者の新たな視点や技術者としての成長の機会になるかを慎重に評価できることを支援する。

3◆解説

問1

事例記録から相談者に「顕在化」している問題は何かを「要約」して記述します。

問2

【下線B】のキャリアコンサルタントからの質問は「**情報収集**（相談者の受け止め方が見立てにつながる情報収集）」を行うためのものであることが多いです。

これは、事例記録において『所感（キャリアコンサルタントの見立てと今後の方針）』ではじまり『【下線B】を質問した意図は、（以下略）』と記されているように、何らかの意図があって質問をし、その結果キャリアコンサルタントとしてはこのように見立てをしたと書かれている内容だと読み取れます。

したがって、問2は、質問の内容から、相談者には顕在化していない、相談者の思い込みや情報収集不足、あるいはコミュニケーション不足などの、顕在化した問題を引き起こしている原因に当たりをつける仮説を記します。

さて、CC協議会の論述問題の出題の体裁は第15回試験で変わりました（逐語記録から事例記録への変更など）。

ここで、問2の設問の変化を整理すると、以下のようになります。

●設問文（問2）

第15回～第20回：『どのような意図で質問を行ったと考えるか』を記述せよ。

第21回から：『どのような意図で応答したと考えるか』を記述せよ。

●事例記録の枠内の【下線B】に関する記述

体裁が変わった15回の試験に関してだけは『【下線B】を質問した意図は○○さんの[　　　　　　]を**確認するために行った。**』と問われています。その後の試験ではこのような記述は設問にありません。

上述の設問文の変化（質問→応答）という細部の変化はあるものの、第15回試験だけは、何かを確認するための質問であることがはっきりと示されています。つまり、情報収集を行った上で面談を進めていくために発せられたコトバと考えてよいと思われます。

問3

①この問は、キャリアコンサルタントの見立て（仮説）を述べる部分です。事例記録の中から、何らかの問題、それも相談者自身が気づいていない問題があることを、キャリアコンサルタントは相談者との面談の中から探します。

一般的には「**キャリア形成の6ステップ**」**における「自己理解」や「仕事理解」ができていない**ことが多いと考えて探すとよいと考えられます。ただし、単に自己理解不足、仕事理解不足が問題と指摘するのではなく、事例の内容を具体的に記述します。

②根拠は、「仮説」でよいのですが、設問に『相談者の言動を通じて』とありますから、事例記録の記述をもとに、根拠を具体的に示さなくてはなりません。

問4

最後は「キャリア形成の６ステップ」及び「キャリアコンサルティングの流れ」に従い、今後この相談者にどのような支援を実施してくかを記述します。

その際の留意点は、『**問３で答えた内容を踏まえ**』と問われていますから、最後のしめくくりの問４は、はじめの問１から話がロジカルにつながっていなければならないということがいえます。

MEMO

論述試験

Step 2-2 練習問題・日本キャリア開発協会（JCDA）

1◆練習問題

日本キャリア開発協会（JCDA）対応

設問

事例Ⅰ・Ⅱ共通部分と事例Ⅰ、Ⅱを読んで、以下の問に答えよ（事例ⅠとⅡは、同じ相談者（CL）、同じ主訴の下で行われたケースである）。

相談者（CLと略）： A　27歳男性、四年制大学工学部卒業、
家電メーカー勤務、1人暮らし。

キャリアコンサルタント（CCtと略）：
相談機関のキャリアコンサルティング専任社員

【事例Ⅰ・Ⅱ共通部分】

CL1　：技術者として勤務して5年目になるのですが、営業への異動を命じられて、今後どうしたらいいかわからなくなって相談にきました。

CCt1　：営業への異動を命じられて、どうしたらいいのかわからなくなったということですか。

CL2　：はい、私は家電メーカーで新製品開発に携わっています。大学の工学部を卒業して今の会社に入社しました。このまま技術者として続けたいと思っていました。

CCt2　：そうですか。技術者として続けたいと思っていたら、営業への異動を命じられたとのことですが、どのような内示だったのですか。

CL3　：課長に呼ばれて「1か月後には販売の現場に行ってほしい。時には家電量販店の店頭でお客さんの応対をしてもらうこともあるかもしれない。」と言われました。営業に出たらもう技術者には戻れません。もうその話を聞いたときに頭の中が真っ白になってしまって・・・

CCt3　：その時の話をもう少し詳しく聞かせてもらえませんか。
CL4　：課長は「君の今までの新製品開発でのアイディアにさらに磨きをかけてほしい。販売の現場を見て、顧客のニーズを探ってきてほしい」とも言っていました。
CCt4　：その話を聞いて、どう感じたのですか。
CL5　：私は子供の頃から機械いじりが大好きで、誰もが名前を知っている今の大手家電メーカーに入って、希望通りの技術者になることができました。仕事では成果も上げてきました。
CCt5　：どんな成果を上げてこられたんですか。
CL6　：私のアイディアが採用された新製品があります。自分が関わった製品が家電店の店頭に並んでいるのを見ると誇らしく感じます。
CCt6　：それはすばらしいですね。営業への異動を命じられてどう感じたのですか。
CL7　：技術者という専門性が高い仕事に誇りを持っています。営業では技術者に求められる高い専門性も磨けなくなると思うと、混乱してしまって。いっそ転職しようかと・・・

【事例Ⅰ】

CCt7　：技術者としてこれからもやっていきたいということですね。今までの専門性の高さが活かせる仕事はどのようなものか、一緒に考えてみましょうか。転職先はどのようなところが希望なのですか。
CL8　：そうですね。異動の話を受けたばかりなので、何も考えられないのですが、今の会社も好きなんです。
CCt8　：そうなんですね。転職には年齢も重要ですよ。でも、まだお若いし、いきなり転職を考えなくてもいいですが、今の会社で営業に異動することはどう思っているのですか。
CL9　：私はずっと技術者の専門性の高さを磨いていくことを希望しています。実は、同期が大学との共同研究に派遣されることになって、なんで自分が選ばれなかったかと思うと、悔しさもあって・・・
CCt9　：同期の人の話を聞いたときはどう思ったのですか。
CL10　：これで同期とも差がついてしまったな・・・営業に出たら最後、もう技術者には戻れないのではないかと思いました。

CCt10：まだ若いから、同期との差なんて、この先いつでも埋められますよ。Aさんは新製品にアイディアが採用されるくらいの功績を上げていますから、頑張ってやれば取り戻せますよ。

CL11　：う～ん。でも、どうやって・・・

【事例Ⅱ】

CCt7　：「営業では技術者に求められる高い専門性も磨けなくなる」ということですが、Aさん自身が考える専門性とはどのようなものなのですか。

CL8　：顧客が欲しいと思うものを実現するために、コストに配慮しながら高い技術を組み込んでいく、いわばものづくりのノウハウです。新製品には私のアイディアが採用されたんです。

CCt8　：新製品にAさんのアイディアが採用されたということですが、そのアイディアはどうやって思いついたんですか。

CL9　：ひとつ前の型式の製品を使っている友人がいて、食事をしたときに「こんな製品があるといいな」と言っていたので、ひらめいたんです。アイディアを実現化するための技術は私が中心になって設計したんです。

CCt9　：そうなのですね。新製品が世に出た裏には友人がおられたのですね。その友人以外にAさんには情報源になるような人はいらっしゃるのですか。

CL10　：う～ん。そうですね。仕事が忙しくてなかなか友人とも疎遠になってしまって。その人以外は、今はすぐには思いつかないです。

CCt10：課長も言われていた「販売の現場を見て、顧客のニーズを探ってきてほしい」ということについて、もう少し考えてみませんか。

CL11　：そうですね。顧客の話を直接聞くことでニーズが探れるかもしれないですね。製品開発では大切なことなのかもしれませんね。

※以下の各問に対する解答について字数に制限はありません。ただし、解答は全て解答用紙の行内に記入してください。行外および裏面に記述されたものは採点されません。

[問1]

事例ⅠとⅡはキャリアコンサルタントの対応の違いにより展開が変わっている。事例ⅠとⅡの違いを下記の5つの語句（指定語句）を使用して解答欄に記述せよ（同じ語句を何度使用しても可。また、語句の使用順は自由。解答用紙に記述する際には、使用した指定語句の下に必ずアンダーラインを引くこと）。

指定語句

経験	共感	自己探索	感情	内省

[問2]

事例ⅠのCCt10と事例ⅡのCCt10のキャリアコンサルタントの応答が、相応しいか、相応しくないかを考え、「相応しい」あるいは「相応しくない」のいずれかに○をつけ、その理由も解答欄に記述せよ。

事例ⅠのCCt10　（相応しい・相応しくない）

事例ⅡのCCt10　（相応しい・相応しくない）

［問3］

全体の相談者の語りを通して、キャリアコンサルタントとして、あなたの考える相談者の問題と思われる点を、具体的な例を挙げて解答欄に記述せよ。

［問4］

事例Ⅱのやりとりの後、あなたならどのようなやりとりを面談で展開していくか、その理由も含めて具体的に解答欄に記述せよ。

※過去問題の解答記入用紙を試験実施団体のHPからダウンロードして記入欄のサイズを確認してください。

2◆解答例

[問1]

事例Ⅰは、CCtが、CLの話を聞いて、「転職先はどのようなところが希望なのですか」と一方的に話を進めようとし、CLが自己探索をしていくことを妨げている。CLの「今の会社も好きなんです」という感情にも共感しようという態度が見受けられない。これに対して事例Ⅱは、友人の言葉をきっかけに新製品のアイディアがひらめいたという具体的な経験を引き出している。その結果、本人が「営業では技術者に求められる高い専門性も磨けなくなる」というAさん自身の考えは違っていたかもしれないという思いに至り、内省につながっている。

[問2]

事例ⅠのCCt10　　相応しくない

CCtが一方的に決めつけ、安易な見通しを述べている。

CLの気持ちに寄り添っておらず、自分の考えを押し付けている。

事例ⅡのCCt10　　相応しい

CLの経験を引き出すことを通じて、営業への異動がCLにとって新たな経験となりえる可能性に気づかせている。

[問3]

「営業に出たらもう技術者には戻れません。」という根拠のない思い込みをしており、正しく状況を把握していない可能性がある。また、「営業では技術者に求められる高い専門性も磨けなくなる」という発言から、今後の自分自身の経験を伸ばすかもしれない営業への異動という機会に気づいていない。

[問4]

※ここでは2つの解答例を記載します。

（解答例の1） 技術者から営業への異動を命じられて困惑している相談者の気持ちに寄り添いながら、以下の方策を実施する。今までに実績を上げたという製品アイディアについて、経験を振り返ってもらいながら、何が上司にも認められたのかを考えてもらうことを通じて、自身の強みを整理し、自己理解を促す《あるいは　・・・上司の期待や役割、営業職への可能性に気づいてもらう》。その上で、営業に異動することと転職することだけではなく、その他の方策も含めてCLが納得して意思決定をしていけるようにサポートする。

（解答例の2） 技術者から営業への異動を命じられて困惑している相談者の気持ちに寄り添い、信頼関係を維持する。中長期的なキャリア形成のための意思決定ができることを目標として共有し、今までに実績を上げたという製品アイディアについて何が上司に認めてもらえたのか振り返ってもらい、自身の強みを整理し、自己理解を促す《あるいは　・・・上司の期待や役割、営業職への可能性に気づいてもらう》。その上で、対話を通して、今回の営業への異動が相談者の新たな視点や技術者としての成長の機会になるかを慎重に評価できることを支援する。

3◆解説

JCDAの論述試験では設問においてCC協議会のものとは違いがありますが、試験で評価される点は国家試験ですから、両者とも同じと考えられます。

以下、設問の出題方法に相違がある **[問1]** と **[問2]** を中心にみていきます。

[問1]

（1）　事例Ⅰと事例Ⅱの「違い」を解答するように問われます。

はじめに、事例Ⅰは「相応しくない場合」で、事例Ⅱは「相応しい」対応であることが多いです。

これは、「①キャリアコンサルタントの対応」によって「②クライエントの“問題点”」を上手に引き出しているかどうかともいえます。この事例では、クライエントの“問題点”とはその人の「思い込み（など）」であると考えることができます。その思い込みがあるから悩みを生じて相談に来ています。

つまり、初回の面談において相談者の自己理解や仕事理解につながる応対が上手にできているかどうかです。「キャリア形成の６ステップ」の「方策の実行」などの具体的な解決策は、問４（その後、あなたならどのようなやりとりを面談で展開していくか）で解答するものといえましょう。

（2）「指定語句」という、解答に際して必ず使用しなくてはならない語句が指定されます。

はじめに事例Ⅰと事例Ⅱでのキャリアコンサルタントの応対の違いを把握することから設問に取り組みますが、この点は、学習を進めている方なら両者の違いははっきりと理解しやすいと思います。

ポイントは、その上で違いを解説するストーリーを考えることです。その際、**「指定語句は『ヒント』として前向きに捉える」ことです。**

最初は指定語句があることで文章が書きづらくなるかもしれませんが、慣れてくると「ヒント」であることに気づくと思います。

例えば、過去問題でよく出題されている「ものの見方」という語句があります。これは、クライエントの「ものの見方」に偏り、ゆがみがあって、そこから問題を生じているのではないかと読み取ることもできます。この場合、「相談者のものの見方にある〇〇という偏りを・・・」というように使えるかもしれません。

そして、「指定語句」を用いる際は、「誰が」という主語を考えることです。「共感」という語句も何回か出題されています。この場合は、「キャリアコンサルタント（主語）が共感をし・・・」のように使えるかもしれません。

最後に、「**指定語句にアンダーラインを引く**」**ことを忘れない**ように、普段からクセをつけてください。

さて、「指定語句」は第１回の試験から設けられていますが、今のように「5つの指定語句」に落ち着いたのは第７回以降です。出題者の意図を想定しますと、指定語句があることで受験者の解答文のパターンが一定のものに収れんしてくることから、採点者による評価のばらつきも抑えられるのかもしれません。

このことは、国家資格としてのキャリアコンサルタント試験で問われる大切なポイントがはっきりとしてくると考えますと、受験者にとって前向きに捉えて設問に向き合うことができるのではないかとも思います。

過去問のデータから頻出の指定語句をカウントしたのが次の図ですので、参考にしてください。

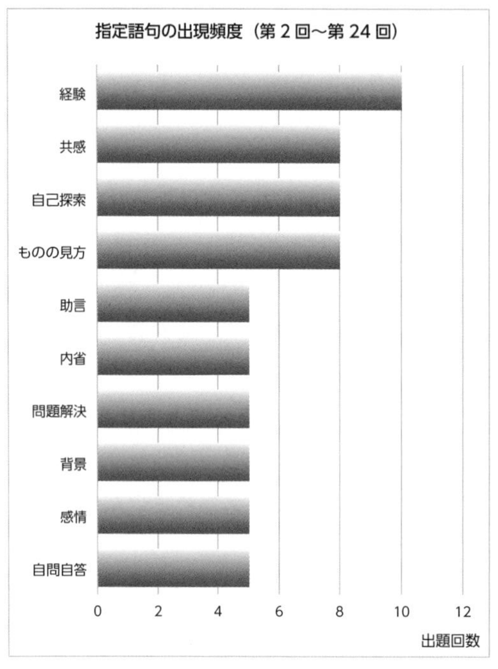

※出題回数が5回に満たない語句は割愛しています。また、第1回試験は指定語句の数自体も今の出題より多く、比較しづらいため分析対象には含めていません。

[問2]

事例Ⅰと事例Ⅱがそれぞれ「相応しいか否か」を判断します。先に述べましたように、事例Ⅰは「相応しくない」事例で、事例Ⅱが「相応しい」事例として出題されています。

解答に際しては「理由」を記さなくてはなりません。その理由の記述に際しては、「キャリア形成のステップ」を意識しながらも、相談者の経験を踏まえて、体験を引き出しながら共感・傾聴ができているかといった、具体的な応答に着目すると解答しやすいでしょう。

［問3］［問4］

［問3］からはCC協議会と同じアプローチです。つまり、**［問3］**はキャリアコンサルタントというプロの視点から考える（見抜いた）相談者が抱える問題（思い込みなど）を指摘し、**［問4］**はその問題を踏まえての今後の支援方針を記述します。詳しくはCC協議会の解説と同じですのでここでは割愛いたしますが、注意点として、**［問1］**から**［問4］**までがロジカルにつながっていることはいうまでもなく重要なことです。

論述試験

Step3 論述試験対策

1◆練習問題（CC協議会・JCDA）の解説まとめ

(1) 相談者が抱える悩みのパターン

過去問題を見ると、大きく以下のような相談者像が見てとれます。

①若年者のケース

例：就職に際して自己理解や仕事理解が不足していると思われるケース。

②女性のケース

例：仕事と子育ての役割が重なる。あるいは昇格登用の誘いを受けて、自分は果たしてそれをこなせるだろうかと困惑するケース。

③中高年齢者のケース

例：環境の変化などから、この先やり直しがきかないのではという不安や葛藤を抱えているケース。

このような悩みのパターンに対して、どう対応していくかを想定しておくと、試験問題にはアプローチしやすいと思います。

この点、ロールプレイでは注意が必要です。例えば２級技能士の場合、事前にロールプレイケースとして、５つの相談者像が公開されます。事前に５つの事例それぞれに面談での応対を想定しすぎて本試験に臨むことは注意が必要です。実際のロールプレイで相談者役の反応が想定と異なって混乱してしまったという例はよく耳にしますので、パターンにあてはめすぎないようにしなければなりません。

一方で、論述対策は面接ロールプレイと異なり、解答時間に考える余裕がありますから、いくつかの対応例を考えておくことは有用と思います。これはパターン化した決めつけ解決策の暗記ではありません。対応例のバリエーションをいくつか考えておくことは、実務においても有用であると思います。

(2) まとめ

論述試験はマークシートと異なり、何が正答かという「模範解答」や「解答例」が公表されていません。このため、公表された過去問題を確認し、さらに対策講座の練習問題と解答（対策講座には解答例があります）を確認するとよいでしょう。

2◆試験団体ごとの出題内容の比較

	CC協議会	JCDA	2級技能士
事例	事例記録	逐語記録	逐語記録
問1	事例記録を手掛かりに「**相談者がこの面談で相談したいこと**」を記述する。	事例ⅠとⅡが示され、それぞれの違い（**キャリアコンサルタントの対応の違い**による展開）を「指定語句」を用いて記述する。	問1　相談者がこの**面談で相談したい「問題」は何か**を記述する。
問2	事例記録内のキャリアコンサルタントの応答についてキャリアコンサルタントがどのような意図で応答したと考えるかを記述する。	事例ⅠとⅡにあるキャリアコンサルタントの応答（逐語）が、相応しいか、相応しくないかを理由とともに記述する。	
問3	問3（2級は問2）はいずれも「あなた（キャリアコンサルタントの視点）」からみた「相談者の問題」は何かが問われている。（引用：設問文）		
	あなたが考える相談者の問題（①）とその根拠（②）について、相談者の言動を通じて、具体的に記述せよ。 ① 問題 ② その根拠	全体の相談者の語りを通して、キャリアコンサルタントとして、あなたの考える相談者の問題と思われる点を、具体的な例をあげて解答欄に記述せよ。	問2　キャリアコンサルタントとしてあなたが考える、相談者の「問題」は何かを記述せよ。
問4	問4（2級は問3）はいずれも「あなた（キャリアコンサルタント）」ならば、どのように相談者を支援していくのかが問われている。（引用：設問文）		
	設問3で答えた内容を踏まえ、今後あなたがこのケースを担当するとしたら、どのような方針でキャリアコンサルティングを進めていくか記述せよ。	事例Ⅱのやりとりの後、あなたならどのようなやりとりを面談で展開していくか、その理由も含めて 具体的に解答欄に記述せよ。	問3　あなたは、上記2つの「問題」を合わせ、相談者を援助するために、①どこに目標をおいて、②どういうことを実施したいか。目標と具体的な方策を記述せよ。

資料：キャリア形成の６ステップ

図１　キャリア形成の流れとキャリアコンサルティング

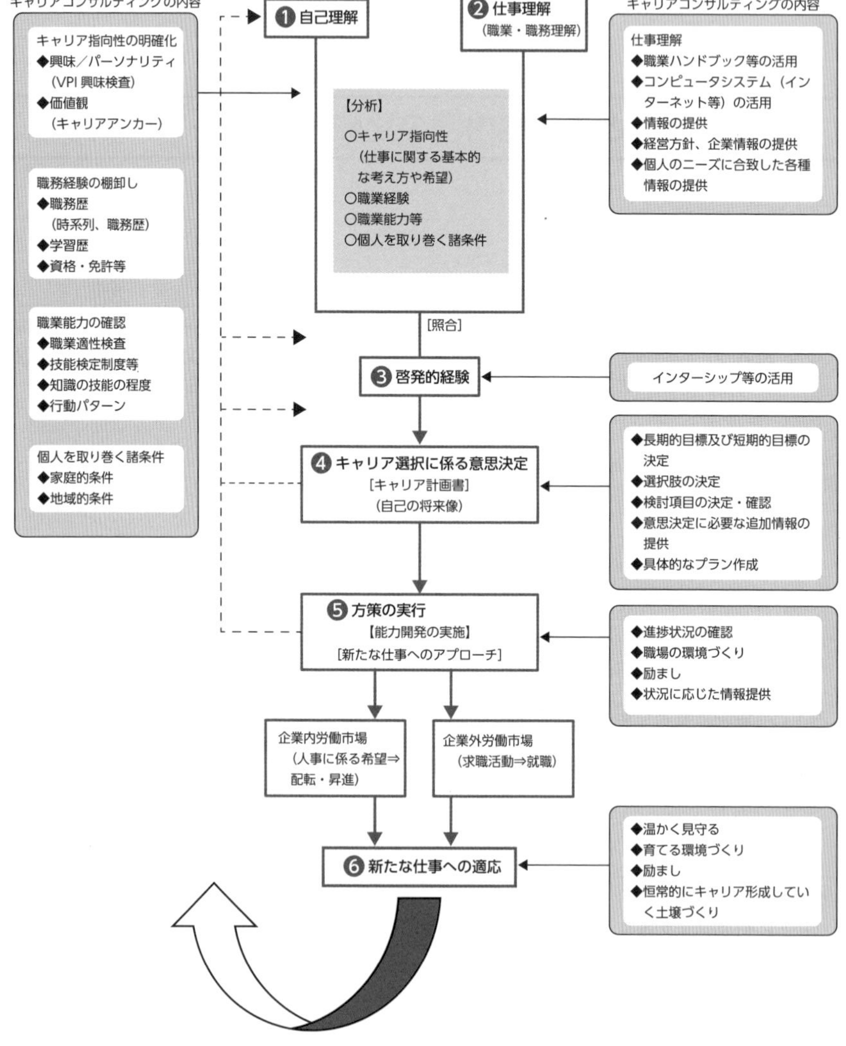

※2020年4月より「キャリアコンサルタント試験の試験科目及びその範囲並びにその細目」にて、「③啓発的経験」は「自己啓発」に変更されています。

図2　長期的なキャリア形成のスパイラルイメージ

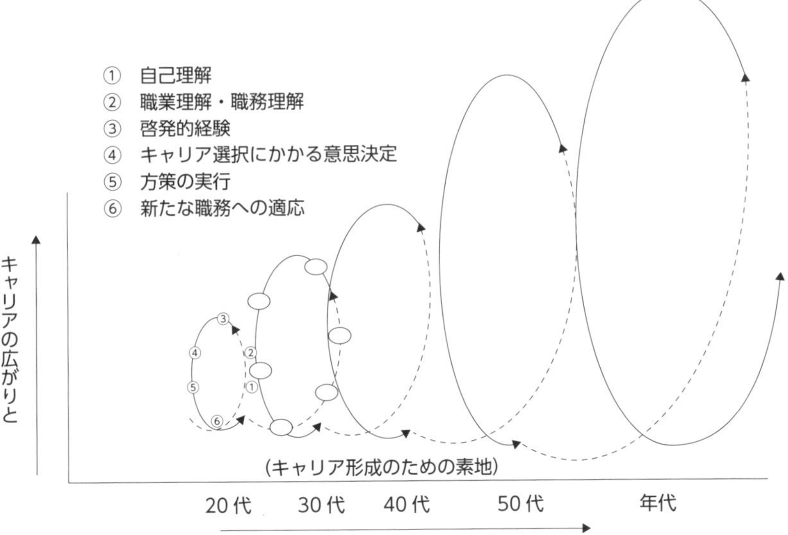

ステップの流れについては、基本的には❶⇒❻の方向に進みますが、労働者の状況によっては図中の点線で示すように、例えば、❹から❶へ、あるいは❺から❷へというように、再度、前のステップへ戻って実施する場合もありますし、省略してもよいステップ（分野）もあります。

また、最後❻から上のほうに向かっている大きな矢印は、図２に示したように職業生涯の節目において、この６つのステップを実施し、キャリアの選択を行うことを示しています。

出典　厚生労働省　職業能力開発局「キャリア・コンサルティング技法等に関する調査研究報告書」2001年（平成13年）5月17日
http://www.mhlw.go.jp/houdou/0105/h0517-3.html

主要参考文献一覧

＊金井壽宏 編著『キャリア・デザイン論への切り口－節目のデザインとしてのキャリア・プラニングのすすめ』Business insight 第５巻第１号，34-55頁（1997）（現代経営学研究所，神戸大学大学院経営学研究科 編）

＊木村周 著『キャリアコンサルティング 理論と実際：カウンセリング、ガイダンス、コンサルティングの一体化を目指して【５訂版】』（雇用問題研究会）

＊渡辺三枝子 編著『新版 キャリアの心理学【第２版】―キャリア支援への発達的アプローチ―』（ナカニシヤ出版）

＊職業心理学者・元筑波大学教授 木村周 著『わが国職業紹介・職業紹介の基礎理論－その過去、現在、未来－』（(一財) 日本職業協会）

＊マーク・L・サビカス 著，乙須敏紀 訳『サビカス キャリア・カウンセリング理論〈自己構成〉によるライフデザインアプローチ』（福村出版）

＊渡部昌平 編著，下村英雄［ほか］著『社会構成主義キャリア・カウンセリングの理論と実践 ナラティブ、質的アセスメントの活用』（福村出版）

＊瀧本孝雄 編集責任，井上勝也［ほか］編『現代カウンセリング事典』（金子書房）

＊松原達哉［ほか］編『産業カウンセリング辞典』（金子書房）

＊福原眞知子 監修『マイクロカウンセリング技法―事例場面から学ぶ―』（風間書房）

＊宗方比佐子・渡辺直登 編著，久村恵子［ほか］著『キャリア発達の心理学 仕事・組織・生涯発達』（川島書店）

＊子安増生 著『生涯発達心理学のすすめ―人生の四季を考える』（有斐閣）

＊山下富美代 編著，井上隆二［ほか］著『発達心理学（図解雑学）』（ナツメ社）

＊平山諭・鈴木隆男 編著『発達心理学の基礎Ⅰ ライフサイクル』（ミネルヴァ書房）

＊平山諭・鈴木隆男 編著『発達心理学の基礎Ⅱ 機能の発達』（ミネルヴァ書房）

＊鑪幹八郎 著『アイデンティティの心理学』（講談社）

＊R.I.エヴァンズ 著，岡堂哲雄・中園正身 訳 『エリクソンは語る―アイデンティティの心理学―』（新曜社）

＊河合隼雄 著『ユング心理学入門』（培風館）

＊秋山さと子 著『ユングの心理学』（講談社）

＊林道義 著『図説ユング：自己実現と救いの心理学』（河出書房新社）

＊ダニエル・J・レビンソン 著，南博 訳『人生の四季 中年をいかに生きるか』（講談社）

＊『産業カウンセリング 初級産業カウンセラー養成講座テキスト』（(一社) 日本産業カウンセラー協会）

＊『産業カウンセリング入門【改訂版】』（(一社) 日本産業カウンセラー協会）

＊E.H.エリクソン・J.M.エリクソン 著，村瀬孝雄・近藤邦夫 訳『ライフサイクル、その完結』（みすず書房）

＊労働政策研究・研修機構 編『新時代のキャリアコンサルティング―キャリア理論・カウンセリング理論の現在と未来』（(独) 労働政策研究・研修機構）

〈執筆者〉

小澤 浩一（おざわ こういち）

LEC専任講師。これまで、国家資格キャリアコンサルタントや２級キャリアコンサルティング技能士をはじめ、心理やＩＴ、工学、不動産など幅広い分野で“150”の資格を取得。その受験ノウハウをもとに、問題解法のアプローチを提案。徹底的な過去問データの分析をもとに、「LECキャリアコンサルタント学科過去問ポイント講座」の制作に携わる。
心理、ＩＴ、工学、不動産分野の主な保持資格に、公認心理師、産業カウンセラー、労働衛生コンサルタント、宅地建物取引士、情報処理技術者試験高度区分９種中６種（SC, AU, ST, PM, SM, SA）、第一種電気工事士、消防設備士（甲特類、１～５類、乙６，７類のすべて）、危険物取扱者（乙１～６全類）、機械設計製図２級などがある。
グロービス・マネジメントスクールGDBAコース（オリジナルMBA）修了。

2024年版
国家資格キャリアコンサルタント・2級技能士 合格のトリセツ
学科試験・実技(論述)試験 速習テキスト&問題集

2021年１月５日　第１版　第１刷発行
2024年３月５日　第４版　第１刷発行
2024年９月５日　　　　　第２刷発行

執　筆●小澤 浩一
編著者●株式会社　東京リーガルマインド
LEC総合研究所　キャリアコンサルタント試験部

発行所●株式会社　東京リーガルマインド
〒164-0001　東京都中野区中野4-11-10
アーバンネット中野ビル
LECコールセンター　0570-064-464
受付時間　平日9：30～19：30/土・日・祝10：00～18：00
※このナビダイヤルは通話料お客様ご負担となります。
書店様専用受注センター　TEL 048-999-7581 / FAX 048-999-7591
受付時間　平日9：00～17：00/土・日・祝休み
www.lec-jp.com/

カバー・本文イラスト●小牧 良次
本文デザイン●株式会社リリーフ・システムズ
印刷・製本●情報印刷株式会社

ISBN978-4-8449-9815-0

【国家資格】キャリアコンサルタント試験対策講座

学科対策

学科特訓ゼミ 【Web講座】全１回／５時間

～学科試験必須の基礎知識定着に最適！ LECオリジナルテキスト・レジュメ付き～

講座内容

キャリコン学科試験に必須の基礎知識を、演習形式の講義で定着させる講座です。LECキャリアコンサルタント養成講座のテキストを基に作成した、オリジナルテキストとレジュメを使って総復習ができます。

担当講師

南　英一 講師

取得資格等：国家資格キャリアコンサルタント、社会保険労務士、行政書士

社会保険労務士として独立開業し、キャリアコンサルタントとしても多くの企業において従業員のキャリア形成に寄与してきた。また、高等学校等教育機関において就職支援活動にも従事し「労働条件セミナー」や「高校生就職ガイダンス」等の講師を務める。

学科過去問ポイント講座 【Web講座】全３回／９時間

～本試験出題ポイントを分野別に攻略！～

講座内容

試験で出題された過去3回分の問題（150問）を分野別（法律･統計･理論･その他）に整理、分析します。出題者の意図を踏まえた解説を通じて、未知の問題が出題されたとしても対応できる応用力を身につけます。

担当講師

藤原 重明 講師

取得資格等：2級キャリアコンサルティング技能士、国家資格キャリアコンサルタント、行政書士試験合格、東京都福祉サービス第三者評価員

東京リーガルマインドで、20年以上公務員試験の法律科目の講義を担当すると同時に、面接指導を行いコンサルタントとしての豊富な経験と実績を誇る。大学等におけるキャリア教育実践研修や高校生に対する就職ガイダンスをはじめ、キャリア形成支援分野における座学、面談、グループワーク等も数多く担当。

※本カリキュラムは2023年12月現在のものであり、講座・回数等が変更になる場合があります。予めご了承ください。
※詳細はLECキャリアコンサルタントサイトをご覧ください。　⇒https://www.lec-jp.com/caricon/

【国家資格】
キャリアコンサルタント試験対策講座

実技対策

1級技能士が教える！ 内藤講師の論述合格講座＜基礎編＞ 【Web講座】全２回／３時間

～Web講義＋練習問題で論述作成力を身につける！添削３回付き！～

講座内容

講義を通じて問題へのアプローチ方法を学習し、練習問題を解き論述作成力を身につけます。
練習問題３問の演習を通じて、試験時間内に合格答案を作成する力を鍛えます。

担当講師

内藤 友子 講師
取得資格等：公認心理師、1級キャリアコンサルティング技能士、精神保健福祉士、第一種衛生管理者

精神科・心療内科 リワーク施設、愛着障害アプローチを専門とする岡田尊司顧問 大阪心理教育センターにて心理カウンセリングを実施している。
特定非営利活動法人キャリア・インディペンデンス 代表理事

1級技能士が教える！ 面接合格講座 【Web講座】全１回／３時間

～国家試験合格に必要な基本的技法を解説～

講座内容

国家試験内容、カウンセリング技法や合格に必要な知識を講義で学びます。さらにCC役とCL役の模擬ロールプレイと口頭試問を講師が面接官としてチェックし、収録しています。「面接試験とは何か」が理解できます。

担当講師

内藤 友子 講師
取得資格等：公認心理師、1級キャリアコンサルティング技能士、精神保健福祉士、第一種衛生管理者

精神科・心療内科 リワーク施設、愛着障害アプローチを専門とする岡田尊司顧問 大阪心理教育センターにて心理カウンセリングを実施している。
特定非営利活動法人キャリア・インディペンデンス 代表理事

マンツーマンで合格を目指す！ ロールプレイサポート 予約制

【オンライン（Zoom）】１回１時間 １名

～全国どこからでもオンラインでキャリコン講師とトレーニング！～

講座内容

自宅からZoomで面接トレーニングができます。実技（ロールプレイ）演習の機会が十分ではない、もっと練習したいなど、試験を不安に思っている方にオススメです。クライエント役を講師が担当し、マンツーマンのロールプレイによりしっかりトレーニングができます。ロールプレイを踏まえたフィードバックを受け、自身の改善点を把握し、自信を持って試験に臨めるようサポートします。
※実施3日前までに実施管理本校にお申込みください。
【担当講師】LECキャリアコンサルタント講師

※本カリキュラムは2023年12月現在のものであり、講座・回数等が変更になる場合があります。予めご了承ください。
※詳細はLECキャリアコンサルタントサイトをご覧ください。 ⇒https://www.lec-jp.com/caricon/

【国家検定】２級キャリアコンサルティング技能検定対策講座

①スピードマスターコース（Ⅰ＋Ⅱ＋Ⅲ）
②実技（論述＋面接）パック（Ⅱ＋Ⅲ）

Ⅰ．学科試験対策講座　【Web講座】全５回／７時間

～講座テキストは本書！執筆者が講義！書籍だけでは伝えきれない部分を解説！～

講座内容

『国家資格キャリアコンサルタント・2級技能士 合格のトリセツ 学科試験・実技(論述)試験 速習テキスト&問題集』をテキストとして使用しながら学習をすすめ、学科本試験で合格するために必要な情報を短時間で集中的に習得する講座です。書籍だけでは伝えきれない部分を執筆者が講義します。

担当講師

小澤 浩一　講師

取得資格等：公認心理師、2級キャリアコンサルティング技能士、国家資格キャリアコンサルタント、産業カウンセラー、心理相談員、労働衛生コンサルタント、第一種衛生管理者、メンタルヘルスマネジメント検定Ⅱ種ほか
労働衛生コンサルタント（保健衛生）登録後、労働安全衛生の観点からキャリアとメンタルヘルスに着目しての活動を行っている。そのほか取得した資格は150を超える。その受験ノウハウとデータに基づいて、過去問の頻出論点に着目した試験攻略法を提案し、試験対策講座を中心に担当している。

Ⅱ．論述試験対策講座　【Web講座】全２回／４時間

～過去問３回分の解答例、添削３回付～

講座内容

本講座は、論述試験の設問それぞれで「求められていることはなにか」「書くべきことは何か」について講義し、書くべきことを過不足なく、限られた文字数で書くためのスキルを習得するための講座です。論述試験対策講座は添削3回付きです！

担当講師

藤原 重明　講師

取得資格等:2級キャリアコンサルティング技能士、国家資格キャリアコンサルタント、行政書士試験合格、東京都福祉サービス第三者評価員
東京リーガルマインドで、20年以上公務員試験の法律科目の講義を担当すると同時に、面接指導を行いコンサルタントとしての豊富な経験と実績を誇る。大学等におけるキャリア教育実践研修や高校生就職ガイダンスをはじめ、キャリア形成支援分野における講義も数多く担当。

Ⅲ．面接試験Web道場　【Web講座】全６回／５時間

～「敵を知り己を知る」面接試験の評価ポイントを知り、自身のロールプレイを知る～

講座内容

ロールプレイ実施例・口頭試問・1級キャリアコンサルティング技能士の講師によるフィードバックの視聴を通じて試験全体の流れや進め方のポイントを学びます。講義では、試験で求められるスキル、評価対象について、試験実施概要や評価区分から読み解き解説します。

担当講師

講義：**西脇 奈保子**　講師

資格取得等:2級キャリアコンサルティング技能士、国家資格キャリアコンサルタント、行政書士試験合格、ビジネスマネジャー検定、メンタルヘルス・マネジメント検定Ⅰ種（マスターコース）、2級ファイナンシャル・プランニング技能士、秘書検定1級
キャリアコンサルタント課に所属し、キャリアコンサルタント養成講座・更新講習講師として活動。講座の企画・運営・営業・講師の採用や育成にも取り組む。

フィードバック講師：1級キャリアコンサルティング技能士

※本カリキュラムは2023年12月現在のものであり、講座・回数等が変更になる場合があります。予めご了承ください。
※詳細はLECキャリアコンサルタントサイトをご覧ください。　⇒https://www.lec-jp.com/caricon/

【国家検定】２級キャリアコンサルティング技能検定対策講座

１級技能士が教える！
実技（論述＋面接）試験対策セット（Ⅰ＋Ⅱ）

Ⅰ．＜論述対策＞２級論述対策講座【オンラインZoom】１日／５時間

～効率よく合格点まで到達！～

講座内容

キャリアコンサルティングの構成要素を基本に、論述の過去問題から合格点をクリアする記述方法を学んでいきます。出題形式と試験科目及びその範囲の細目の確認、論述の解き方から丁寧に解説し、過去問と練習問題にチャレンジし、論述試験での合格レベル到達を目指します。論述添削付き！

Ⅱ．＜面接対策＞２級面接対策講座【オンラインZoom】２日間／全12時間

～２日間のロールプレイ実技演習で、面接技能を上げる！～

講座内容

出題形式と試験科目及びその範囲の細目の確認、面接試験の概要とキャリアコンサルタント資格と技能検定の違いの確認、評価区分の理解と口頭試問の答え方など、2級技能検定面接試験に必要な内容の理解を目標とします。 演習では5つのケースを使用し、面接実施と課題の振り返りまで行い、面接試験での合格レベル到達を目指します。
★受講時は受験票をご準備ください。

担当講師

内藤 友子　講師
取得資格等：公認心理師、1級キャリアコンサルティング技能士、精神保健福祉士、第一種衛生管理者

精神科・心療内科 リワーク施設、愛着障害アプローチを専門とする岡田尊司顧問 大阪心理教育センターにて心理カウンセリングを実施している。
特定非営利活動法人キャリア・インディペンデンス 代表理事

※本カリキュラムは2023年12月現在のものであり、講座・回数等が変更になる場合があります。予めご了承ください。
※詳細はLECキャリアコンサルタントサイトをご覧ください。　⇒https://www.lec-jp.com/caricon/

スマートフォン・タブレットから簡単アクセス！ ▷▷▷

自慢の メールマガジン 配信中！（登録無料）

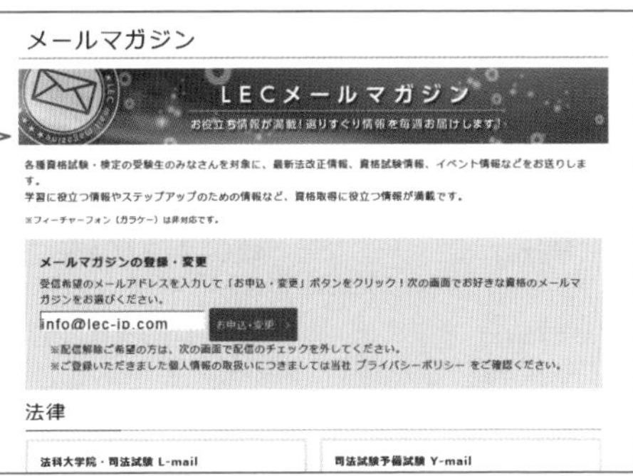

LEC講師陣が毎週配信！　最新情報やワンポイントアドバイス，改正ポイントなど合格に必要な知識をメールにて毎週配信。

www.lec-jp.com/mailmaga/

LEC オンラインショップ

充実のラインナップ！　LECの書籍・問題集や講座などのご注文がいつでも可能です。また、割引クーポンや各種お支払い方法をご用意しております。

online.lec-jp.com/

LEC 電子書籍シリーズ

LECの書籍が電子書籍に！　お使いのスマートフォンやタブレットで，いつでもどこでも学習できます。

※動作環境・機能につきましては，各電子書籍ストアにてご確認ください。

www.lec-jp.com/ebook/

LEC書籍・問題集・レジュメの紹介サイト **LEC書籍部** www.lec-jp.com/system/book/

- LECが出版している書籍・問題集・レジュメをご紹介
- 当サイトから書籍などの直接購入が可能(*)
- 書籍の内容を確認できる「チラ読み」サービス
- 発行後に判明した誤字等の訂正情報を公開

＊商品をご購入いただく際は，事前に会員登録（無料）が必要です。
＊購入金額の合計・発送する地域によって，別途送料がかかる場合がございます。

※資格試験によっては実施していないサービスがありますので，ご了承ください。

LEC全国学校案内

＊講座のお問合せ，受講相談は最寄りのLEC各校へ

LEC本校

北海道・東北

札　幌本校　☎011(210)5002
〒060-0004 北海道札幌市中央区北4条西5-1　アスティ45ビル

仙　台本校　☎022(380)7001
〒980-0022 宮城県仙台市青葉区五橋1-1-10　第二河北ビル

関東

渋谷駅前本校　☎03(3464)5001
〒150-0043 東京都渋谷区道玄坂2-6-17　渋東シネタワー

池　袋本校　☎03(3984)5001
〒171-0022 東京都豊島区南池袋1-25-11　第15野萩ビル

水道橋本校　☎03(3265)5001
〒101-0061 東京都千代田区神田三崎町2-2-15　Daiwa三崎町ビル

新宿エルタワー本校　☎03(5325)6001
〒163-1518 東京都新宿区西新宿1-6-1　新宿エルタワー

早稲田本校　☎03(5155)5501
〒162-0045 東京都新宿区馬場下町62　三朝庵ビル

中　野本校　☎03(5913)6005
〒164-0001 東京都中野区中野4-11-10　アーバンネット中野ビル

立　川本校　☎042(524)5001
〒190-0012 東京都立川市曙町1-14-13　立川MKビル

町　田本校　☎042(709)0581
〒194-0013 東京都町田市原町田4-5-8　MIキューブ町田イースト

横　浜本校　☎045(311)5001
〒220-0004 神奈川県横浜市西区北幸2-4-3　北幸GM21ビル

千　葉本校　☎043(222)5009
〒260-0015 千葉県千葉市中央区富士見2-3-1　塚本大千葉ビル

大　宮本校　☎048(740)5501
〒330-0802 埼玉県さいたま市大宮区宮町1-24　大宮GSビル

東海

名古屋駅前本校　☎052(586)5001
〒450-0002 愛知県名古屋市中村区名駅4-6-23　第三堀内ビル

静　岡本校　☎054(255)5001
〒420-0857 静岡県静岡市葵区御幸町3-21　ペガサート

北陸

富　山本校　☎076(443)5810
〒930-0002 富山県富山市新富町2-4-25　カーニープレイス富山

関西

梅田駅前本校　☎06(6374)5001
〒530-0013 大阪府大阪市北区茶屋町1-27　ABC-MART梅田ビル

難波駅前本校　☎06(6646)6911
〒556−0017 大阪府大阪市浪速区湊町1-4-1
大阪シティエアターミナルビル

京都駅前本校　☎075(353)9531
〒600-8216 京都府京都市下京区東洞院通七条下ル2丁目
東塩小路町680-2　木村食品ビル

四条烏丸本校　☎075(353)2531
〒600-8413　京都府京都市下京区烏丸通仏光寺下ル
大政所町680-1　第八長谷ビル

神　戸本校　☎078(325)0511
〒650-0021 兵庫県神戸市中央区三宮町1-1-2　三宮セントラルビル

中国・四国

岡　山本校　☎086(227)5001
〒700-0901 岡山県岡山市北区本町10-22　本町ビル

広　島本校　☎082(511)7001
〒730-0011 広島県広島市中区基町11-13　合人社広島紙屋町アネクス

山　口本校　☎083(921)8911
〒753-0814 山口県山口市吉敷下東 3-4-7　リアライズⅢ

高　松本校　☎087(851)3411
〒760-0023 香川県高松市寿町2-4-20　高松センタービル

松　山本校　☎089(961)1333
〒790-0003 愛媛県松山市三番町7-13-13　ミツネビルディング

九州・沖縄

福　岡本校　☎092(715)5001
〒810-0001 福岡県福岡市中央区天神4-4-11　天神ショッパーズ福岡

那　覇本校　☎098(867)5001
〒902-0067 沖縄県那覇市安里2-9-10　丸姫産業第2ビル

EYE関西

EYE 大阪本校　☎06(7222)3655
〒530-0013　大阪府大阪市北区茶屋町1-27　ABC-MART梅田ビル

EYE 京都本校　☎075(353)2531
〒600-8413　京都府京都市下京区烏丸通仏光寺下ル
大政所町680-1　第八長谷ビル

LEC提携校

＊提携校はLECとは別の経営母体が運営をしております。
＊提携校は実施講座およびサービスにおいてLECと異なる部分がございます。

北海道・東北

八戸中央校【提携校】 ☎0178(47)5011
〒031-0035　青森県八戸市寺横町13　第1朋友ビル　新教育センター内

弘前校【提携校】 ☎0172(55)8831
〒036-8093　青森県弘前市城東中央1-5-2
まなびの森　弘前城東予備校内

秋田校【提携校】 ☎018(863)9341
〒010-0964　秋田県秋田市八橋鯲沼町1-60
株式会社アキタシステムマネジメント内

関東

水戸校【提携校】 ☎029(297)6611
〒310-0912　茨城県水戸市見川2-3079-5

所沢校【提携校】 ☎050(6865)6996
〒359-0037　埼玉県所沢市くすのき台3-18-4　所沢K・Sビル
合同会社LPエデュケーション内

日本橋校【提携校】 ☎03(6661)1188
〒103-0025　東京都中央区日本橋茅場町2-5-6　日本橋大江戸ビル
株式会社大江戸コンサルタント内

東海

沼津校【提携校】 ☎055(928)4621
〒410-0048　静岡県沼津市新宿町3-15　萩原ビル
M-netパソコンスクール沼津校内

北陸

新潟校【提携校】 ☎025(240)7781
〒950-0901　新潟県新潟市中央区弁天3-2-20　弁天501ビル
株式会社大江戸コンサルタント内

金沢校【提携校】 ☎076(237)3925
〒920-8217　石川県金沢市近岡町845-1　株式会社アイ・アイ・ピー金沢内

福井南校【提携校】 ☎0776(35)8230
〒918-8114　福井県福井市羽水2-701　株式会社ヒューマン・デザイン内

関西

和歌山駅前校【提携校】 ☎073(402)2888
〒640-8342　和歌山県和歌山市友田町2-145
KEG教育センタービル　株式会社KEGキャリア・アカデミー内

中国・四国

松江殿町校【提携校】 ☎0852(31)1661
〒690-0887　島根県松江市殿町517　アルファステイツ殿町
山路イングリッシュスクール内

岩国駅前校【提携校】 ☎0827(23)7424
〒740-0018　山口県岩国市麻里布町1-3-3　岡村ビル　英光学院内

新居浜駅前校【提携校】 ☎0897(32)5356
〒792-0812　愛媛県新居浜市坂井町2-3-8　パルティフジ新居浜駅前店内

九州・沖縄

佐世保駅前校【提携校】 ☎0956(22)8623
〒857-0862　長崎県佐世保市白南風町5-15　智翔館内

日野校【提携校】 ☎0956(48)2239
〒858-0925　長崎県佐世保市椎木町336-1　智翔館日野校内

長崎駅前校【提携校】 ☎095(895)5917
〒850-0057 長崎県長崎市大黒町10-10　KoKoRoビル
minatoコワーキングスペース内

高原校【提携校】 ☎098(989)8009
〒904-2163　沖縄県沖縄市大里2-24-1
有限会社スキップヒューマンワーク内

※上記は2024年8月1日現在のものです。

書籍の訂正情報について

このたびは，弊社発行書籍をご購入いただき，誠にありがとうございます。
万が一誤りの箇所がございましたら，以下の方法にてご確認ください。

1 訂正情報の確認方法

書籍発行後に判明した訂正情報を順次掲載しております。
下記Webサイトよりご確認ください。

www.lec-jp.com/system/correct/

2 ご連絡方法

上記Webサイトに訂正情報の掲載がない場合は，下記Webサイトの入力フォームよりご連絡ください。

lec.jp/system/soudan/web.html

フォームのご入力にあたりましては，「Web教材・サービスのご利用について」の最下部の「ご質問内容」に下記事項をご記載ください。

・対象書籍名（○○年版，第○版の記載がある書籍は併せてご記載ください）
・ご指摘箇所（具体的にページ数と内容の記載をお願いいたします）

ご連絡期限は，次の改訂版の発行日までとさせていただきます。
また，改訂版を発行しない書籍は，販売終了日までとさせていただきます。

※上記「2ご連絡方法」のフォームをご利用になれない場合は，①書籍名，②発行年月日，③ご指摘箇所，を記載の上，郵送にて下記送付先にご送付ください。確認した上で，内容理解の妨げとなる誤りについては，訂正情報として掲載させていただきます。なお，郵送でご連絡いただいた場合は個別に返信しておりません。

送付先：〒164-0001 東京都中野区中野4-11-10 アーバンネット中野ビル
株式会社東京リーガルマインド 出版部 訂正情報係

・誤りの箇所のご連絡以外の書籍の内容に関する質問は受け付けておりません。
また，書籍の内容に関する解説，受験指導等は一切行っておりませんので，あらかじめご了承ください。
・お電話でのお問合せは受け付けておりません。

講座・資料のお問合せ・お申込み

LECコールセンター 0570-064-464

受付時間：平日9:30〜19:30/土・日・祝10:00〜18:00

※このナビダイヤルの通話料はお客様のご負担となります。
※このナビダイヤルは講座のお申込みや資料のご請求に関するお問合せ専用ですので，書籍の正誤に関するご質問をいただいた場合，上記「2ご連絡方法」のフォームをご案内させていただきます。

問題解答
シート

LEC東京リーガルマインド

国家資格キャリアコンサルタント学科試験

研究者マトリックス

研究者・提唱者・創始者	理論・療法名	備考・キーワード
吉本伊信(いしん)	内観療法	身調べ(みしらべ)
森田正馬(まさたけ)	森田療法	絶対臥辱(ぜったいがじょく)
ロジャーズ	来談者中心療法 非構成的グループエンカウンター (ベーシックエンカウンターグループ)	成長への意志 過程尺度
國分康孝	コーヒーカップモデル 構成的グループエンカウンター	—
パールズ	ゲシュタルト療法	「いま、ここ」での気づき
アイビィ	マイクロカウンセリング	技法の階層表
ホワイト	ナラティブセラピー	社会構成主義
クランボルツ	計画的偶発性理論	社会的学習理論
クランボルツ	意思決定モデル	ジェラット、ヒルトンも
ホール	プロティアン・キャリア	—
フロイト	精神分析	自由連想
エリス	論理療法	不合理な信念
バーン	交流分析	エゴグラム
グラッサー	選択理論	—
ベック	認知療法	認知のゆがみ
フランクル	実存分析（ロゴセラピー）	人生の意味、『夜と霧』（著書）
マズロー	欲求５段階説	—
スキナー	オペラント条件付け	—
カーカフ	ヘルピング（技法）	かかわり技法、意識化技法
パーソンズ	特性因子理論	—
ハンセン	統合的生涯設計　ILP	４つのL（4L）

暗記用として作成しているため「理論・療法名」と「備考・キーワード」は、理論上で関連していないものがあります。